21世纪经济管理新形态教材·工商管理系列

公司治理

李双燕 ◎ 主　编

高　宇　郭　磊　温　军 ◎ 副主编

清华大学出版社

北京

内容简介

本书在分析公司治理经典理论的基础上，系统阐述了公司治理理论及公司治理发展的新趋势，使读者对公司治理理论和实践有一个清晰的认识。全书共分为 10 章，包括绪论、公司治理的理论基础、公司股权结构设计和股东治理、董事和监事会治理、高级管理者治理与激励、信息披露与公司控制权市场、利益相关者治理、中国企业的公司治理、数字经济时代的公司治理、公司社会责任，涵盖了公司治理领域的理论、政策、应用和发展。本书注重理论和实践的有机结合，每章都配备案例、复习参考题、即测即练和扩展阅读。

本书适合作为高等院校管理、经济类专业本科生及研究生的教材，也可用作企业管理和相关实践人员的培训和学习用书。

本书封面贴有清华大学出版社防伪标签，无标签者不得销售。
版权所有，侵权必究。举报：010-62782989，beiqinquan@tup.tsinghua.edu.cn

图书在版编目（CIP）数据

公司治理 / 李双燕主编. -- 北京：清华大学出版社, 2025.1.
(21 世纪经济管理新形态教材).
ISBN 978-7-302-68024-6

Ⅰ. F276.6

中国国家版本馆 CIP 数据核字第 2025HD0713 号

责任编辑：付潭蛟
封面设计：汉风唐韵
责任校对：宋玉莲
责任印制：刘 菲

出版发行：清华大学出版社
网　　址：https://www.tup.com.cn, https://www.wqxuetang.com
地　　址：北京清华大学学研大厦 A 座　　　　邮　　编：100084
社 总 机：010-83470000　　　　　　　　　　邮　　购：010-62786544
投稿与读者服务：010-62776969, c-service@tup.tsinghua.edu.cn
质 量 反 馈：010-62772015, zhiliang@tup.tsinghua.edu.cn
课 件 下 载：https://www.tup.com.cn, 010-83470332
印 装 者：天津鑫丰华印务有限公司
经　　销：全国新华书店
开　　本：185mm×260mm　　　印　张：11.75　　　字　数：270 千字
版　　次：2025 年 3 月第 1 版　　　　　　　　印　次：2025 年 3 月第 1 次印刷
定　　价：49.00 元

产品编号：100590-01

前言

公司治理（corporate governance）一直是人们关注的热点话题，从字面上理解，治理指的是通过科学的方法进行管治和管理企业，使企业的运行更加有效率。从当前学术界对公司治理的一般理解看，公司治理既包括对内部核心利益相关者的治理，也包括对外部利益相关者的治理。本书以"公司治理"为主题，将经典理论与实践相结合，帮助学生了解和学习公司治理的基本内容。

在进行中国特色社会主义企业改革的过程中，公司治理具有鲜明的中国特色。从最初国有企业构建现代企业制度框架下的中国特色的公司治理模式开始，经过几十年的发展，国有企业形成了一套明显区别于西方的、将党的领导和党组织嵌入形成治理的模式，这种治理模式显现出独特的效能，驱动了国有企业的飞速发展。同时，在拥抱数字经济的今天，一批优秀的互联网企业也探索出适合本企业发展的公司治理新模式，这值得我们深入研究和讨论。本书基于公司治理经典理论和中国实践，用发展的眼光思考公司治理问题，通过回顾历史，思考未来，进而揭示公司治理的本质。

本书分为三个部分共10章，包括相关概念和理论（第1章和第2章）、内外部治理（第3章至第7章）以及中国特色的公司治理和公司治理的新趋势（第8章至第10章）。

第1章为绪论，主要阐述了公司的基本概念、公司制企业的类型与运作、内外部治理以及中国特色公司治理与公司治理发展的新趋势。第2章为公司治理的基础理论，主要包括新古典企业理论、委托代理理论、交易成本理论、契约理论和产权理论。第3章为公司股权结构设计和股东治理，主要阐述了股东的构成、股权结构设计、股东会运作机制及机构投资者治理。第4章为董事和监事会治理，包括董事会构成与职责、董事的选聘与变更、董事会运作机制、监事提名与选聘、监事会职权、监事的激励与评价。第5章为高级管理者治理与激励，包括高级管理者的选聘、变更、激励和约束。第6章为信息披露与公司控制权市场，主要从信息披露治理、公司控制权市场、收购与反收购方面进行阐述。第7章为利益相关者治理，包括利益相关者治理的概念以及利益相关者治理方式。第8章为中国企业的公司治理，包括民营企业的治理、国有企业改革历史及公司治理。第9章为数字经济时代的公司治理，包括数字经济时代公司治理的新特征、内部治理及外部治理的新特征。第10章为公司社会责任，包括社会责任的内涵、动因、治理以及治理的新趋势。

本书有三个主要特点。一是强调案例与理论的结合。本书大部分章节均设置了案例和相关拓展阅读资料，便于读者将实践与相关理论结合。二是本书关注公司治理发展的新趋势，包括数字经济时代的公司治理出现的新特征及社会责任，启发读者思考在新时代公司治理可能发生的变革和发展方向，以及中国公司在承担社会责任方面所应做的工作。三是在编写的过程融入思政元素，以客观的案例帮助学生了解中国企业的发展历程和顶层设计在促进公司治理模式创新中发挥的重要作用。

  本书主要是面向经济与管理类专业本科生的基础性教材,也可作为低年级研究生的基础性教材,还可供实践中对公司治理话题感兴趣的业界人士阅读。全书由李双燕担任主编,高宇、郭磊、温军担任副主编。其中,李双燕、温军负责第1、8、9、10章,高宇负责第2、3、4、6章,郭磊负责第5、7、10章。参与本书编写的还有西安交通大学的研究生团队成员,他们是孙雁南、白龙、冯硕、高沙尔·巴扎尔、肖海艳、张康雨、田苡茹、雷瑶、李佳业。此外,对支持本书出版的西安交通大学经济与金融学院致以诚挚的感谢。

李双燕

2024 年 3 月于西安

目录

第1章 绪论 ·········· 1
1.1 公司的基本概念及界定 ·········· 2
1.2 公司制企业的类型与运作特征 ·········· 5
1.3 内外部治理概述 ·········· 8
1.4 中国特色公司治理及公司治理发展新趋势 ·········· 17
课后习题 ·········· 20
即测即练 ·········· 21

第2章 公司治理的理论基础 ·········· 22
2.1 新古典企业理论 ·········· 24
2.2 委托代理理论 ·········· 26
2.3 交易成本理论 ·········· 31
2.4 契约理论 ·········· 35
2.5 产权理论 ·········· 40
课后习题 ·········· 45
即测即练 ·········· 45

第3章 公司股权结构设计和股东治理 ·········· 46
3.1 股东构成 ·········· 48
3.2 股权结构设计 ·········· 51
3.3 股东会运作机制 ·········· 57
3.4 机构投资者治理 ·········· 59
课后习题 ·········· 64
即测即练 ·········· 64

第4章 董事和监事会治理 ·········· 65
4.1 董事会构成与职责 ·········· 66
4.2 董事的选聘与变更 ·········· 69
4.3 董事会运作机制 ·········· 72
4.4 监事提名与选聘 ·········· 76
4.5 监事会职权 ·········· 78

4.6 监事的激励制度与评价方法 81
课后习题 84
即测即练 84

第 5 章 高级管理者治理与激励

5.1 高级管理者的选聘 86
5.2 高级管理者的变更 89
5.3 高级管理者的激励机制 91
5.4 高级管理者的约束机制 98
课后习题 100
即测即练 100

第 6 章 信息披露与公司控制权市场

6.1 信息披露治理 102
6.2 公司控制权市场 107
6.3 收购与反收购 110
课后习题 115
即测即练 115

第 7 章 利益相关者治理

7.1 利益相关者 117
7.2 利益相关者治理 119
7.3 利益相关者治理方式 121
课后习题 125
即测即练 125

第 8 章 中国企业的公司治理

8.1 中国国有企业改革历史及公司治理 127
8.2 中国民营企业的治理 135
课后习题 138
即测即练 138

第 9 章 数字经济时代的公司治理

9.1 数字经济时代公司治理的新特征 140
9.2 内部治理的新特征 146
9.3 外部治理的新特征 150
课后习题 155
即测即练 155

第10章 公司社会责任 ·· 156
　10.1　社会责任的内涵 ··· 157
　10.2　社会责任的动因 ··· 161
　10.3　社会责任治理 ··· 163
　10.4　社会责任治理的新趋势 ·· 166
　课后习题 ··· 173
　即测即练 ··· 173

参考文献 ·· 174

第 1 章

绪 论

【学习目标】

1. 理解现代公司的概念、特征、性质。
2. 熟悉内部治理的制度设计。
3. 了解信息披露治理、控制权市场、收购与反收购、利益相关者治理在外部治理中的角色。
4. 了解以民营企业、国有企业为代表主体的中国特色公司治理。
5. 理解数字经济时代公司治理面临的机遇与挑战。
6. 理解公司社会责任治理的重要性。

引导案例：拼多多——高投诉量下站起来的电商黑马

2015年成立的拼多多几乎可以被认为是电商行业的黑马，在阿里巴巴、京东等电商巨头已经积累了多年的用户基础时选择进入，在成立不足三年的时间里，该平台在美国纳斯达克成功上市，迅速崛起为国内仅次于淘宝和京东的第三大电子商务平台。

依靠主打"低价"和"社交＋电商"的特色，拼多多只用了两年多就实现全年交易额超千亿规模。除了在消费者中备受关注，拼多多也备受投资人的青睐。2016年拼多多获1.1亿美元B轮融资，创下了近些年电商平台B轮融资的新高，其投资方包括腾讯、高榕等顶级风险资本（venture capital，VC）和私募股权投资（private equity，PE）。2018年上市之前，拼多多又获得新一轮由腾讯领投的近30亿美元。此外，拼多多在"助农""扶贫"等方面也大展身手。一方面，拼多多提出电商精准扶贫的"拼多多模式"。从其发布的《2017拼多多扶贫助农年报》中可以看到，拼多多利用3亿用户社交接力的方式来架设农民与消费者之间的链接桥梁，仅在一年时间内便催生9亿多个扶贫订单。另一方面，拼多多还制订了另一个用来疏解农产品流通和销售难题的扶贫助农计划——"一起拼农货"。拼多多在计划中表明其要投入近百亿元营销资源，扶持1万名新农人、深入500个农业产地，在精准扶贫中有效发挥作用。

但是，尽管拼多多在获得电商客户、投资人的关注及履行社会责任等方面绩效突出，不可否认的是高投诉量一直是其被诟病的地方。拼多多依靠降低商家的进驻门槛并以"低价"吸引用户流量的模式是有两面性的。一方面，利用低价策略，拼多多在吸引商户进驻平台方面更具优势，同时也给消费者带来多品类、更廉价的商品选择；另一方面，大量售卖廉价商品的商户入驻也随之带来了假冒伪劣和山寨货的问题。中国电子商务研究中心发布的数据显示，2017年全年，拼多多的投诉量高达13.12%，其投诉解决率也仅为51%。一些网站上关于拼多多差评的反馈，主要是针对产品质量的。因此，一方面拼多多也开始逐步加大了品控力度，其开始利用机器学习、大数据分析等信息技术对可疑商品进行精准打假定位。例如，2017年，拼多多一共下架近千万件疑似侵权商品，并利用黑名单机制终身封禁售假商家。另一方面，由于拼多多对于商家所设置惩罚措施的判断标准不全，而只要惩罚就冻结平台商家资金。这也导致了2018年上市之前，拼多多迎来了史上最严重的一次危机公关。拼多多上海总部遭遇上千家商铺维权，商家穿着印有"拼多多，欺骗消费者，还我血汗钱，非法冻结商家资金"字样的白色T恤涌入总部大楼，现场一片混乱。他们的理由相似，都是对商家售假的处罚标准不满。实际上，自拼多多递交招股说明书以后，关于其售假、随意冻结商家资金、商家被扣的保证金用途不明等信息就浮到了水面上。尽管这些负面信息并没有阻碍拼多多上市，但还是对其产生了一定的不良影响。

公司不只有实现股东利益最大化这一个目标，更不能以实现股东利益最大化为由损害其他利益相关者的利益。如何处理好公司所有内外部利益相关者的利益冲突，这一问题值得人们深思。

资料来源：张凯．"电商黑马"拼多多崛起之路[J]．知识经济（中国直销），2018(05)：80-83．

1.1　公司的基本概念及界定

1.1.1　公司的基本概念

约翰·米克勒斯维特（John Micklethwait）在《公司的历史》一书中将公司描述成最伟大的发明，那么为什么会有"公司"？公司是如何产生的？公司最早的雏形是合伙，源自中世纪古老的海上贸易，当时地中海地区的城市之间及其与东方国家之间的海上商贸繁荣发展，商人可以通过海运跨区域贩卖商品以获取高额利润，但是高收益的背后也蕴藏着海浪侵袭、海盗打劫的巨大风险，同时造船也需要巨额投入，这种情况下由多个商人在投入、经营、风险、收益等方面同甘共苦的"船舶共有制"应运而生。随着新航路的开辟，东西方国家之间的商贸更加频繁，进而催生了世界上第一家股份有限公司——英国东印度公司，之后相继诞生了荷兰东印度公司、丹麦东印度公司。但是，当时的"公司"并非像现代意义上的公司一样更加强调经济性，这些早期的股份公司大多担任着一定的政治角色，履行类似政府的职能。直到第一次工业革命之后，生产力跨阶段式的蓬勃发展在极大程度上赋予公司一定的经济色彩。当时一些像铁路这样的基础设施行业快速发展，这些行业具有长回报周期、高技术含量、巨额资金投入等特点，需要像公司这样具备一定筹资能力和管理能力的组织来进行运营，真正意义上的公司也由此得以发展。生产力的发展也使得公司组织形态发生变革，以机器为基础的工厂出现了。工厂一般内设车间、工段、生产小组和岗位；与过去相比，工厂的管理变得更为复杂，现在开始涉及生产、人员、供应和销售等多个管理环节的任务划分，这进一步促进了管理功能的专业化发展。工厂的出现标志着一种新的工业组织，一种新的工业生产制度的诞生，它是现代企业制度的前身或基础，直接导致现代企业的产生。直至今日，公司已经成为现代社会中各个国家或地区不可或缺的一部分，甚至在全球化浪潮下，不同区域之间的公司也相互连结，极大地促进了社会生产力的发展。对我们个人而言，大部分人在公司工作，获得自己的收入来源，建立自己的社交网络，甚至在潜移默化中受到公司价值观的影响。

鉴于公司在现代社会中扮演的重要角色，接下来我们从理论上在字面意义、法学、经济学三个层面阐释公司的涵义。

从字面意义上看，"公"为无私、公共，"司"为主持、掌管，公司则为共同掌管之意。因此，"公司"最初的字面含义即为众多主体为了实现共同的目的（通常为经济目的）而从事共同事业的结合，这也解释了现代社会典型的公司是由多数股东共同投资和共同管理的这一特点。

从法学层面看，主要国家都通过制定专门的公司法对公司的设立、运行、治理结构、各个治理主体的权利和义务等事项进行了法律上的规定。其中，对于公司的含义则是强调其具有的独立法人资格，将公司与个人独资企业、合伙企业等不具有法人资格的企业相区别。

从经济学层面看，将一切营利性组织都看作公司，这里公司作为企业的一种制度类型，但是二者在范围上大体等同，可互换使用，通常所说的公司即企业。经济学对公司概念的界定更加强调其经济意义，将公司看成是一种以谋求利润最大化为目标的生产单位或经济单元，公司的任务就是将土地、劳动、资本等生产要素投入生产并转化为一定的产出。

1.1.2 公司的界定

1. 现代公司的特征

1）独立法人资格

法人是与自然人相对的一个概念，是由自然人及其财产组成的稳定组织结构，是一种以团体形式出现的现代社会的权利主体和行为主体。也就是说，法人并不是像自然人一样指的是具体的某个人，其本质是一种组织，这种组织具有民事行为能力和民事权利能力，同时又依法享有民事权利和承担相应的民事义务。公司具有法人性质意味着公司在理论上是可以"永续存在"的，而不是随其自然人所有者的死亡而消亡。当然，公司也是可以有期限的，它可能由于财务债务、业务战略等问题导致公司进行破产清算，或者是被其他公司兼并重组。例如，曾经风靡一时的女装巨头拉夏贝尔因不能清偿到期债务，被债权人联合申请破产清算[①]。另外，公司所具有的法人资格是具有独立性的，它有两方面的含义：一方面，公司在人格上与股东、董事、雇员等其利益相关者是独立的，

---

① 东方财富网。

当然公司也独立于其他任何人；从另一个角度看，公司内部的各个利益相关方通常并没有直接的法律联系，而是通过公司来作为他们之间法律关系的中介。

2）有限责任

有限责任是与合伙制企业、个人独资企业的无限责任相对应的一个概念，公司自身及其股东都是承担有限责任的。这表明，作为法人实体的公司，需要用其全部的资产来独立地承担公司的债务责任；股东作为公司的投资者，他们对公司的责任是有限的。或者换言之，公司有限责任实现的前提就是具有独立人格，这使得公司的财产与股东的财产具有明确界限，股东对公司的全部责任仅限于完成其相应的出资义务，原则上其不承担公司的债务责任，而是由具备法人性质的公司以其独立资产对自身的债务承担独立的无限责任。当然，有限责任不是仅仅指公司的法人责任独立于股东个人责任，同时还意味着公司的法人责任也独立于公司高管和普通员工的责任。

有限责任最直接的表现是在公司破产清算中，清算人不能利用公司的个人财产来弥补公司资产面对债务的亏空，除非股东未履行对公司的出资义务，这也意味着公司和债权人可能遭受公司资不抵债给自己带来的损失。当然，有限责任并不是什么情形下都成立的。我国《公司法》[①]第一章第二十三条明确规定，公司股东滥用公司法人独立地位和股东有限责任，逃避债务，严重损害公司债权人利益的，应当对公司债务承担连带责任。

有限责任可以被认为是公司制最重要的特征，它是公司区别于其他企业制度最核心的特征。这主要是由于有限责任具有重要的制度优势，在推动现代企业快速发展的道路上发挥了重要作用。

3）股权自由转让

与合伙企业的合伙人转让份额受到严格限制不同的是，公司的"两权分离"促进了股权的自由转让。两权分离是 1932 年伯恩（A.Berleand）和米斯恩（G.Means）提出的，他们认为，现代公司的发展使得公司从所有者控制变为经营者控制，公司的所有权与控制权发生了分离。股权自由转让即股东的股权可以在股东之间或者向股东以外的人转让。当然，一般而言发生股权转让时本公司的其他股东享有优先购买权。关于股权的自由转让，人们主要关注两个问题：①从股东角度，是否被合法授权或者实际上能够随时转让股权？②从公司角度，股权转让是否对公司造成负面影响？事实证明，虽然《公司法》并没有保证股东的股权肯定能够转让出去，也没有向股东保证存在一个股票交易的市场进行自由交易，但对于公众公司而言，股票交易市场是客观存在的，并且股票市场也存在着相应的内在或外在的监督管理机制。同样对于公司自身而言，一方面，股权的转让通常不会对公司正常的经营管理产生明显影响，因为一般情况下股东不直接参与经营；另一方面，也不会影响到公司的资产，因为公司所拥有的资产属于公司本身，不属于股东个人，也不属于股东的集合体。

[①] 《公司法》为本书编写时参考的 2023 年 9 月 1 日发布的《中华人民共和国公司法（修订草案）》三次审议稿，后续全文中涉及《公司法》的条款引用，均引用自该修订草案。

2. 公司的性质

传统的观点认为企业是生产函数的载体，主要从实现投入—产出这一生产功能出发来阐释企业，即企业是投入一定的像资本、劳动这种生产要素组织生产并且要实现利润的最大化。这种观点仅从开始和结果这两端讨论企业的意义，并没有涉及企业在中间过程中究竟是采取什么样的组织形式来生产，以及企业生产是具体怎样实现的，也就是说其忽略了企业内部的组织关系及所有参与人员之间的利益协调和分配问题。从这个角度看，企业就像一个实现生产的"黑箱子"，里面具体的运行机制是不清楚的，进而也无法思考如何通过治理让企业发展得更好。

科斯（Coase）是首个从企业各个要素所有者间签约的角度解释企业的本质的，他认为企业是一系列契约关系的集合，是货币资本和人力资本的一种特殊合约，也是各个契约参与者之间交易产权的一种方式。企业的这种契约关系可能是正式的。比如，《公司法》或公司章程规定股东、董事及高级经理人之间的权利义务关系；这种关系也可能是非正式的。但是无论是否正式，企业契约的本质实际上是一种并不完全的合同。一个全面的合同通常能够精确地描绘出交易参与方在未来可能遭遇的所有情境，以及在这些情境下，合同方的权益和义务。比如说，劳动法明确了员工如果加班，企业需要按规定支付加班薪水，但劳动法中并没有明确对加班的时间进行规定。对于公司而言，虽然《公司法》或公司章程对股东和高级经理人的权利义务关系进行了规定，但是其难以说明高级经理人每天需要在什么地方干什么具体工作。由于具备不完全性，不完全契约常常不具备法律上的可执行性，公司的契约各方是自愿参与的，如果存在着对于某一方的损害，受损害的一方可以选择退出。公司契约的这种不完备性就使得公司治理格外重要，必须通过有效的公司治理来弥补这种不完备性，使得投资者愿意投资并且可以选择好的经营者并监督其努力工作，经营者愿意成为投资者的代理人并积极为投资者创造价值。此外，科斯还在其 1937 年发表的《企业的本质》一文中从"交易费用节约"的角度对公司的本质进行了阐释。交易费用是指一切不直接发生在物资生产过程中的费用，包括信息费用、谈判费用、拟定和实施契约的费用等，即直接生产过程之外的一系列制度费用，如果市场交易活动的费用太高，需要一个组织来支配资源，这样就可以节约成本，这个组织就是企业。科斯的观点是，当企业内部的管理和协调成本相对于市场交易成本具有成本上的优势时，企业作为一个组织实体就有其存在的合理性。企业的主要目的就是为了降低市场交易的成本，也就是说，用成本更低的企业内部交易来替代成本更高的外部市场交易。

1.2 公司制企业的类型与运作特征

1.2.1 法定类型及其运作特征

1. 有限责任公司

有限责任公司也称有限公司，所谓有限，一方面是指股东有限——由 1 个以上 50

个以下的股东出资设立;另一方面是指责任有限——每个股东需要对公司承担有限的责任,这个责任范围主要以其认缴的出资额为限。如果一个自然人股东或者法人股东出资设立有限责任公司,那么我们说该有限责任公司为一人有限责任公司。有限责任公司的运作特征如下。

(1)设立程序和组织架构简便灵活。例如,有限责任公司的设立方式唯一,仅能通过发起的方式设立;设立公司时的资本额的下限比较低,资本也无须等额划分,且可以分期缴纳,这在一定程度上促进了中小企业的诞生。目前,我国大部分中小企业为有限责任公司;股东会由全体股东组成,但是一人有限责任公司不必设立股东会;股东会再选举设立董事会,董事人数及任期由公司根据其设立的公司章程自行决定;董事会又可以决定是否设立经理,并且经理与董事会之间是单向负责的关系,董事会单方面决定高级经理人的聘任或者解聘,相应地,高级经理需要对董事会负责。此外,我国《公司法》还规定,规模较小的有限责任公司可以不设董事会和监事会,只需设一名董事和一至两名监事依法行使董事会或者监事会的职权。

(2)资本具有封闭性。一方面,有限责任公司不能通过公开募集的方式筹集资本,更不能像股份有限公司那样发行股票,股东的出资证书或股单只是证明股东出资的权利证书,不是可以自由买卖的有价证券;另一方面,有限责任公司的出资转让也受到一定程度的限制。例如,股东若要向股东以外的人转让股权,应在其他股东行使完优先购买权或者放弃优先购买权之后才能进行。

(3)兼具资合及人合的特点。"人合"即组织以其内部成员的信用作为信用基础,也即"信用在人";"资合"即组织以其共同资产作为信用基础,也即"信用在资"。有限责任公司在本质上主要体现"资合"的特点,但是相对于股份有限公司无上限的股东人数,股东人数有限的有限责任公司的股东之间彼此存在一定程度的信任和联系,具备一定的"人合"性。

2. 股份有限公司

股份有限公司通常被简称为人们日常说所的股份公司,股份公司是指公司股东以认购预先分配好的等额股份为限对公司承担责任、公司自身以其全部资产对其债务承担责任的企业法人。当然,股份有限公司的类型又可进一步划分。

(1)按照设立方式,股份有限公司可分为发起设立和募集设立两类。若在设立公司时应发行的全部股份仅由发起人认购则为发起设立,且发起人应当以书面形式认足公司章程规定其认购的股份,并按照公司章程规定缴纳出资。如果在创建公司的过程中,所有应发行的股份不仅可以由发起人认购,也可以由非发起人认购,那么这些股份将被视为募集设立公司时应发行股份的一部分,并且通常不应低于公司章程所规定的公司成立时应发行股份总数的35%。

(2)按照是否公开发行股票,股份有限公司可分为定向募集和公开募集两类。定向募集是指股份有限公司发行的股份除了由其发起人认购的一部分外,其他部分只能由其他特定法人或者本公司员工认购。而公开募集则相反,其募集范围扩展为社会公众和机构,更具有一般意义,因此也成为一般募集。

（3）按照是否上市，股份有限公司可分为上市公司和非上市公司。若股份有限公司的股票可以在公开的资本市场，如证券交易所上市或进行股票交易则为上市公司。在我国，上市公司是指那些得到国务院证券监督管理机构批准，或由其授权的证券交易所按照法定条件和程序批准，在上海和深圳的证券交易所公开发行和交易股票、债券的股份有限公司。按照《公司法》的相关规定，上市公司除了设置基本的股东会、董事会、监事会这一"三足鼎立"的组织架构外，还可设立独立董事、董事会秘书。股份有限公司运作特征如下。

①资本活动机动灵活。一方面，股份有限公司可以通过公开发行的方式向社会募集股份，除了股份等额划分的形式方便其进行筹资外，还有专门的证券交易场所方便其进行具体的交易。当然，股份有限公司公开募集股份时，必须经国务院证券监督管理机构注册，公告招股说明书，且应当由依法设立的证券公司承销。除此之外，股份有限公司也可以通过发行债券募集资金。另一方面，股份有限公司也可以在证券交易场所或者按照国务院规定的其他方式进行股份或者债券的转让，这也可以在一定程度上减少投资者的风险。

②典型的专门化管理。股份有限公司是典型的"资合公司"，且一般而言其股东人数较多，尤其是存在占有一定比重的中小股东，因此不可避免地存在股东"只投资，不管事"的现象。但是，经过较长时间的发展，现代的股份有限公司基本形成了规范的专门化管理制度，有专门的经理人负责公司的日常经营。也就是说股份有限公司结合了快速高效集中资本、经营管理专门化两大优点，且同时呈现公司的所有权与经营权分离的现象，一般股东的变动难以影响公司的经营管理，这样既有利于扩大公司的经济规模，又适合企业的中长期发展。但是，经理人与股东之间也可能存在着一个问题——代理型公司治理问题。

③信息透明度高。一方面，不同于有限责任公司股东之间存在一定程度的"人合"性，股份有限公司的股东之间的信任关系较弱，这种单纯资本结合的特点也意味着公司要披露一些特定信息来弥补这种信任的缺失。按照《公司法》的规定，股份有限公司应当定期向股东披露公司内部核心成员（董事、监事、高级管理人员）从公司获得报酬的情况。另一方面，股份有限公司的财务报表必须经过注册会计师的审计并出具报告，还要存档以便股东查阅。公开上市的股份有限公司还要定期对外公告其财务报告，比如，在深圳证券交易所和上海证券交易所的官方网页上通过输入某公司的证券代码，即可查阅这个公司公布的多种类型的公告。

1.2.2 其他类型

从出资参与人数的多少看，除了多个股东共同出资或者认购股份的合资公司，还存在一种出资或者股份仅属于单一股东的公司，即一人公司，也称独资公司。独资公司作为公司的一种特殊类型，除具有公司的一般特征外，其鲜明的个性主要体现在其投资主体的唯一性与资本的单一性上。

按照是否具备国家资本金，还可以分成国家出资公司和非国家出资公司。国家出资公司按字面上理解，指的是国家参与出资的公司，具体可以分为国家出资的有限责任公司和国家出资的股份有限公司。根据国家出资占比的不同，还可进一步划分为国有独资公司、国有资本控股公司。在我国，国家出资公司通常由国务院或者地方人民政府实际担任"出资人"的角色，当然他们也可以授权同级的国有资产监督管理机构或者其他机构、部门代表本级人民政府对国家出资公司履行出资人的职责。例如，中国比较知名的国有独资公司有国家电网有限公司[1]、中国石油化工股份有限公司[2]、中国移动通信集团公司[3]；比较知名的国有资本控股公司有中国保利集团有限公司[4]、中国第一汽车集团有限公司[5]。

1.3　内外部治理概述

如前所述，由于公司是一系列契约的集合，也就是说，公司是由其内外部的利益相关者共同投入一定的具备自身特色的专用性资产而形成的，是多方力量共同努力的结果。这些公司建设的参与者以其各自在公司中形成的专用性资产为依据，自然希望自己能在有限的期限内获得来自公司的回报，而这些回报的前提自然就是公司能够正常运转，因此如何进行公司治理是公司的一个基本问题。

既然公司本身是多方力量的集合，那么公司治理也应该由这些投入一定专用性资产的当事人共同参与。这些当事人可以分为内部当事人和外部当事人。相应地，公司治理的系统结构可以依据其相应治理活动的承担者划分为内部治理系统和外部治理系统。治理活动由内部利益相关者承担的为内部治理，由外部利益相关者承担的为外部治理。公司内外部的利益相关者主要有股东、董事、监事、高级管理者、普通雇员、债权人等。当然，同公司经济活动有关的利益相关者还涉及供应商、客户、社区、政府等。

关于公司利益相关者如何具体划分为内部和外部两类，不同国家或地区有着不同的规定。而且在不同的情境下，其作为内部还是外部利益相关者差异较大，而且其参与治理的方式也比较复杂。但一般情况下，股东都是内部治理的核心力量。为方便表述，本书以正常经营状态下的股东至上模式中的一般工商业公司为基础讨论公司治理的内外部利益相关者，即认为内部利益相关者包括股东、董事、监事、高级经理人，其他全部是外部利益相关者。

在对公司的治理力量进行划分之后，再来看这些治理力量是如何投入公司建设发展中的，即公司治理的本质是什么。公司治理是既包括公司内部也涉及公司与外部市场之间的一系列制度安排。公司内部的制度安排构成公司的内部治理，而公司外部是以市场力量推动而做出的安排构成公司的外部治理。也就是说，公司治理其实就是与公司有关的所有当事人，出于希望从公司的经营中获得与他投入相匹配的收益，便以其各自在公

---

[1] http://www.sgcc.com.cn/.
[2] http://www.sinopec.com/listco/.
[3] http://www.10086.cn/index/bj/index_100_100.html.
[4] https://www.poly.com.cn/.
[5] http://www.faw.com.cn/.

司中投入的专用性资产为依据，共同博弈形成一般意义上的公司治理。公司的当事人在公司治理中充当了主体和客体两种角色。一方面，各当事人一起制定公司治理的规则，即通过制定游离于具体当事人之外的制度框架来实现当事人的博弈均衡；另一方面，由于公司经营管理所产生的利益是有限的，各当事人之间不可避免地存在利益分割冲突，因此各当事人为换取规则所带来的利益就要以放弃自己的一部分偏好为代价。但由于大家所能掌握的信息并不一致，信息差的存在就使得理论上公平的当事人之间的利益分割出现偏差，那些信息优势者可能利用其掌握的信息来为自己争得更多的利益。因此，公司治理也并非完全理性有效，也可能存在着一些问题。最典型的有两大公司治理问题：一个是股东与管理层之间的"代理问题"，另一个是公司的大股东与小股东之间的"代理问题"。这两类问题都主要是由于双方利益之间出现冲突导致的，第一类问题股东追求的是利益最大化，而管理层则期望依靠比较突出的公司业绩表现获得高工资、高奖金等，因此可能会存在盲目过度投资、信息虚假披露等行为；第二类问题中大股东相对小股东对公司有更多的控制权，这就为大股东牺牲小股东利益追求自身利益的最大化提供了可能性。

1.3.1 内部治理

创建有效的公司内部科层组织架构是一个公司良好运营的基础，利用这个架构，公司才有可能在指挥到位、信息畅通、上下步调一致中实现组织的整体目标。作为公司治理制度体系的核心，内部治理系统是公司内部利益相关者依据其投入的专用性资产获取和行使相应剩余控制权的制度安排，在内部科层组织的基础上进行内部治理是公司良好运营的必要条件。同样，从《公司法》的角度看，内部治理是《公司法》从法律层面上所确认的一种正式的制度安排，通常指对股东（会）、董事（会）、高级经理人、监事（会）的关系及利益的平衡。在我国，无论是有限责任公司还是股份有限公司，公司的内部治理也基本是围绕这四个主体展开。但是特殊情况下部分治理主体也可以简化。例如，规模较小的公司可以不设监事会，只需设置一到两名监事履行相应的职责；一人股份有限公司可以不必设立股东会。

1. 内部治理的核心主体

在这四个内部治理主体中，股东处于核心地位，企业契约的各方订立者投入了各种资产，构成了一个公司。如果发生某些不愉快的事情，雇员（包括高级经理人员）最后可以选择退出，他（她）可以带着投入的大部分人力资本退出。债权人也可以部分退出，等本次合同期满后退出。但是，股东却无法退出，因为他们的资产已经变成了法人财产。所以，公司成立后，股东的资产就被抵押在公司。进而，股东就被绑定成了一个风险承担者，要为公司的行为承担责任。在这种情况下，相对于那些可以随时"脱身"的利益相关者，股东最有积极性做出最佳决策，股东掌握剩余控制权才不太会发生"豪赌"的事情。但是，这一假设也并非意味着单纯有股东的存在公司治理就能高效运转，还有着其他必要的前提：一是其他利益相关者可以获得约定收益；二是其他利益相关者没有退出壁垒。除了从内部制度设置上对股东权利进行约束，在外部市场层面上现代公司制度的演进和市场经济的发展也逐渐将股东在公司中的控制作用限定在一定范围内。一方面，有限责任制度的实施限定了股东的风险，股东仅以其认缴的出资额为限对公司承担责任。当股东承担了他所能承担的有限责任后，仍不能偿还全部债务或者给付完整工资，那么债权人和雇员事实上就只能获得剩余收入。另一方面，证券市场的发展使得股份公司中的小股东虽然不能在名义上直接退出股份，但其可以通过在合法的证券交易机构自由转让股份来实现另一种形式的股份退出。如果股东与公司的关系逐步弱化和间接化，一些股东非但不是风险承担者，反而变成风险逃避者。

在股东为核心利益相关者的逻辑下，公司的内部治理体系的剩余任务就是要明确划分股东、董事会、高级经理人和监事会的权责范围，进而形成良好的相互制衡关系。就股东这个核心主体而言，其主要通过股东会行使其相应的法定权利和履行相应的义务。现代公司制度下公司的所有权和经营权分离，公司的实际经营通常是由高级经理人或者控制股东负责。在这种情况下，公司的所有者即股东尤其是一些大股东就有对这些高级经理人或者控制股东的治理的责任。但是，同时存在着一个问题，无论是有限责任公司还是股份有限公司，其股东群体都是比较大的，相应地满足不同股东的利益诉求的多头领导也是不现实的。特别对于上市公司而言，股东在大多数情况下其实质性角色只是证券市场的参与者，并不能从真正意义上成为内部利益相关者。因此，能将万千股东的意见汇聚为一个声音的股东会应运而生。股东会是公司的权力机构，股东通过股东会以股权的形式行使权利。股权之上除了获取红利的收益权还保留对董事、监事的选择权，对并购、增资等重大事项的审查权和否定权，以及对公司行为的知情权、提案权和诉讼权等。

2. 内部治理的执行机构

由于股东会所代表的股东群体庞大，光是股东会的治理成本就已经比较高了，因此股东会几乎很难有精力再负责日常烦琐的管制活动。此时，股东会的受托人——董事会出现了。

董事会参与公司的治理活动主要包括两种：一种是行使保留在董事会手中的未赋予经理的决策控制权；另一种是通过监督控制其所选择的高级经理人及自己的经济行为来间接参与。但针对不同国家各自的实际情况，这两种活动方式的具体分工有不同的安排。在英美模式中，这两项工作均由董事会完成。在德日模式中，董事会将监督责任部分分离出来，交由监事会处置。中国的形式与德日模式相近。具体而言，董事会是公司的法人代表、负责确立并阐述公司的使命、宗旨、价值观，确保公司的经营符合法律法规和道德规范的要求；在高级经理人负责资产经营的前提下，主要保留决策控制权、负责决策审批和对执行情况的监督。在高级经理人不到位的情况下，也可负责决策制定和决策执行等决策管理权，董事会还对高级经理人的评估、选择、激励负重要责任。此外，在监事会虚化的情况下，董事会要承担主要监督责任：董事会要维护法人的独立性，确保全体股东的公平公正权利，董事会要履行说明责任，即有义务真实、完整、全面地向股东及其他利益相关者披露公司信息。

更进一步，董事会可聘用高级经理人负责公司的日常经营管理活动，高级经理人在董事会授权的职权范围内行使决策管理权。相应地，高级经理人要向董事会、监事会尽到说明责任。当控制股东充当高级经理人时，也要受到董事会、监事会的监管。当股东等将其投入公司中财产的具体经营权委托给高级经理人经营时，高级经理人就承担了股东的受托人和公司的实际代理人双重角色。也就是说，高级经理人是受股东之托对股东投入的资产进行管理的人，因而其要负起受托责任（也称信托责任）。具体而言，这种受托责任意味着高级经理人作为受托人需要对委托人负有保障公司生存和发展、促进公司资产保值增值的责任。股东将法人财产，利益相关者将专用性资产的占有权、使用权和处分权交给公司，公司进一步将其交给高级经理人。反过来，高级经理人要对公司尽到受托责任，公司要对股东等利益相关者尽到受托责任。这里的公司的权利义务，通过公司的法人代表，即董事会来实现。高级经理人和董事会的受托责任可以分为两种：一种是忠实义务，另一种是勤勉义务。忠实义务是指任何时候都要以公司的利益为先，即便是在高级经理人和董事会的利益与公司的利益相冲突时；勤勉义务是指高级经理人和董事会在执行其职务时需要保持应有的关注和勤勉。

另外，从广义上讲，高级经理人和雇员本质上都属于公司的员工，只是高级经理人位于直接对股东/董事会的第一层委托代理链上，他们直接执行股东的意图，实施对公司运营的控制。从这个角度来看，公司治理的核心是建立一套制度安排，以激励经营者像股东一样思考和行动。

3. 内部治理的监督机构

公司内部治理本质上就是一层层权力下移的委托代理体系，股东会将公司日常的经营管理责任委托给董事会，董事会又产生经理负责其日常经营管理决策的执行。那么，如何保证受托责任被履行了呢？诚然，受托责任体系的根本运行起点是委托人对受托人的信任，公司制度的胜利也是社会信任制度和文化进化的结果。但是，没有控制的信任无法持续。从这个意义上看，公司治理的系统从信息获取开始，本质上是一个以受托责任为核心的控制系统。因此，作为公司日常事务负责人的董事和高级经理人，其承担着这个所谓的核心责任，而这个核心责任的实现关键在于在公司运作过程中形成的说明责任能否实现。从字面上理解，说明责任即受托人有义务向委托人报告其行为、行为的原因，以及行为的结果或预期结果。说明责任制度是公司权利分离体系中的反馈机制，实现权力制衡的制度保障。受托人获取了行动的权利后有义务向委托人说明其行动，委托人付出了资源后有权力要求受托人说明资源的使用情况。可见，说明责任是受托责任的治理机制。没有说明就没有治理，而说明就是信息披露。

除了各个受托人定期向其委托人进行内部的信息说明，外部的日常监督更为重要。这里的外部是指除董事会及高级经理人之外的人，董事或者高级经理人的说明责任的履行可能带有一定的客观性，不可避免地会发生"美化"成果的现象。

监事会是公司专门设立的监督机构，其任务是监督那些参与着公司经营管理的董事、高级管理人员的经济行为，如当发现这些管理层人员做出了违反相应法律法规、公司章程或股东会议决议的情况时，他们就可以提议罢免相应人员；也需要及时纠正这些董事和高管正在发生的或者潜在的损害公司利益的行为。为了保证监督管理的公正性，我国《公司法》规定董事和高级管理人员不得兼任监事，且监事需要定期更换，防止时间较长形成损害公司利益的内部利益小团体。在一些特殊情况下，监事会可以认为是董事会制度的组成部分。在中国的内部治理系统中，法律上将雇员也列为内部利益相关者，主要体现在无论是有限责任还是股份有限公司，其监事会均要求要有一定比例的职工，且职工代表的比例不应当低于 1/3。也就是说，职工被认为应当进入监事会，也有权进入董事会。

1.3.2　外部治理

外部治理主要是指在外部市场竞争的倒逼下，公司需要建立适应外部环境和市场竞争压力的制度安排。如果说公司的内部科层组织架构是构建公司治理的基石，那么外部市场力量的协调则是实现组织整体目标的充分条件。不同于以委托—代理关系基础上的公司内部的科层组织关系，其与外部市场的关联主要以一系列公司法人组织为媒介产生和发展的。依据与公司法人发生联系的市场当事人的不同，公司的外部市场可以分为要素市场、产品市场和金融市场几种，其相应的主要市场当事人分别是劳动力、客户、投资者等。公司的外部治理活动也基本在这几个外部市场展开。比如，股东在股票市场上"用脚投票"——即股东不是满怀信心地选择按其股权比重参与公司的决策制定，而是对公司发展失去信心地选择直接在股票市场卖掉自己所持有的公司股票。2023 年 3 月百奥泰为其新药研发项目而披露的定增计划就遭到了投资者"用脚投票"，毕竟公司已经连续多年亏损且其披露的 2022 年度业绩快报再次显示其 2022 年营业收入同比下降了 42.58%，有的投资者甚至直接提出了"光烧钱搞不上去业绩"的质疑[①]；消费者在产品市场自由选择等驱动公司尽量选择良好的公司治理安排，保持自己在资本市场和产品市场上的吸引力；在金融市场上，投资者尤其是机构投资者的部分经济活动关系会影响到公司控制权变更。此外，国家法律则规定了公司赖以活动的基本框架，社会舆论作为非正式的压力机制也可以将公司推向辉煌或者没落。

1. 信息披露治理

信息披露的目的是向公司的利益相关者提供必要的信息。健全完善的信息披露机制是现代公司治理的重要特征之一，对公司治理起着关键作用。信息披露对公司利益相关者之间的信息流动和财富分配产生影响，而信息披露本身也是为了满足公司治理的需求而逐渐形成的。

信息披露对公司的内部治理具有监督、激励、契约沟通三种重要作用。高级管理人员作为人力资本的所有者，有较大的动机利用信息优势谋取个人利益，甚至是以牺牲股东利益为前提。财务信息披露是展现公司财务状况、经营成果和现金流量等的一种方式。它可以有效减少股东与高级经理人之间的信息不对称，进而有效降低高级经理人可能存在的个人机会主义行为。同时，通过披露经营状况信息，可以对高级经理人进行激励，因为高级经理人市场的存在使得公司经理人可能因盈余业绩不佳而被替换。此外，企业作为契约的联结，需要信息披露来确保股东控制权和投票权的行使、董事会决策权的实

---

① 数据来源：Wind 资讯。

施及经理层薪酬方案的制定等各个契约环节有效运行。

公司外部治理同样需要相关、可靠、及时和充分的信息，特别是需要透明化的财务信息。财务信息披露有助于外部投资者进行投资决策，推动利益相关者治理。公司治理的外部监督主要依赖资本市场的中立机构，如会计师事务所、投资银行等咨询机构。这些中介机构在执行业务活动时，高度依赖于他们所熟悉和掌握的客户公司的财务信息。从这方面讲，依托于推进主动的信息披露，公司各类信息透明度得以提高，外部的机构者们也可以对公司做出更符合实际情况的评估。

2. 控制权市场

公司进行日常的生产经营所必需的资金来源也可分为内部和外部两类。内部融资主要指公司充分利用其过去经营所得的最终盈余作为发展资金，而外部融资又可分为股票融资和债权融资。股票融资是直接以释放公司控制权为代价来融资；债权融资是通过承诺给予出资债权人固定收益来筹集外部资金，一般情况下不会影响公司的控制权。当然，如果公司违约不偿还其对债权人的债务，那么债权人有权申请公司破产清算，在这种情况下债权人也可能参与到公司的控制权变更当中。

可以认为，公司选择对外融资就其需要将一部分控制权转移给外部投资者，债权融资方式对于控制权的配置主要发生在公司最终破产清算的时候，而通过股票融资的方式对于公司控制权配置权的影响却是公司外部治理中的重要组成部分。主要有两类可以利用股权流动的方式参与公司外部治理的机制。一类是股价机制，即外部投资者为了对有利于自己的利益而在对公司股价理性分析的基础上采取一些行动。例如，对公司管理层进行更换、出售手中的股票等。一类是公司控制权市场机制，如果公司的治理结构或绩效表现不佳或与预期存在较大偏差，并且市场上有大量的潜在收购者，那么外部投资者可能会卖出股票，而市场收购者可能会接手这些股票。当收购方持有的股票份额达到其控股上限时，他们有更大的可能性对目标公司进行收购，这可能会导致现有的管理团队面临被替换的风险。

公司股权融资的过程，也是股权不断被稀释的过程。多年来，我国的公司股权结构主要是基于"同股同权"的单一制度构建的，企业控制权的实现高度依赖于资本规模的多少。但2007年6月实施的《中华人民共和国合伙企业法》，首次对有限合伙制度给予认可。这一制度的诞生，不仅是代表基于协议的控制权的实施方法的新生，还为股权结构中的资金与权力的分离问题提供了解决方案。

2013年，以支付宝为主体成立小微金融服务集团，就是蚂蚁集团的前身；2014年，蚂蚁金服正式成立。最终，在经历了三轮融资后，蚂蚁金服的控股结构呈现出特色的"三层制"。蚂蚁集团的实际控制人马云并未直接出面，仅仅利用一家有限责任公司和有一家有限合伙企业，间接实现对蚂蚁金服的控制。当然，前提是马云对这两家"中间企业"也拥有一定的控制权，并借此掌握了蚂蚁金服50%以上的表决权。根据《中华人民共和国合伙企业法》相关规定，普通合伙人接受委托执行合伙企业事务、对外代表合伙企业，而有限合伙人不得执行合伙事务，不得对外代表有限合伙企业，二者分工明确。采用有限合伙人的组织形式，则参与股权激励计划的阿里巴巴及蚂蚁集团员工基于其有限合伙人身份，将只具有收益权，而没有投票权，而相应的投票权及绝对控制权则被其中一家有限责任性质的中间企业其实际控股人马云所拥有。

资料来源：胡锋，高明华，陈爱华. 控制权视角的合伙企业与股权架构设计——以蚂蚁集团为例[J].财会月刊，2020(17): 156-160.

3. 收购与反收购

当公司的控制权配置以控制权转移的形式出现的时候，公司治理的主动权也随之发生了变化。公司的控制权转移的主要形式是公司并购，顾名思义，并购即为兼并与重组，并购也称接管（前者侧重形式，后者强调目的）。它是指在市场机制作用下，公司通过产权交易获得其他公司的产权，并获得其控制权的经济行为，包括合并和收购。合并指的是两个或者两个以上的企业合二为一，收购指的是一个公司收购另一个公司的全部或者部分资产。通过公司并购，公司控制权由效率低的所有者转向效率高的所有者，这样就会纠正公司治理低效的情况。

具体而言，并购主要通过形成协同效应来提高公司治理的效率。第一是规模经济效应。例如，利用兼并手段，公司可以实现直接对其自身的资产进行补充和调整。当然，兼并也有着一定的外在规模经济效益：其对公司的专业化生产的实现、市场占有率的提高、整体实力的提升都有着重要推动作用，有助于公司更好地满足不同细分市场的需要。除了兼并之外，还有重组的形式，2016年宝钢与武钢进行重组，最终组成中国宝武钢铁集团有限公司（简称中国宝武）。重组之后的中国宝武充分整合双方的资源，将重点放在产品销售规模的拓宽和质量的提升上，既扩大了产业基地又通过加大对技术创新的投入和产品深度的开发为发展规模经济提供技术保障，同时公司加大质量攻关和提升力度，产品销量大幅上升，市场规模达到了可观的局面[①]。第二是财务协同效应。财务协同效应即公司的资金使用效率在并购之后得以提升。公司间的并购顺利完成之后，并购方可以利用被并购方低资金成本的内部资金投资其高效益项目上，进而提高公司整体资金使用效率。2016年，海尔集团海尔智家股份有限公司对通用电气的家电业务进行了收购，当年其股本成本率和债务成本率就有明显下降，总的资本成本也是下降的。而在此之前，海尔的资本成本率与格力电器的资本成本率相当，甚至在2014年还高于格力电器的资本成本率，但是在并购之后海尔的资本成本率便低于格力电器的资本成本率了，可见对于海尔而言其并购行动形成了显著的财务协同效应[②]。第三是管理协同效应。同样直观理解，管理协同效应即并购行为发生后公司的管理活动效率得以提高进而带来相应收益的增加。通常而言两个公司的管理效率不可能完全一致，二者之间必然存在效率的高低差异，当效率高的公司对效率低的公司进行收购后，其可将自身的管理资源在效率低的公司进行复刻，从而形成管理层面的协同效应。2019年，苏宁国际并购了因产品种类不齐全以及缺乏供应链基础设施而连续多年处于亏损状态的家乐福。第三季

---

① 盛明泉，李永文. 僵尸企业并购重组绩效研究：以宝钢并购武钢为例[J]. 财会月刊，2020, No. 879(11): 13-20.
② 林镇江，林榕娟，张瑞琛等. 海尔智家并购GEA财务协同效应实现路径分析[J]. 财务与会计，2020(16): 25-28.

度并购成功后，苏宁易购一方面将数字化管理引入家乐福，另一方面又学习了家乐福丰富的仓储运输管理经验优化集团整体的管理策略，其当年第四季度的费用管理水平、资产管理水平便有明显的管理协同效应[①]。

但是，并不是所有的并购都有助于提高公司治理的效率，还存在一种"恶意并购"，即敌意接管。敌意接管是不经目标公司董事会同意而强行在证券市场上收购该公司的股份，从而实现对该公司控制的并购行为。它分为两种情况：一是收购方在公开进行要约收购之前先与目标公司的董事会或管理层进行协商，提出并购建议，若收购方被拒绝并且没有终止其收购行为，继续在证券市场上向目标公司的股东发出股票收购"要约"，表明自己将在指定时间里以一定的价格公开收购全部或部分公司股票以完成其收购行动，进而获得目标公司的控制权；二是收购方事先不与目标公司经营者进行有关收购行为的协商，而是突然直接提出公开要约收购。通常而言，敌意接管的目的是获取目标公司的控制权，因此收购方就有可能利用其收购价格高于市场价格的手段。在这种情况下，并购目的不是出于提高目标公司治理的效率，更多的是收购方为了自身战略方案的实施而进行的强行并购。同时，被接管公司的董事和管理层极有可能发生被迫性的人员更迭，也意味着目标公司董事和高级管理人员的职业失败。因此，他们就会采用各种方法防止公司被敌意接管，进行有效的防御和狙击，即进行反收购。反收购的行为也可以分为两类，一类是预防性措施，包括毒丸计划、"驱鲨剂"条款、"金保护伞"；另一类是主动性措施，包括"绿色邮件""白衣骑士""帕克曼"式防御、"焦土战术"、资本结构变化。

2015年7月，宝能通过其旗下的深圳钜盛华有限公司（以下简称"钜盛华"）及前海人寿保险股份有限公司（以下简称"前海人寿"）从二级市场买入万科的股票，由此拉开了长达两年的万科集团控制权之争的序幕。在之后的几个月里，宝能的这两大融资平台连连增持万科的股票，仅用1个月就以15.04%的持股比例超越万科原有的第一大股东华润成为其新的第一大股东，随后万科创始人王石积极寻求华润的增持帮助，但是宝能系也随之继续增持。经过多轮博弈，2016年宝能系最终以25.4%的持股比例稳坐万科第一大股东的宝座，而这一接近我国证券法规定的30%要约收购红线的持股比例，也意味着万科面临着被宝能恶意收购的风险。

之所以说是恶意收购，主要是宝能旗下的这两大融资平台有一定的"前科"。在对万科进行多次连续举牌之前，2015年2月前海人寿就已经连续多次买进国内玻璃行业和太阳能行业的龙头企业南玻集团股份有限公司的股份。南玻集团管理层在意识到自己可能面临被宝能系"野蛮"控制后，就召开董事会会议修改了公司章程和股东大会会议的相关规定，对董事会和监事会的人员更换进行了限制性规定，以防止宝能系通过大股东控股操控其董事会、监事会的正常运作。但正是这一看似自保的举动刺激前海人寿再

[①] 宋罗越，张征华. 消费升级背景下零售类上市公司并购绩效研究：以苏宁易购并购家乐福中国为例[J]. 商业会计，2020(21): 31-36, 80.

次对南玻集团进行连续举牌，最终宝能系以超过25%的持股比例成为南玻集团的第一大股东，紧接着宝能系便对南玻集团的董事会及高管层进行清洗并且把"自己人"安排进了南玻集团，南玻集团的控制权自此就打上了宝能的烙印。

因此，同样的短时间内宝能连续多次举牌的事件发生在万科身上之后，自然引起了万科集团的创始人管理层的震动。在宝能连续多次恶意举牌的过程中，虽然也有万科的另一大股东华润增持为其保驾护航，也出现了像安邦保险这样也增持万科股份并且在官网公开声明支持万科的"白衣骑士"，万科自身也以重大资产重组为由临时停牌企图拖垮以高杠杆获得举牌资金的宝能系，但是这一系列反击并没有阻止宝能成为万科的第一大股东且其持股比例接近可以对万科进行要约收购的红线。在多方僵持不下的情况下，宝能系前海人寿的董事长姚振华被相应监管机构约谈，这场监管风暴最终也对姚振华做出了"禁入保险业十年"的处罚，加上深圳市政府从中协调，包括华润股份在内的几大股东均将其股份转让给了深圳地铁集团，深圳地铁集团也以29.38%的持股比例成为万科新第一大股东。至此，宝能企图像掌控南玻集团那样控制万科集团的计划也正式流产，万科最终在这场反恶意收购中险胜。

资料来源：王桂英，乌日罕. 上市公司股权结构设计的理性思考：以宝万之争为例[J]. 会计之友，2018, 600(24): 21-25.

4. 利益相关者治理

所谓利益相关者，就是其利益与公司相关的人，或者公司利益与其相关的人，即爱德华·弗里曼（Edward Freeman）在其《战略管理：利益相关者方法》所称的——利益相关者是那些能够影响企业目标实现，以及能够被企业实现目标的过程影响的任何个人和群体。在这个定义下，股东、债权人、雇员（包含高级经理人）、战略伙伴是利益相关者，一般的消费者和供应商、临时雇工、短期贷款人等是利益相关者，连当地社区、政府部门、环境保护主义者等也被视为利益相关者。在利益相关者问题提出之前，公司治理以股东权益至上为原则单一化的考虑内部的委托——代理关系，即重点考虑高级经理人如何对股东利益服务的问题。在利益相关者问题提出之前，人们普遍认为高级经理人应为股东利益服务，而公司治理的核心也是如何设计恰当的制度安排确保高级经理人对股东负责。然而，公司在经营管理中对利益相关者的关注日益提高，消费者维权行动、环境保护主义以及其他社会活动产生了很大的影响，利益相关者概念的提出使公司治理由传统的股东至上的单边治理模式演化为利益相关者共同治理模式，将企业其他参与人的利益、高级经理人负责的对象、公司治理的利益分配等问题重新带回人们的视野中。

不同于只关心股东利益最大化那种短视思维，利益相关者治理统筹地将公司各利益相关者（尤其是除股东之外的利益相关者）纳入公司治理，体现的是公司对长期目标的追求和对可持续发展的坚守。公司的整体利益与所有利益相关者的利益是相互补充的，如果利益相关者的利益在参与的过程中可以保护其各自利益，他们会更放心关注公司的未来发展而不只是眼前的短期利益，这也间接降低了他们的机会主义行为和公司监管激励的成本，同时将有助于在各利益相关者和公司之间建立一种基于信任的长期稳定的合作关系。像良好的声誉、独特的组织文化和与客户、供应商之间的战略伙伴关系这种无形资产，也是一种一般公司少有的、极具价值稀缺的、竞争对手难以模仿或难以替代的重要资产，拥有这些资产将使公司治理的效益大大提高。

1.3.3 内外部治理的关系

当然，公司内外部治理并不是完全隔绝、一成不变的，二者之间相互配合、相辅相成才会有助于提高公司治理的协同效率，同时二者之间可以相互转化，即根据经济活动的进行而动态变动。

一方面，公司的内部和外部治理是紧密相连的：通过资本市场这一中介，股东（也称为潜在股东）、债权人、投资者和公司都可以建立联系；以劳动力市场和商品市场为媒介，劳动者、消费者与公司就可以联结起来，市场竞争使公司具有自我约束能力。通过劳动力市场和产品市场这两个渠道，经营者、员工和客户可以与公司建立联系，而市场竞争的压力也促使公司主动选择更好的公司治理结构作为激励。另一方面，内外部治理是相互转化的。一旦交易完成，某些外部治理者成为特定公司的具体某个角色，从而成为内部治理者。例如，在完成市场交易后，劳动力和投资者可以到具体的公司成为其经理人员、员工或股东。当然，在要素市场和金融市场上，公司法人与投资者或劳动力遵循的规则主要是市场契约规则，这些当事人也都可作为单独的市场交易一方与公司法人在相对平等的基础上讨价还价交易；但是，一旦交易结束，投资者或劳动力转换成特定公司的某个具体角色，他们就不可避免地被纳入公司内部科层并在其规则下运行。这是因为公司购买的是可以创造价值的活生生的人，而不仅仅是纯粹进行价值转移的物化产品。但作为潜在的机会主义者，这些成功转换身份的经理人员、员工或股东在没有外部监督的情况下不太可能真的贡献其全部努力来工作。从这个角度看，公司的内部科层制度在很大程度上是为了解决一个问题——弥补市场契约的不足。同时，外部市场与内部科层的监督与制约是双向的，市场也保留了一定的压力机制来抑制公司内部的科层约束，比如，股票的二级市场和经理人市场都是防止这些资源被套牢在公司科层之中，要素市场和金融市场中的供应商、外部债权人等则更多的是以市场交易者的身份与公司进行交易。

1.4 中国特色公司治理及公司治理发展新趋势

1.4.1 中国特色公司治理

在我国，公司治理问题相关研究起步较晚，直到20世纪90年代才出现了公司治理结构的相关概念，公司治理的相关书籍也在20世纪末开始普及。作为典型的大陆法系国家，我国公司治理结构的基本框架借鉴了德国等大陆法系国家所普遍采用的"二元制"公司治理模式，即在股东会之下设立董事会和监事会，分别行使决策权和监督权。同时，我国又采用了英美的独立董事制度，以完善企业内部制衡机制。但是，中国公司治理也存在一定的问题，其中包括股权结构不合理，"一股独大"现象普遍存在；"内部人控制"现象严重，中小股东利益受损；董事会、监事会制度不科学，内部监督不足；管理者激励、约束机制不完善，存在机会主义风险；外部监督、制度等环境与机制不健全，缺乏有效保障和约束。这些问题的总结与分析对未来健全和完善我国公司治理结构具有十分重要的意义。在探讨中国特色公司治理之前，不得不对中国企业的性质进行区别。

民营企业代表着我国经济发展较为基础的单元，中国民营企业的成功是企业家艰难开拓的结果，他们跨越了资金和技术上的障碍，打造了一代具有中国特色的企业。这些企业的开拓者披荆斩棘，克服艰难险阻，将业务拓展到世界上的每个角落；这些企业的缔造者积累社会财富，解决民众就业；这些企业的参与者艰苦奋斗，不断创造，积累了宝贵的管理经验，值得在更长的时间内被人们铭记。然而不得不承认的是，由于民营企业80%是家族企业（中国民营经济研究会家族企业委员会，2019），其治理模式和治理结构与现代公司治理理论所倡导的有一定距离，导致社会对民营企业存在一些偏见。一方面，人们对现代企业的理解被金融化的社会观念所塑造，认为高度个人化的民营企业是比较原始和低效率的；另一方面，人们比较容易观察到民营企业的某些效率损失，包括裙带关系代替经济思考、不考虑经济因素的利他主义等。但是，我国民营企业在40余年的发展历程中积累了大量的经验和独特优势。例如，在中国尚不存在完善经理人市场的环境下，民营企业主要依靠家族成员内部的高度信任来完成企业管控，能够极大降低代理成本，并保证公司战略上的聚焦。

国有企业作为整个国民经济的主要支柱，其治理制度的不断完善是伴随着国有企业改革的步伐而逐步展开的。20世纪90年代初，我国学者就提出国有企业改革要借鉴和吸收公司治理理论，并在公司治理内涵、有效的制度安排等方面进行了讨论。1993年11月党的十四届三中全会审议通过的《关于建立社会主义市场经济体制若干问题的决定》提出的现代企业制度建设具有开创性意义，而国有企业在改革的过程积累了大量的公司治理经验，形成了一整套具有中国特色的公司治理模式。例如，混合所有制改革是我国国有企业改革的主要形式，通过混合所有制改革，国有企业不仅能够保障其在市场中原本的主体地位，同时也能够有效应对改革过程中复杂、动态的市场环境。在国企改革过程中引入混合所有制经济，实现公有制与其他所有制经济的相互交叉、相互融合，能够将国有企业的资本优势与民营资本在市场中更为灵活的优势合二为一，在增强国有经济活力、强化国有经济控制力的基础上，健全和完善国有企业内部治理结构，促进国有企业乃至整个市场经济的良性发展（李维安和徐建，2014）；而党的十八大以来，党组织嵌入公司治理结构则是党对国有企业全面领导作用的集中体现，也是中国特色公司治理制度形成的重要标志，通过"双向进入、交叉任职"[①]"前置程序"[②]等主要方式加

[①] "双向进入、交叉任职"，主要是党委（党组）书记、董事长由一人担任，党委成员通过法定程序分别进入董事会、监事会和经理班子，董事会、监事会、经理班子中的党员依照有关规定进入党委会。
[②] 在决策程序上，要明确党组织研究讨论是董事会、经理层决策重大问题的前置程序。重大经营管理事项必须经党组织研究讨论后，再由董事会或经理层作出决定的"前置程序"。

强党组织对公司治理的参与程度,对完善中国国有企业公司治理制度特别是国有企业的决策机制有着重要意义。

1.4.2 数字经济时代的公司治理

在数字化趋势下,公司要想继续发展,不得不正视数字、信息及知识的价值的重要性,并且要结合这些变化及时转变公司治理的观念,进而充分利用好数字技术升级其治理模式;当然,治理理念、治理模式的优化调整又会反哺公司治理绩效,通过提高企业决策的科学性和精准度激发潜在的生产潜力,提高经营效率,推动公司整体实现高质量发展。

在数字化转型的大背景下,以互联网、大数据技术为代表的新型科技催生了公司治理的新路径、新机制,进而从整体上影响着公司治理研究范式的变革。例如,伴随着云计算、区块链等数字技术的高速更迭,公司的生态环境、商业模式和业务形式也随之升级转型,传统公司治理中的治理模式也不再完全适用于当前数字经济下的公司治理,相应的公司的组织结构、管理模式都逐渐带有了"数字化"的特点。

首先,数字经济时代使得传统公司内部治理中委托代理关系发生改变,企业的经营决策不会完全被股东意志或股东偏好限制,公司长期发展潜力的关键可能取决于掌握关键创新技术和核心竞争优势的创始团队及业务骨干身上,公司治理分析的核心转向了创业者的管理才能和创新资本;企业的实际控制权也向真正参与公司日常经营管理的管理层手中倾斜,智力资本、人力资本价值的重要性得到史无前例的重视。管理者依托其人力资本优势对公司内部治理有了更多话语权,也使得他们对企业的长远发展有了更为深厚的认同感和使命感。

其次,除了内部治理在数字趋势下发生着变革,公司的外部治理也发生了深刻的改变。在融资方面,金融科技、普惠金融等新技术使得融资渠道得以拓宽,公司融资社会化程度较以往可能有所加深;资本资源的精准投放也使得信贷资源配置进一步优化,资本市场的整体运作效率也在提升。因此,公司不再像过去那样对传统金融资本供给者具有高度依赖。此外,除了在主观意识方面,在客观实践层面,数字化技术对企业管理层在优化经营决策方面也产生了正向的影响,投资决策的准确性和高效性得到了显著体现。

最后,在数字经济时代,数据已成为与土地、劳动力、资本、技术并列的重要生产要素,不同于传统的物质资产投资,数据资产投资成为投资主体追逐的新的投资方向,且由于企业构建数据多样化的需要,企业可能与多元化的投资主体建立关系,在一些情形下,企业与投资者之间的关系可能是双向的,即双方通过持有不同的数据资源而分别为对方的投资方,既是监督者又是使用者。企业内部拥有的数据资产使企业具有了数据产权,因此公司在数据市场上进行数据交易(并购)时,可能伴随着数据产权的动态转移,这些特征都使公司面临的外部治理环境变得更加复杂。

1.4.3 公司社会责任

从过去众多公司发展的历程中我们可以发现，不少公司因为过度追求股东利益最大化、扩大经营规模而发生了社会责任缺失的问题，如 2019 年旺旺集团广东分厂废水直排[①]、2021 年宝洁某产品涉嫌含腐蚀性物质[②]、继雀巢金牌奶粉的碘含量超标事件之后 2008 年三鹿又被查出销售"毒奶粉"[③]、2021 年 Keep 等 App 被网信办通报违法违规收集使用手机个人信息等[④]。公司的这些行为不止会对当事人造成一定的不良影响，而且也不利于其自身及整个经济社会的和谐发展。那么，除了上述原因之外，公司承担社会责任的原因还有以下两个方面：一方面，公司依赖于其所处的社会环境。任何公司都不可能孤立存在，都是社会环境中的一员，社会整体的经济发展水平、社会文明的状态、企业所在地的政治环境等都潜移默化地影响企业的发展。另一方面，公司可以通过积极承担社会责任来释放关于自身的积极信号。从利益相关者角度出发，公司治理要协调好所有公司内外部利益相关者的经济关系，但是在信息不对称的前提下绝大多数利益相关者对于公司的真实情况知之甚少。这时，公司要想从各利益相关者获得各种资源和良好的经营环境，就需要主动展示自己值得信赖的信息，而承担一定的社会责任就是其中一种方法。

什么是公司的社会责任？1923 年舍尔登（Sheldon）在其《管理哲学》一书中首次提出"企业社会责任"这一概念。近百年来，学术界对于"企业社会责任"的定义给出了诸多解释，但是概括起来，其本质是企业所处的社会环境对于企业的一系列期望和要求，即企业在实现其经济价值的同时也应对包括债权人、政府、客户在内的其他利益相关者，以及环境所必尽的法律责任或应尽的道德责任。这些责任源于公司所处的社会环境，也是公司为实现自身可持续发展所要做的重要准备。为了实现这一目标，公司就需要在社会责任的视角下对其治理模式进行优化，实现自身发展与履行社会责任之间的良性循环。一方面，要从顶层设计的角度统筹规划公司自身发展与社会责任，即在公司战略管理中要考虑社会责任问题；另一方面，公司的社会责任治理并非一蹴而就的，而是随着公司发展内外部环境的变化不断演进的，是一个从小到大、依次递进的动态变化过程。

简述题

1. 请论述有限责任公司和股份有限公司的区别。
2. 请论述公司的含义及特征。
3. 请简述公司治理的意义。
4. 请阐述利益相关者理论。
5. 请论述数字经济时代下公司治理的特征。

[①] https://www.guancha.cn/ChanJing/2019_10_28_523012.shtml.
[②] https://www.thepaper.cn/newsDetail_forward_16208751.
[③] 中国奶制品污染事件_百度百科(baidu.com)。
[④] http://finance.people.com.cn/n1/2021/0611/c1004-32128950.html.

扫描此码
自学自测

第 2 章

公司治理的理论基础

【学习目标】

1. 熟悉新古典企业理论、委托代理理论、交易成本理论等基本内容。
2. 熟悉纵向一体化及其成因。
3. 熟悉产权的基本概念、功能与性质。
4. 掌握产权与所有制的关系。

国美电器控制权之争

国美电器,创立于1987年,是中国内地最大的家电销售连锁企业之一。1999年,开始在全国范围内展开跨地域经营;2004年,在香港证券交易所上市后便开始加速在全国各地大规模扩张。

1. 国美电器控股权之争背景

2006年,国美电器采取了重大战略举措,成功并购了当时家电行业内排名第三的上海永乐家电。这一并购事件不仅标志着国美电器市场扩张步伐的加速,也预示着家电零售格局的深刻变革。并购完成后,黄光裕持有了新公司51%的股份,并任董事会主席一职,牢牢掌握了企业的核心决策权。与此同时,原永乐家电的掌门人陈晓,在新公司的架构中找到了新的定位,他转变为国美电器的职业经理人,担任CEO角色。经过两到三年的布局与快速发展,国美电器凭借其庞大的门店网络——总数达到1200家,凭借卓越的市场竞争力成功占据了家电市场18%的份额,一举跃居行业榜首。然而,不久后黄光裕与陈晓在国美电器的发展战略上开始出现分歧,为后来震撼业界的"国美控制权之争"埋下了不容忽视的伏笔。

在2009年的初期,国美电器的发展历程迎来了一次重大的人事变动。黄光裕因涉嫌经济犯罪而正式辞去了其董事局主席职务。陈晓,以其丰富的管理经验,顺利接过了这一重任,初步完成了权力的平稳过渡,正式领导国美电器。由于此时国美电器陷入经营困境,迫切需要在社会上寻求资金支持。在陈晓的推动下,与众多投资者商讨后,决定引入贝恩资本来解决资金危机。贝恩资本的引入挽救了国美电器的危机,陈晓也通过绑定条款巩固了自己在公司中的地位,但这也使黄光裕家族在国美电器的股权比例降至30.65%。贝恩资本的介入让黄光裕意识到自己在公司控制权方面可能面临潜在的威胁。

2. 国美控制权之争的较量

国美电器定于 2010 年 9 月 28 日在香港召开股东特别大会,此会将集中审议八项关键议案,预示着公司未来的发展方向将在此次会议上得以明确。随着这一日期的日益临近,国美内部与外部各方力量均进入了紧张的筹备与博弈阶段。国美电器刚刚接收到贝恩资本关于债转股的通知,次日便迎来了黄光裕阵营的迅速反应。他们果断通过公开市场操作,增持国美电器股份,持股比例显著跃升至 35.98%,从原先的 30.65% 实现了有力扩张。这一举动无疑是对即将到来的股东大会中话语权的一次重要加码。与此同时,陈晓及其带领的永乐旧部,与贝恩资本形成的战略联盟,也展现出了不容小觑的实力。他们联合持有的股份比例达到了 16.5%,在国美电器的股权结构中占据了相当比例。考虑到国美当时总股本为 150 亿股,若实施 20% 的增发计划,总股本将膨胀至 180 亿股,这将对现有股东的持股比例产生直接影响。假设黄光裕家族选择不参与此次增发,其股权比例或将被稀释至 28%,这无疑是对其控制力的一次重大考验。而反观贝恩资本,若其全额认购增发股份中的 10%,并加上其可转换债券转股后新增的 5% 股权,其总持股比例将逼近 25%,与黄光裕家族的差距骤然缩小,双方之间的股权争夺战趋于白热化。

3. 国美控股权之争的结果

黄光裕作为公司的大股东,其影响力在这场会议中得到了部分体现,尽管其提出的五项提案命运各异——除却废除一般授权的提案成功获得支持外,其余四项均遭遇了否决的境遇。这一结果,无疑是对黄光裕战略意图的一次直接反馈,表明其改革主张并未得到广泛共鸣。然而,值得注意的是,即便面临提案被否的挫折,黄光裕的地位与影响力并未因此被彻底削弱。

在接下来的几个月里,国美电器和黄光裕采取了一系列行动来应对控股权之争。2010 年 11 月 10 日,公司发布了一份声明,其核心思想在于揭示了一项关键性的公司治理结构调整。该声明明确指出,公司与由黄光裕掌控的 Shinning Crown 公司之间,已就一项具备法律约束力的谅解备忘录达成共识,双方共同决定对董事会的规模进行战略性扩张,即将原有的最高成员人数由 11 人提升至 13 人。这两位新增的董事是由大股东黄光裕提名的,这意味着他们将成为董事会的一部分,直接参与公司治理。这一谅解备忘录的达成,可以说是在控股权之争中的一次妥协。陈晓继续担任公司董事会主席,而黄光裕保持了对公司的控制权。虽然控股权之争在股东大会上未能分出胜负,但双方在后续协商中达成了一种权力共享的局面。

然而,事件的波澜并未就此平息,公司内部的权力斗争犹如一场没有硝烟的战争,大股东与公司管理层之间的控制权之争持续发酵。随着时间的推移,斗争的激烈程度逐渐升级,各方势力在博弈中此消彼长。直至 2011 年 3 月 10 日,一个具有里程碑意义的时刻到来,陈晓宣布辞去国美董事会主席等重要职务,这一决定标志着国美电器大股东与管理层之间旷日持久的控制权之争终于迎来了一个阶段性的转折点。国美电器大股东与管理层之间的控制权之争基本结束,国美电器进入大股东黄光裕与贝恩资本共同执掌的时代,这不仅是公司治理结构的一次重要调整,更是企业迈向新发展阶段、实现跨越式发展的有力保障。

综合来看,在大股东与公司管理层控制权的争夺中并没有最后的赢家,国美电器的投资者，尤其是中小投资者在公司的控制权争夺过程中遭受了损失。

资料来源：林红. 上市公司内部人控制问题的成因及其治理：基于"国美控制权之争"的案例分析[J]. 福建行政学院学报，2014(5): 84-90.

2.1 新古典企业理论

探讨企业存续之根本缘由及其界限的界定，这一议题在经济学界历经数十载的深入探索与广泛辩论。企业为何存在，其存在边界又该如何科学划定，这些问题不仅触及资源配置效率的核心，也关乎市场机制的运作原理与边界条件的界定，是经济学领域一个历久弥新的研究焦点。现代经济学者主要以科斯（Coase，1937）所著的《企业的性质》为基础对企业理论进行研究。然而，在科斯之前，其他经济学家也对企业理论提出了独到的见解。

2.1.1 企业的本质

在新古典经济学的理论框架下，对价格决定机制的深入探讨，其根基牢固地建立在家庭与企业这两大基石之上。此分析路径深刻汲取了古典政治经济学的精髓——"看不见的手"之智慧，通过巧妙运用替代分析与边际分析等数学化工具，力图构建一个严谨的逻辑体系，论证价格机制作为一种有效的资源配置手段，能够在无需外部干预的情况下，自动实现稀缺资源的优化配置。

新古典企业理论，假定人们行为完全理性，市场竞争完全，将企业视为一种"黑箱"。在这一模型中，企业利用土地、资本、劳动等生产要素作为输入，通过生产过程转化为产出作为输出。基于这个前提，企业被定义为生产性组织，其任务是向市场提供产品和服务，以追求最大化利润。理性的生产者会全面考量技术条件、市场需求动态及竞争态势等多维度因素，精心策划生产活动，旨在达成利润最大化的核心目标。这一过程中，企业的生产函数成了一个关键概念，它深刻揭示了在既定的技术条件下，企业如何在特定时间段内，通过精妙地调配各类生产要素，实现产出效益的最大化。鉴于企业以高度理性的经济实体形式存在，它们在产品市场和要素市场上拥有充分的信息。这表明企业能够根据市场价格信号来灵活调整生产要素和技术组合，以更有效地追求最大化利润的目标。

2.1.2 企业的边界

在新古典经济学中，探讨企业边界与规模问题息息相关，这一领域的研究聚焦于技术和要素的不可分性，以此来划定企业的边界。在企业本质的分析中，企业的内部运作被喻为一个神秘的"黑箱"，其核心功能聚焦于依据边际替代原则的精妙运用，灵活调整并优化生产要素间的配比，旨在探寻并达成产出的最大化或成本的最小化的双重目标。具体而言，企业在追求利润最大化的过程中，首先需要识别出边际成本与边际收益之间的平衡，这一平衡点是生产决策中的关键转折点。随后，企业会在此交点上确保每一份资源的投入都能带来最大化的回报，从而实现资源的最优配置。在追求企业利润最大化的战略目标下，为了有效压缩生产成本，企业在决策生产规模时必须采取一种深思熟虑的态度，这一决策过程根植于双重考量因素之中。当企业尚处于发展初期，规模相对有限时，专业分工的局限性和技术整合的复杂性促使规模经济效应显现；但随着生产规模的适度扩大，单位成本逐步降低，进而驱动企业寻求规模扩张的路径。然而，随着企业规模的持续扩张并达到一定阈值后，信息流通成本的攀升与管理层级的复杂化尤为显著，这些因素共同作用，逐渐削弱了规模扩张带来的正面效应，导致规模报酬步入递减阶段。因此，为了精准锁定一个既能充分利用规模经济优势，又能有效规避规模经济风险的生产规模，企业需对生产成本进行周密的评估与分析。

2.1.3 新古典企业理论的特点与不足

新古典企业理论在构建其分析框架时，摒弃了对社会生产关系与经济制度复杂性的考量，转而聚焦于有形资源——物质资本层面，以此为基础探讨企业的运营与生产活动。其核心使命被界定为满足市场多元化需求，通过提供具体的实物产品来实现价值创造。然而，值得注意的是，该理论在构建过程中，对于企业内部那些无形的、但同样至关重要的资源——管理智慧、组织资本及企业文化等——如何影响企业的盈利潜力，却未能给予充分的重视与探讨。这一理论的主旨在于将生产与消费过程分离，强调生产要素，如劳动、资本、土地等对分配的决定作用。

在该理论框架下，企业仅被视为物质生产单元，其核心特征之一在于具备生产功能，提供满足社会需求的产品和服务，以实现生存和发展。然而，这一理论并未深刻理解企业在社会中的角色及其内外关联。企业被视为同质的实体，其活动边界与生产效率的界定主要依赖于外部环境的诸多因素。然而，这一观念所依托的"供给—需求"分析框架，本质上带有静态分析的局限性，它未能充分捕捉并深入剖析企业的核心交易特性及其内在能力对运营效能的深远影响。

弗罗门（Fromen，2003）在其研究中指出，新古典主义的企业理论在对企业性质的认知上存在一些局限性。这种理论观点将企业视为一种代理人，甚至将企业家视为企业的人格代表。然而，在这一观点下，对于企业内部事务的关注有所不足，企业往往被视为一种黑盒子，其内部的运作机制未能受到充分的关注。

尽管新古典企业理论的支持者主张，该理论不仅仅关注单个企业的行为，还涉及产业和市场的宏观层面，但这一观点仍然存在一些固有的缺陷。首先，新古典企业理论并未对企业边界进行严格的定义，导致在不同情境下对企业的界定模糊不清。这使得在实际应用中，理解企业在复杂市场环境中的行为和决策变得相对困难。

其次，新古典企业理论相对忽视了企业内部组织和激励等核心问题。它将企业简化为单一的代理人，而没有深入分析企业内部的组织结构、权力分配、决策流程及员工激励等关键要素。这种忽视可能导致对企业行为的解释和预测不够准确，无法深刻理解企业内部的运作机制和决策过程。

最后，新古典企业理论也未能深入探讨企业竞争优势的根源。虽然该理论提到了产业和市场的理论，但对于企业在竞争中获得优势的内在机制和动因进行的深入分析较为有限。这使得无法解释企业如何在不同环境中发展出独特的竞争策略和核心能力，从而限制了对企业战略的全面理解。

2.2 委托代理理论

2.2.1 委托代理理论概述

委托代理理论的发展源于对企业组织内部关系的深入思考，最早可追溯至 1779 年亚当·斯密（Adam Smith）的作品。他最早提出了股份制公司内存在委托代理关系的概念。在《国富论》中，他明确指出："股份公司的经理使用他人的资金而非个人资金，这使得他们难以像私人公司合伙人那样谨慎经营……因此，在这些公司的经营管理中，普遍存在着疏忽和奢侈的情形。"随着企业规模和结构的不断扩展，企业所有者往往无法直接参与日常经营决策，于是需要将经营权委托给代理人，即企业管理层。然而，这一委托代理关系的构建，虽为企业带来了灵活性与专业性的提升，却也潜藏着不容忽视的风险——利益冲突与信息不对称的阴霾。正是在这样的背景下，委托代理理论犹如一盏明灯，照亮了前行的道路，为理解和解决这一问题提供了重要的理论框架。

在 20 世纪初，经济学家伯利和米恩斯（Berle and Means，1932）对委托代理理论进行了深入拓展，并认为企业所有者同时担任经营者可能引发重大问题。因此，他们建议将所有权和经营权分离，即企业所有者将剩余索取权保留给自己，同时将经营权委托给专业经营者。然而，当时的委托代理理论仍然仅关注"两权分离"的议题，尚未构建完善的理论框架。直至 20 世纪 60 年代末 70 年代初，一些经济学家开始关注如何建立适当的激励机制，以确保代理人的行为与委托人的利益保持一致。这涉及如何设计薪酬、奖励和惩罚体系，以激励代理人追求委托人的最佳利益。此外，理论也强调了信息的重要性，探讨了如何减轻信息不对称问题。例如，通过透明度的提升和信息披露的加强。至此，委托代理理论才开始取得实质性进展。

2.2.2 委托代理关系

委托代理关系在本质上是一个契约机制，通常发生在一个人或实体（委托人）授权另一个人或实体（代理人）代表其执行某项任务、工作或决策并支付一定报酬的情境中，其中这种关系建立在信任和合同的基础上，用于处理分权和分工的复杂性。

在委托代理关系中，双方都有着追求效用最大化的动机，但由于信息不对称和利益冲突，可能导致一方的行为与另一方的利益发生背离。委托人不仅关注自身目标的实现，还需要确保代理人在代理过程中能够真正代表其利益，遵循预定的行为准则。因此，委托代理关系实际上是一个委托人制定一系列契约的复杂过程，通过制定合适的薪酬和激励机制，将特定的决策权限授予代理人。在这一过程中，委托人不仅需要考虑代理人的动机和行为，还需要设计有效的监督和约束机制，以确保代理人的行为与委托人的利益一致。这可能涉及定期的报告和信息披露，以及对代理人行为的审计和评估。通过这种方式，委托人可以在一定程度上降低代理风险，确保代理人的行为符合预期，最终实现委托人的效用最大化目标。

要确立一种有效的委托代理关系，必须满足以下四个基本条件。

首先，委托代理关系的建立需要双方，即委托人和代理人，具备理性的决策能力。这意味着双方能够理智地评估选择契约关系的利弊，深入思考权责边界的界定，以确保契约的合理性和有效性。他们需要充分考虑各自的利益，以及如何协同合作实现共同目标。

其次，委托代理关系的建立需要双方的目标导向趋于一致。委托人和代理人之间的目标导向常常存在着差异。委托人追求资本的增值经济效益的最大化，这在追求企业的长期成功和增长过程中得到体现。与此形成对比的是代理人，他们更倾向于在个人层面追求效用的最大化，包括金融回报、工作期间的享受、职位地位及社会声誉等多个维度。

再次，委托代理关系的建立需要尽可能地降低信息的不对称性。在委托代理关系中，因经营权与所有权的分离，委托人将企业的经营权交给代理人，导致委托人难以直接介入和监控企业的日常经营活动。同时，委托人也面临了无法充分了解代理人实际经营行为、个人特点和潜在能力的挑战。与此形成鲜明对比的是，代理人积极参与企业的经营，拥有专业技能和管理能力，积累了关于市场动态和经营实践的实际信息。

最后，委托代理关系的建立需要尽可能缓解委托人和代理人在责任和风险承担方面存在明显的不对等情况。代理人在获得企业经营控制权后，其名义上的权益与责任是一致的。与此相反，虽然委托人将企业控制权交给代理人进而减轻了经营负担，但在企业经营遇到困境的时候，仍将承担责任和风险。虽然代理人此时也会面临职位、收入及声誉等方面的损失，但这远远不及委托人所要承受的风险和压力。

委托代理理论阐明，当经营权和所有权分离时，必然会引发代理收益的产生，其中包括分工效应和规模效应。分工效应指的是当两个或更多的经济主体，其资源配置各不相同，通过合作分工时所获得的额外利益；规模效应则表明当规模逐渐扩大时，所带来的额外效益（即边际效用）的增长并非与规模增长同步，而是呈现出更为显著的增长态势，即边际效用的增速超越了规模本身的增速。

但是，同前所述，在探讨委托代理关系的复杂性时，不可忽视的是双方之间存在的根本性差异，这主要体现在经营目标的非一致性、信息获取程度的不对称性，以及对风险承担态度的差异性上。这些差异如同暗流涌动，潜藏着道德风险和逆向选择等问题的可能。其中，道德风险作为委托代理关系中一个尤为突出的问题，其核心在于代理人可能利用其独特的信息优势地位，采取一系列行动，如削减必要投入、规避责任或采取机会主义策略，以牺牲委托人的长远利益为代价，来追求自身短期效用的最大化。在这种情况下，代理人可能会在没有被监督的情况下，违背契约承诺或采取不诚实、不合法的行为，从而使实际行动与委托人的期望背道而驰。"逆向选择"是委托代理关系中一个重要的问题，它指的是在契约签订前，代理人可能会有意或无意地隐瞒自身的信息，这使得委托人难以准确评估代理人的能力、品德和信誉。这种信息不对称性使得委托人面临在选择代理人时无法获得足够的信息来做出恰当决策的困境，从而可能选择了不合适或不合格的代理人。逆向选择可能出现在多个方面。例如，代理人可能隐瞒自身的不良信用历史、技能水平、经验和资质等信息。在这种情况下，委托人在契约签订后才能意识到代理人的真实情况，可能导致委托人在合作过程中面临风险和损失。逆向选择对委托代理关系的有效性构成了威胁，因为合适的代理人是保证合作成功的关键。

2.2.3　存在道德风险的委托代理问题

在探讨公司治理结构的复杂性时，股东与经理之间的关系无疑占据了核心地位。这种关系，作为委托代理关系的典型代表，长期以来被广泛认为是内含显著道德风险的领域。亚当·斯密（Adam Smith）在其经典著作《国富论》中对支薪经理人员是否能在决策过程中始终秉持股东利益至上的原则，提出了独到的质疑。这一质疑，不仅触及了当时企业治理结构的核心问题，也为后世关于委托代理关系及其潜在道德风险的讨论奠定了重要基础。他指出："在金钱的管理上，股份公司的董事会为别人管理，而私人合伙人则单纯为自己考虑。因此，要使股份公司的董事会像私人合伙人那样仔细管理资金，监控资金的使用，是非常困难的……疏忽和浪费往往是股份公司运营中难以避免的问题。"

在探讨代理问题中的道德风险根源时，信息非对称性无疑是一个至关重要的因素。若我们设想一个信息完全对称的理想环境，股东将能够直接且无误地洞察经理人的工作勤勉程度，无需依赖间接的、可能带有偏见的信号或报告。在这样的情境下，股东不仅能够精准评估经理人的努力水平，还能通过确凿无疑的证据来验证其是否达到了既定的绩效标准。同时，股东可以制定契约，根据经理的努力水平来确定报酬，从而实现利益的最大化。然而，现实世界中往往存在信息不对称，这使得股东难以准确评估经理的实际努力水平。信息不对称性导致股东面临风险，因为他们无法完全了解经理的行为和努力程度。经理作为企业内部的决策者，掌握更多有关企业的关键信息，如市场前景、业务机会和风险等。然而，股东往往只能依靠有限的信息来评估经理的表现。这种不确定性为经理创造了一定的机会，他们可能会利用这一信息优势来追求自身的利益，而不一定是股东的利益。

在代理问题中，不确定性是另一个至关重要的要素。如果在经理经营企业时不存在任何不确定性，即经理能够凭借特定的努力水平实现对利润的精准控制，那么这一理想状态将极大地简化代理关系的治理难度。在这种情况下，尽管信息不对称依然存在于股东与经理之间，但股东却能够巧妙地利用利润这一可观测指标，作为评估经理努力程度的有效依据。然而，在实际情况下，不确定性常常对利润产生影响，从而使股东无法准确判断经理的努力程度。不确定性来源于各种因素，包括市场波动、竞争压力、宏观经济环境等，这些因素可能导致企业利润的波动。由于经理的决策和努力与企业的绩效密切相关，不确定性会使得股东难以确定经理是因为不懈的努力还是受到外部环境的影响而导致利润的变化。在这种情况下，即使股东能够获得一定的信息，也可能难以将利润的波动准确地归因于经理的行为。

事实上，在现实情境中，信息非对称性和不确定性这两个问题往往会同时出现，让问题的分析变得更为复杂。一方面，股东难以直接观察和证明经理的实际努力；另一方面，前文所述的无法被经理控制的各类因素会对企业的利润产生或好或坏的影响，这使得利润不能准确反映经理的努力水平。在这种情况下，如何巧妙地设计经理的报酬机制，以确保其个人利益与企业的整体利润紧密相连，成为一个极其重要的问题。

在不确定性和信息不对称性的双重挑战下，制定适当的激励方案变得至关重要。一种可能的方法是将经理的薪酬与企业的长期绩效挂钩，以确保经理的决策和努力能够产生可持续的利润增长，从而增加股东的回报。此外，还可以引入绩效考核和奖励机制，以鼓励经理在不确定的环境下积极追求企业目标。同时，风险分担的问题也需要得到解决。由于股东和经理在信息获取和控制方面存在差异，他们对风险的承受能力也不同。因此，我们迫切需要寻找一种平衡的方法，以在激励经理人承担适度风险的同时，保障股东的权益不受损害。

为了更深入地解析人们在面对风险时所展现出的不同态度，我们可以借助一个具体案例来进行阐述。设想存在两位个体，甲与乙，他们站在了一个十字路口，面前摆放着一个选择：要么勇往直前，做出一项具有不确定性的决策；要么驻足不前，选择安全的不作为。这一决策的微妙之处在于，其成功的曙光与失败的阴影交织并存，各自占据着五成的可能性。如果成功，他们将获得 200 元的收入，但如果失败，只会得到 40 元。然而，如果他们选择不做这项决策，就能确保获得一个确定的收入。在这个情境下，他们需要仔细权衡利弊，做出最明智的决策。为了精确刻画该决策所蕴含的风险维度，我们引入"期望收入"这一术语，将 120 元作为衡量此风险水平的标志性数值。

$$1/2 \times 200 \text{元} + 1/2 \times 40 \text{元} = 120 \text{元}$$

进一步深化我们的分析，我们引入一个具体的假设情境来探讨个体面对风险时的态度差异。在此设定下，甲展现出一种明确的偏好模式：当面对一笔确定性的收入时，若其数额达到或超过 80 元，甲会倾向于接受这份稳妥的收益；反之，若该收入低于此阈值，甲则倾向于选择冒险，投身于充满不确定性的决策之中，以追求可能更高的回报。这里，80 元被赋予了特殊的意义，它作为"确定性等价"的基准点，衡量了甲对于风险的心理估值。换言之，甲主观上认为，该风险所隐含的潜在价值，等价于他所能接受的最低确定性收入门槛——80 元。接着，我们转向乙的情况进行比较。在相似的情境下，乙对于风险的"确定性等价"则设定为 120 元，这一数值显著高于甲的阈值。这一差异直接揭示了甲与乙在风险态度上的根本不同：乙相较于甲，对风险的容忍度更高，或者说，甲对风险的厌恶程度更为显著。

乙所展现的是将某一风险的确定性等价视为等同于其期望收入风险的态度，这种立场在经济学中被界定为"风险中性"。它表明乙在权衡风险与回报时，既不特别偏好也不特别规避风险，而是持有一种相对中立的态度。相较之下，甲的情况则截然不同，他对于同一风险的确定性等价设定远低于其期望收入，这种对风险持有谨慎乃至回避的态度，被广泛归类为"风险厌恶型"。甲的行为反映出他更倾向于确保稳定的收益，即便这意味着可能放弃潜在的高额回报。进一步拓展这一分类体系，若存在第三位个体丙，其面对风险时的行为模式又有所不同。丙对某一风险的确定性等价设定高于其期望收入，这种积极寻求高风险以换取可能更高回报的倾向，被定义为"风险偏好型"。丙的态度彰显了其对不确定性的容忍与对潜在利益的渴望，与风险厌恶型形成鲜明对比。

从微观经济学的角度分析，我们可以进一步得出如下结论：在风险分担的情境中，当一位风险中性的个体与一位风险厌恶的个体携手合作时，一个自然而然的优化均衡点浮现——即风险几乎完全由风险中性的那一方承担。这一均衡状态不仅体现了效率与公平的平衡，更与经济学中的帕累托最优原则不谋而合，它揭示了资源配置的一种理想境界。

为了更好地理解这一点，让我们用一个例子来说明。假设甲拥有决策权，而乙具备足够的资本。在这种情况下，乙可能会提出一项交易："为了换取你的决策权，我愿意支付你一定的金额，同时由我来承担对应的风险。"这一交易是可行的，因为甲会在某个价格水平上愿意放弃决策权，而乙则愿意支付低于某个价格以承担风险。这将导致一个交易剩余，其范围可能在 80 元到 120 元之间。假设确定等价性是公开信息，那么双方可能会以 100 元的价格达成交易，这将使每个人都获得 20 元的净收益。

一旦完成这笔交易，由于没有方法可以在不损害另一方的情况下改善自己的状况，因此个体们都不再寻求进一步的交易。这种情况被视为帕累托最优状态或有效状态。深入探究股东与经理之间的动态关系，我们不难发现，在经理展现风险中性特征时，一种行之有效的解决方案——包干制度，便自然而然地浮现出来。此制度的核心在于，通过契约形式明确界定，经理需将公司年度利润的一部分固定上缴给股东，而超出预设阈值的利润增量则作为对经理的激励，反之，若利润未达标准，差额由经理自行承担。这种巧妙的机制设计，不仅确保了经理全面承担经营风险，还从根本上消除了激励扭曲的问题，实现了风险与收益的最优匹配。

然而，当情境转向经理为风险厌恶型，而股东保持风险中性时，上述模式便面临挑战。在此情境下，理想的风险分担架构呼唤股东独自承担风险，这直接导致经理的薪酬不再直接关联于公司利润。遗憾的是，这种"无风险"状态可能削弱经理的工作动力，诱使他们采取保守策略，从而偏离了最优努力水平，影响了公司整体绩效。

为解决这一难题，我们需重新审视经理薪酬结构的设计原则。理想状态下，应构建一种既能适度暴露经理于风险之中，又能有效激发其工作热情的薪酬体系。这意味着，在保持一定风险分担比例的同时，必须确保经理的薪酬与公司利润紧密相连，以激励其追求更高的业绩目标。当然，这并非意味着要追求绝对的风险分担最优化，而是在现实约束下，寻找一个平衡点，使得经理的薪酬与公司利润挂钩的程度既不过分也不欠缺，从而在实现激励效果的同时，控制委托代理成本于合理范围。例如，我们可以想象常见的情境：如果公司实现了 100 万元的利润，根据契约，经理将获得一定比例的利润作为薪酬，这将激励他们积极追求公司的利润最大化。但是，从经理选择的努力水平来看，我们不难发现，当前所呈现的状态并未触及最优的边界，而是停留在了次优的层面。

2.3 交易成本理论

2.3.1 交易成本的含义

交易成本是指在市场经济中进行经济活动和交易时,为达成协议、协商、执行契约,以及监督和确保交易顺利进行而产生的各种成本和费用。这些成本不仅包括明确的货币支付,也包括由于信息不对称、合同不完备、风险和不确定性等因素引起的一系列非货币性成本。

交易成本包括以下六个主要方面。
①搜索和信息成本:在市场中寻找合适的交易对象、获取信息、比较不同选项等都需要时间和资源。这些搜索和信息获取的成本被视为交易成本的一部分。②谈判和协商成本:当不同的交易方就交易条款、价格、数量等进行谈判和协商时,涉及的时间、努力和资源都构成了交易成本。③合同制定和后续的监督成本:契约的制定和履行会涉及费用,包括合同的撰写、法律顾问费用和合同履行的监管。④执行和履约成本:为了确保交易按照约定进行,可能需要支付一定的成本,如质量检验、交付、运输等。⑤不完全契约成本:如果契约无法涵盖所有可能情况,就可能出现争议和纠纷,解决这些问题可能需要额外的成本。⑥风险和不确定性成本:不确定的市场环境可能导致交易方面临风险,为了应对风险,交易方可能需要付出额外的成本。

交易成本的概念最早由科斯(Coase,1937)于1937年在他的文章《企业的性质》中提出。交易成本的构成涵盖了价格机制运作的耗费与组织内部管理所引发的成本。尽管他未对交易成本的概念进行详尽剖析,也未能确立一套明确的量化交易成本的方法论,但这并不妨碍我们认识到交易成本作为经济分析中一个关键要素的重要性。在科斯的基础上,威廉姆森(Williamson,1975)在深化交易成本理论方面作出了显著贡献。科斯运用了一个富有洞察力的比喻,将交易成本形象地描绘为"经济世界中的阻碍力",这一表述深刻揭示了交易成本在经济活动中所扮演的角色——它们如同水流中的礁石,虽非绝对障碍,却增加了资源流动与配置的难度与成本。同时,他明确地将交易成本界定为"维持经济体系运作所必需的支出或费用"。威廉姆森认为,交易成本的增加主要源于人性和市场环境的相互作用。其交易成本理论并不深入探讨交易双方各自拥有的知识深度、经验积累、规模大小以及所面临的风险程度,而是将焦点精准地放置在协商过程的复杂性、契约签订所需的努力,以及确保契约条款得以有效执行而引发的各项费用上。它的核心问题是,交易主体如何保护自己免受交易过程中可能出现的机会主义行为所造成的损害,同时尽量减少交易成本。

2.3.2 交易成本的决定因素

只要我们处于现实世界,交易成本就会潜在存在。无交易费用的环境犹如没有自然界中的摩擦力,这种情况并不现实。鉴于交易成本的普遍存在,我们需要更深入地思考它们的根本原因和决定因素。交易成本的决定因素可从人的因素、特定交易相关因素以及交易的市场环境因素三个方面进行分析。

1. 人的因素

交易成本理论认识到人们的决策受到多种因素的影响，包括信息的不完全性、情感因素以及有限的认知能力，强调了现实经济中人们的特点，与古典经济学所描绘的"经济人"有所不同，被称为"契约人"。这些"契约人"在交易中相互作用，通过契约来协调活动，以减少交易成本。与古典经济学中理性而自私的"经济人"不同，这些"契约人"被认为具有有限理性和机会主义的基本特征。

有限理性是指人们在经济活动中追求目标并采取理性行为，但由于信息有限、认知能力受限等条件制约，他们无法完全充分地分析和处理所有信息。在有限理性的框架下，人们会采用简化的决策规则来应对复杂的经济情境。机会主义指的是在合作关系中通过不光彩手段追求个人利益的行为。机会主义行为可以分为事前和事后两种类型，这对于交易成本的产生和管理具有重要影响。事前机会主义行为通常涉及信息不对称，即交易双方拥有不同程度的信息，从而使一方在交易中可能通过隐藏关键信息、虚报情况等手段谋取个人利益。这种不对称信息可能导致交易双方无法准确评估交易伙伴的可靠性和承诺能力，从而增加了交易风险和不确定性。与此同时，事后机会主义行为涉及合同执行阶段。一旦合同签订完成，代理人（或合同一方）可能会在执行过程中通过违反合同条款、不履行承诺等方式谋取个人私利。这种情况可能对委托人（或合同另一方）的利益造成损害，破坏合作关系的稳定性和可靠性。因此，事后机会主义行为在交易成本理论中强调了监督和合同执行的重要性，以减少风险和损失。

机会主义和有限理性行为的存在使经济组织和合作关系中引入了复杂性。为了应对机会主义和有限理性带来的问题，交易双方可能会采取措施来降低风险并确保契约的履行。这可能包括制定详细的契约条款、设定监督机制及引入信誉机制等，以减少信息不对称性可能带来的不确定性。然而，在不确定情况下，双方可能需要投入更多的资源来解决分歧，进行谈判，或者实施监督，这增加了交易的成本。

2. 特定交易相关因素

威廉姆森的观点强调了根据经济合理性选择交易方式，需要考虑交易的差异性原因。他通过分析交易的三个维度，即资产专用性、不确定性和交易频率，来解释这一问题。其中，资产专用性在这三者中占据重要地位，它是交易成本经济学与其他经济组织理论的关键区别。不同维度与交易成本密切相关。

（1）资产专用性。资产专用性是指在特定的使用环境下，某些资产具有较高的价值和效用，但在其他用途或环境下，它们的价值会大幅下降甚至消失。换句话说，这些资产在特定的经济活动中发挥着独特的作用，但在其他活动中则难以转化或利用。威廉姆森在进一步研究中将资产的专用性分为了六种不同的类型，以更详细地描述它们的特性。这六种类型包括场地专用性，即特定地点的专用性；物质资产专用性，指的是特定物品或资源的专用性；人力资产专用性，即在边干边学过程中获得的特殊技能和知识的专用性；专项资产，是指针对特定任务或项目而定制的专用资源；品牌资产的专用性，指的是与特定品牌相关的专用性；临时专用性，即仅在特定时期内具备的专用性。这在涉及投入专用性资产的交易中尤为重要，因为涉及专用性资产的交易可能会受到中断、终止或重新谈判的威胁。由于专用性资产难以转移或重新配置，受到影响的一方可能面临巨大的成本，从而导致交易中的不确定性和风险增加。

（2）不确定性。不确定性是涌现组织问题的核心要素，它涵盖了多个方面的复杂性。这包括那些难以预测的偶然事件，也包括由交易双方信息不对称引发的不确定性，以及那些能够预测但仍然具有风险的不确定性。不确定性的存在推动着人们在寻求降低交易成本的同时，探索不同的合约安排。例如，当我们无法准确预测未来的市场变化时，我们可能倾向于采取灵活的合同策略，以便在不确定性环境中做出调整。而当信息不对称导致了合同执行的不确定性时，我们可能会考虑采用额外的监管和奖惩机制来减轻风险。在不同交易中，不确定性引起了不同的限制，为合约和协调方式的选择提供了空间。

（3）交易频率。交易频率表示交易发生的频繁程度。交易频率的独特之处在于它并不直接作用于交易成本的绝对值，即不会直接导致交易成本总量的增减，但它却在很大程度上塑造了各种交易方式的相对成本。创建和运营治理结构都会伴随着一定的费用，而这些费用能否被所期望的收益所弥补，则在很大程度上取决于治理结构中交易的频繁程度。多次交易可能使各方更加熟悉彼此的需求和期望，从而降低了信息不对称的程度。这可以促使更简化的治理结构，因为交易各方之间的信任和理解程度提高了。此外，多次交易还可以带来更多的合作机会，使各方更有动力共同寻求降低治理成本的方式。这一观点与亚当·斯密的劳动分工理论相关，该理论认为，市场规模的增大可以促进更细致的分工和合作，从而提高效率。同样，多次交易可以看作是一种市场规模的增大，有助于降低治理结构的成本。

3. 交易的市场环境因素

交易的市场环境是指潜在交易伙伴的数量，这一因素在交易的不同阶段可能会发生变化。威廉姆森的研究指出，尽管在交易初期可能会有多个供应商竞相竞标，但这并不代表这种激烈竞争的状态会持续下去。后续的市场竞争程度则根植于货物或服务的提供过程中，如是否需要特定的专业人力资源投入或专用性的物质资产配置。如果没有这些专用性投资，最初的竞争胜者无法保持对其他竞争者的优势。竞争可能会在一段时间内延续，可能在一开始是由于多个竞争者之间的竞争性报价和争夺市场份额。然而，一旦某一方进行了专门的资本投资，例如，建立了自己的生产设施或建立了品牌资产，在这种情况下，专用性投资赋予了一方更大的市场力量和竞争优势，因为其他竞争者需要额外的时间和资源来赶上。这可能导致市场竞争的不平衡，使得一些参与者处于相对有利的地位。与此同时，最初的完全竞争市场格局逐步蜕变，最终迈向了垄断市场的形态。这一转变，不仅仅是市场参与者数量的简单减少，更是竞争条件的深刻重构。原本充斥着"大量竞争者"的活跃市场，随着时间的推移，逐渐收敛为"有限竞争者"之间的较量，这一演变轨迹，威廉姆森精辟地概括为一场"根本性的市场结构变革"。

如果持续的交易关系发生中断，可能引发一系列问题。首先，市场上竞争者的数量可能减少，导致市场变得不再像之前那样多元化和竞争激烈。其次，这种中断可能导致经济价值的损失，因为市场参与者需要适应新的市场条件，重新建立关系，这可能会浪费时间和资源。此外，中断的交易关系还可能增加交易方面的机会主义行为风险，因为在新的竞争条件下，各方可能试图谋取不正当的利益。这可能引发诚信问题和合同履行的不确定性。此时，对于非垄断方而言，维持交易关系可能需要承担相当大的成本，包括重新谈判合同、重新建立信任和适应新的市场规则。

2.3.3　交易成本理论的扩展与应用——纵向一体化

纵向一体化是指一个企业在供应链或产业价值链中将多个不同层级的生产或经营环节整合到同一组织内部的经营策略。这种策略通常涉及企业从上游供应商到下游分销商等多个环节的整合，以实现更紧密的协作和协调，从而在生产、流通、销售等方面获得更大的控制和效益。根据产品的自然流动方向，企业可以在两个相反的方向上扩展现有业务。这种策略分为前向一体化和后向一体化。

前向一体化是指企业将其经营范围扩展至产业价值链的下游环节，如零售和分销，以便更好地控制产品的销售、分发和市场渠道。这种战略决策使企业能够在供应链中更加深入地参与，并直接与最终消费者互动。前向一体化的目标是通过控制产品的销售和分销环节，提高企业的市场份额、品牌影响力及消费者的满意度。通过拥有自己的零售渠道，企业可以更好地预测市场需求、调整库存、掌握市场信息并提供更好的客户体验。这种策略有助于企业避免将产品交由第三方分销商，从而减少交易成本和风险，提高对市场的掌控能力。

后向一体化是企业为满足生产所需，自行供给全部或部分原材料、半成品，自行提供服务。这一战略的目标在于拓展产业链的环节，将自身的业务扩展至供应链的更上游，实现更紧密的供应链关系，从而确保稳定的货源。一般而言，这一概念涵盖了制造型企业通过垂直整合的手段，向生产原材料等初级领域的延伸。以一家组装型或制造型企业为例，如果其采取后向一体化策略，就意味着它将寻求参与原材料的生产或供应过程。这可能涉及收购原材料供应商，或是建立自己的原材料生产设施，以确保其在生产过程中不会受制于外部供应商的波动。通过控制原材料的生产，企业可以更好地管理生产成本、质量和交货时间，从而增强其在市场上的竞争力。

威廉姆森的观点表明，纵向一体化的发生源于市场交易可能出现失效的情况，这可以归因于市场失灵的五种关键因素。

（1）存在专用性投资。专用性投资可以限制企业与其他供应商合作的灵活性，因为其他供应商可能无法提供所需的专业化资产或服务。

（2）契约不完备。契约可能无法完全规定各方在交易中的权利和义务，这可能导致信息不对称和合同执行的不确定性。在这种情况下，企业可能更愿意采取纵向一体化的方式，以减少合同履行的风险。

（3）一方的不当行为可能导致另一方犯错误。这种不当行为可能包括虚假陈述、欺诈或其他不当行为，这进一步加剧了市场不完备性的问题。

（4）企业在信息处理上具有规模效应。当企业规模较大时，能够更有效地管理复杂的交易和资源分配，从而降低了成本。

（5）产权不完全明确和风险规避问题。产权的不完全明确可能导致争议和合同纠纷。此外，企业可能面临风险规避问题，需要采取措施来减轻不确定性和风险，这可能包括内部垂直整合。

综合考虑这些因素，企业会根据其特定情况和市场条件来决定是否采取纵向一体化策略，以最大限度地降低交易成本并实现竞争优势。在这些因素中资产专用性被认为是最为重要的。当资产专用性的约束不存在时，自主性合同便展现出了其独特的优势。具体而言，这种合同安排能够显著地降低连续生产阶段之间所产生的生产和治理成本，为企业的运营效率与经济效益提供了有力支撑。在这种情况下，企业可以更容易地与不同的供应商合作，根据需要灵活调整其生产流程，而不受资产特定性的制约。这有助于提高生产效率和降低生产成本，从而在市场上保持竞争优势。

2.4 契约理论

2.4.1 契约理论概述

契约理论主要经历了三个阶段——古典契约理论、新古典契约理论和现代契约理论，如图2-1所示。

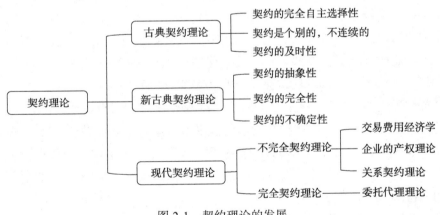

图 2-1　契约理论的发展

古典契约理论，其思想根基深深植根于古典经济学的沃土之中，两者在理论脉络上紧密相连。在理想化的完全竞争市场背景下，古典契约理论强调契约的构造与运作机制需与古典经济学所描绘的交易行为模式相契合。根据古典契约理论，契约的参与方仅包括契约双方，他们的目标是个人利益的最大化。这种契约自由选择是基于当事人的协商，不受外部力量的干预或控制，而且是个别的和离散的。契约的效力，在其被正式签署的那一刻起，便自动生效并承担起自我履行的责任。这一过程，如同精密机械中的齿轮咬合，一旦启动便遵循既定规则运转不息。然而，世事无绝对，当契约执行的道路上遭遇障碍或争议时，法律的天平便会适时介入，法院以其公正的裁决为契约的顺利执行保驾护航。随着交易的圆满达成，契约的使命亦随之宣告结束，自动终止其法律效力，为新一轮的经济活动腾出空间。

新古典契约理论起源于19世纪六七十年代，它为经济学建立了一个基本框架和分析模式，旨在更好地解释和分析在信息不对称、不完全契约和风险等情况下的经济交易和合作关系。与传统的古典契约理论相比，新古典契约理论更加注重现实世界中复杂的市场条件和参与者之间的相互作用，以及在信息不完全的情况下如何建立和维护有效的契约。

新古典契约理论的主要特点包括以下五点。

①信息不对称性：新古典契约理论认识到在市场交易中存在信息不对称的情况，即交易各方的信息水平不一致。这种不对称性可能导致一方在契约中占据优势，从而干扰合同的公平和有效执行。②不完全契约：与传统理论强调完全契约不同，新古典契约理论认为现实中的契约无法对所有可能情况都进行详尽规定。由于环境的不确定性，契约各方往往需要在交易发生后协商和调整，以适应新的情况和变化。③契约的动态性：新古典契约理论强调契约是动态的，需要在契约期限内不断适应环境的变化。因此，契约的内容和条款可能会随着时间的推移而调整，以适应不断变化的市场和交易条件。④风险与逆向选择：新古典契约理论考虑了合同中的风险和逆向选择问题。逆向选择指的是在合同达成后，一方可能会采取不利于另一方的行为，从而影响契约的执行。理论强调在契约设计中要考虑如何应对这些风险。⑤关系契约：新古典契约理论强调契约是合作参与者之间关系的产物，而不仅仅是简单的法律文件。在复杂的合作关系中，契约起到了维持合作、解决冲突和协调行为的作用。

现代契约理论是在古典契约理论和新古典契约理论的基础上进一步发展而来，融合了前者的经典思想和后者对现实情境的更准确描述。这一理论框架涵盖了完全契约理论和不完全契约理论，从不同维度深化了对契约和交易的理解。

完全契约理论的基本观点是，合同各方可以充分预见合同有效期内可能发生的各种主要事件，并且契约条款可以在没有成本的情况下被第三方强制执行。这一理论后来演化为委托代理理论，强调在信息对称的情况下，当委托人（主体）与代理人（代理者）之间存在委托代理关系时，委托人可以通过契约来约束代理人的行为，以确保代理人为委托人的利益最大化而努力。

然而，由于现实世界中存在信息不对称性，完全契约的假设往往难以成立。这引发了不完全契约理论的探讨。不完全契约理论包括了多个分支，如交易费用经济学、企业产权理论和关系契约理论，从不同角度深入研究了契约和交易。

交易费用经济学关注于分析交易的成本，包括信息获取、谈判、合同设计等方面的成本。它认为，由于交易成本的存在，不完全契约是合理的选择，契约各方在设计契约时需要权衡成本与效益。企业产权理论强调企业内部的产权结构对资源配置和管理的影响。在现实商业环境中，资源不总是由一个所有者直接拥有，而是在企业内部进行分配。这种理论探究了不同产权结构下企业的绩效表现和资源配置效率。关系契约理论则关注于建立在合作关系基础上的契约。它认为，交易涉及的不仅是经济利益，还包括合作、信任、声誉等因素。关系契约理论强调在合作关系中，契约的设计需要考虑维护关系的稳定和合作的持续。

2.4.2 完全契约理论

完全契约作为契约理论中的理想模型，其核心思想在于其全面性与确定性。它不仅详尽地界定了参与者之间的权利与义务边界，还精确设定了绩效的构成与评估标尺，进一步涵盖了交易过程中可能遭遇的各类意外情境及其预设的解决方案。此契约的缔结基础在于信息的完全对称，即各方在充分掌握信息的前提下达成共识，因此，它成了众多契约形式中备受青睐的一种。

完全契约的构建基石在于三大核心要素的满足，这些要素共同构筑了契约的稳固框架。首要之务，是契约需具备高度预见性，能够精准捕捉并详尽描绘契约有效期内可能遭遇的各类相关事件，通过清晰无误的表述，明确界定事件性质及各方的相应行动策略。其次，契约应展现出对未知挑战的充分准备，全面覆盖未来可能突现的意外情境，并为每种情形预设了契约各方应遵循的应对方案，确保在任何突发状况下都能有序行动。最终，契约的效力根植于其对各方行为的严格约束，确保所有参与者均恪守签署时约定的条件，无须因外部变化而重启协商之门。由于契约已经包含了可能的各种行动，并且这些行动都是经过事先协商达成的最佳结果，因此在契约约束下，难以找到更为有利的替代方案。由此，遵守契约成了各方的自觉行动，因为任何一方的违约行为都将使其陷入更不利的境地，缺乏更优的退路，从而确保了契约的稳定执行。这种明智的设计不仅有助于降低交易风险，还能提高合同的可执行性和效率。

与此同时，要使完全契约成立，必须满足以下条件：首先，契约参与者必须表现出理性，即他们会做出稳定的行为选择，以在有限的预算下追求效益最大化。其次，契约的签订和履行必须在完全竞争市场环境下进行，这意味着没有外部干扰因素，契约只会影响到契约各方。各方需要拥有并了解与契约相关的全部信息，并且这些信息必须是一致的。当涉及多个交易伙伴时，契约的一方必须能够自主选择贸易伙伴，并决定是否签署契约，同时不能垄断市场。一个重要的特点是，完全契约几乎没有交易成本，因为不需要花费时间和资源来寻找交易伙伴、签署契约或执行契约。这降低了交易的复杂性，提高了交易的效率。这意味着契约各方可以更轻松地达成协议，而无须担心额外的成本和障碍。这种无交易成本的特点为完全契约的实施提供了坚实的基础，同时也有助于维持市场的竞争性，促进资源的有效配置。

2.4.3 不完全契约理论

不完全契约理论揭示了现实世界中契约普遍存在的一种核心特征，即契约内容往往无法穷尽所有可能发生的情境，从而未能详尽界定参与者的权利、义务及应采取的行动。不完全契约指的是契约未对所有可能情况进行详细规定，没有明确列举契约各方的权利、义务及相关行动。这一现象广泛存在于社会经济的各个领域，几乎无一契约能完全免于这种不完全性的桎梏。

不完全契约有两个明显的特点，首先，不完全契约的核心在于其模糊性的描述，这源于对未来事件预测能力的局限性和环境动态变化的不可控性。这种模糊性不仅体现在条款表述的含糊上，更深刻地反映了在复杂多变的现实环境中，任何试图精确锁定所有细节的努力都是徒劳的。其次，不完全契约的另一显著特点是其开放式结尾，即契约未明确规定在所有潜在情况下各方的具体行为准则，而是留有一定的解释空间和调整余地。这种设计既是对未来不确定性的适应，也是对契约灵活性的一种追求。

在实际操作中，签订不完全契约需要考虑多方面的因素。首先，有限理性是一大考量。有限理性意味着个体在处理信息、应对环境和追求目标时受到限制，难以达到完全的理性和深谋远虑。这在不完全契约的情境下更为显著。其次，绩效的组成和衡量标准难以明确界定。由于契约本身无法预见并详尽规定所有可能的情境与变化，因此在界定绩效的具体组成部分及相应的衡量标准时，往往会遇到诸多不确定性和挑战。绩效的评估不再是一个单纯的技术性问题，而是掺杂了主观判断、情境依赖及多方利益博弈的复杂过程。最后，信息不对称性在不完全契约中也起到关键作用。其信息的不对称可以分为隐藏信息和隐藏行动两种。隐藏信息构成了信息不对称的初始形态。在契约订立之初，由于各方对信息的掌握程度、理解深度及运用能力存在差异，导致信息在缔约双方间分布不均。这种差异不仅影响了契约条款的设定与谈判地位，还可能引发逆向选择等不利后果，使得契约的公平性与效率性受到挑战。隐藏行动则在契约执行阶段加剧了信息不对称的程度。一旦契约签订，各方在实际操作中的具体行为便成为私有信息，难以被外界或对方直接观测。这种信息的私有化不仅为机会主义行为提供了温床，也增加了监督与管理的难度，使得契约的履行过程充满了不确定性与风险。综合考虑，不完全契约的存在源于现实的复杂性，受到有限理性、绩效不确定性和信息不对称性等因素的影响。因此，不完全契约理论的引入为解决实际契约问题提供了更加符合实际情况的理论框架。

在对比完全契约与不完全契约时，我们可以发现它们在多个方面存在显著区别。

首先，完全契约与不完全契约的核心区别在于对于可能出现的突发事件的处理方式。完全契约作为一种理想化的模型，其核心思想在于，它在契约订立之初便力求详尽地界定各方在遭遇未知或突发事件时的权利与义务边界，这种前瞻性的安排旨在强化契约的事后监督与执行效率。然而，现实世界的复杂多变使得完全契约的构想往往难以企及。相比之下，不完全契约则更为贴近实际，它承认在契约签订之时，由于人的有限理性与未来不确定性的固有存在，无法全面且准确地预见所有可能发生的突发事件。这种认知上的局限性，促使不完全契约在设计时更加注重灵活性与适应性，以应对未来可能出现的各种未知挑战。因此在契约签署后，对于这些事件的处理通常需要通过谈判来解决，更注重在事前设计阶段赋予参与者相应的权利，包括重新谈判的权利。

其次，完全契约在契约签署时已经尽可能地将可能的情况都考虑进去，旨在通过明确的条款来规范各方的行为。然而，现实世界中的复杂性使得完全契约难以覆盖所有情况，因此可能会因未能事先预见某些情形而出现契约漏洞。而不完全契约则更加灵活，它允许在契约签署后根据实际情况进行调整和重新谈判，以适应未来可能的变化。此外，不完全契约强调的是参与者之间的合作关系和信任。由于无法事先规定所有情况，契约签署后的合作和协商变得尤为重要。这有助于在出现未预料到的情况时，各方能够更加灵活地做出决策，避免陷入僵局。

最后，不完全契约的特点还在于其对于信息不对称性和有限理性的考虑。因为参与者在契约签署前并不一定拥有完整信息，不完全契约的灵活性使得信息的不对称性能够在后续的合作中得到更好的弥补，进而减少信息的不对称性可能带来的不确定性。

2.4.4 关系契约理论

在深入审视契约履行的复杂机制时，我们不难发现，除了法律这一传统且核心的保障力量外，交易双方之间的合作以及一系列法律之外的保障机制同样扮演着不可或缺的角色。这些机制，诸如"抵押"的财产担保、"触发策略"的自动应对机制，以及"声誉"这一无形的市场约束，共同编织了一张确保契约得以顺利执行的安全网。正是基于这样的观察与理解，学术界开始兴起一股新的思潮，即关系契约理论的提出。关系契约理论的核心思想在于其摒弃了对交易细节烦琐规定的追求，转而聚焦于确立契约的基本目标与指导原则。这一转变强调在构建契约框架时，应当更加注重契约各方之间个人关系的维度。

在关系契约理论中，合作双方的信任、共同目标、彼此的期望等因素被认为是契约的基础。这些因素在很大程度上决定了双方在合作中的行为和决策，甚至能够在契约内容不完全明确的情况下，为双方提供指引。在长期合作中，双方建立的良好关系和互信，有助于解决契约执行过程中可能出现的各种问题，从而保证合作的顺利进行。

随着企业间的关系由竞争逐渐转向合作，企业在更为长久的时间范围内展开合作，从而逐渐将关系契约视为不可或缺的一环。对比于正式契约，关系契约呈现出多重优势，这些优势包括以下方面：首先，关系契约参与方相对于法院，更容易对对方的行动进行监控。正式契约可能需要通过司法程序才能强制执行，而关系契约中的参与方可以在实际合作过程中更加密切地观察到彼此的行为，从而降低了不履行契约的风险。其次，不同于法庭仅能做出有利或不利判决的限制，关系契约的参与方能够进行更为细致入微的判断。他们能够更深入地评估交易的各个方面，从而更好地平衡和协调各方的权益，进一步增强合作的稳定性。最后，关系契约的参与方能够基于法律难以观察到的特定现象进行判断。这可能涉及一些法律无法准确规范的情形，如特定的事件、合作中的微妙变化等。这使得关系契约能够更加符合实际情况，更能适应复杂的合作环境。此外，关系契约还具备着时间变化下的调整能力。由于合作关系随时间演化，契约的参与方有机会对契约条款进行调整，以适应合作过程中的变化，从而确保契约的持续适用性。总之，随着企业合作关系的演变，关系契约逐渐成为长期合作的有效工具。其相对于正式契约的监控便利、细致判断能力、灵活性及适应性，都使得关系契约在现代商业环境中发挥着重要作用，为企业间的合作提供了更为强大的支持。

关系契约理论的影响力已跨越学科界限，深入法学、经济学、管理学等多个知识领域，展现出强大的生命力和广泛的应用前景。尽管在不同学科的探索中，学者们的研究侧重点各异，时而会出现观点上的碰撞与分歧，但这正是理论深化与完善的必经之路。总体来看，关系契约理论具备以下特点。

关系嵌入性是关系契约理论的基础，从特定情境出发来理解契约。契约发生在特定背景下，交易深植于错综复杂的人际关系中。这里的契约不仅仅是法律条文的履行，还包含合作、威胁、交流、策略等多样机制，是社会环境下的交互体现。

时间长期性是关系契约的显著特征，它涉及未来一系列"市场交易"。与传统的分立式契约不同，关系契约的时间跨度更长，牵涉到多个参与者，其合作时间可持续较长。在这种合作中，信任的培养和机会主义行为的抑制至关重要。

自我履约性是关系契约得以持续有效运作的重要支撑，依赖于长期合作中自我履约机制的发挥。契约的双方在长时间内解决问题时，核心策略在于深化合作并灵活运用多种补偿性技术。长期合作的稳固基础为契约双方提供了解决问题的肥沃土壤。补偿性技术作为辅助手段，在契约履行过程中发挥着不可或缺的作用。这些技术包括但不限于调整契约条款、提供额外支持或资源以及采取创新策略等。

此外，由于有限理性和高交易成本等因素存在，关系契约呈现出条款的开放性。契约并未事前涵盖所有未来情况，为适应未来问题保留了一定的弹性。这种开放性允许契约各方未来能够协商和调整，赋予了关系契约较高的适应性和灵活性。

2.5 产权理论

2.5.1 产权的基本概念

在传统的社会主义经济理论中，最初并没有引入"产权"这一概念，而更加强调了"所有权"和"所有制"。随着我国改革实践的推进，20世纪80年代中期，一些中国学者开始引入"产权"这个"外来"的概念，以适应新的经济格局。"产权"对应英文"property"。"property"具有多重含义，包括财产、所有物、所有权等。基于特定应用语境，我们将其译为"产权"。

作为新兴的经济领域，对"产权"的经济分析主要始于20世纪30年代晚期。1937年，产权经济学的奠基人科斯（Coase）在其著作《企业的性质》中首次引入了"交易费用"这一关键概念，为产权经济学的形成提供了坚实基础。随着时间的推移，1960年，科斯在他的经典著作《社会成本问题》将产权理论正式引入并巩固为经济学的主流框架之中。尽管科斯的论述并未直接为产权提供一个详尽的定义，但它深刻揭示了产权与交易活动的内在关联，即产权是交易过程中界定各方权益与责任的基石。

转观西方学术界对产权概念的探索，众多学者从各自视角出发，赋予了产权以多元而丰富的内涵。美国加州大学的经济学教授哈罗德·德姆塞茨（Harold Demsetz）提出产权作为一种社会构建的工具，其核心功能在于为个体在交易互动中建立起稳定的预期框架，明确界定各自的权利与义务边界，进而影响交易双方的经济利益得失。这一阐释，强调了产权在促进交易效率与公平性方面的核心作用，即它通过规范交易中的损益关系，保障了市场的有序运行。另一位产权理论领域的权威人物 A. A. 阿尔钦（Armen Albert Alchian），进一步拓展了产权的概念边界。他认为，产权不仅仅是权利本身，更是通过社会强制力保障实施的一种对特定经济资源的支配权。阿尔钦的定义强调了产权的强制性、资源指向性以及其在资源配置中的关键作用。此外，他还深入剖析了产权的三大特性——可分割性、可分离性和可让渡性，这些特性共同构成了产权作为经济制度基础的重要支柱，使得产权能够在不同的社会经济环境中灵活运作，促进资源的有效配置与利用。

2.5.2 产权的功能与性质

1. 产权的功能与类型

产权有三种主要类型，分别为私有产权、共有产权和国有产权。私有产权是特定个体所独有的权利，其权益和责任相对明确。私有产权在使用和转让过程中呈现明确的特性，从而有效降低了交易成本。然而，尽管私有产权在有效交易方面具有优势，但在资源具有公共性质或存在"搭便车"问题时，私有产权并不总是最佳的选项。私有产权的明晰性和确定性为交易提供了重要的保障。个体作为产权持有人，能够清晰地界定自己的权利范围和责任，这有助于促进资源的高效配置和优化利用。通过私有产权，个体能够充分享有资源的收益，同时也需要承担相应的管理和维护责任，从而减少了资源损耗和浪费。然而，尽管私有产权有其优势，但并非在所有情况下都适用。当资源具有公共性质，即一人使用不排斥其他人使用，或存在"搭便车"问题，或个体无法排斥其他人的使用而不付出代价时，私有产权可能无法有效解决资源配置的问题。在这种情况下，个体难以捕捉到其使用对他人造成的影响，导致资源过度利用或过度竞争，从而损害整体利益。因此，在资源具有公共性质或存在"搭便车"问题时，可能需要考虑其他产权安排，如共有产权或政府干预。共有产权可以在一定程度上平衡资源利用与保护，但也需要解决集体行动困境和决策成本等挑战。政府干预可以通过法规和政策来引导资源的合理利用，但也需要解决政府监管不足或过度的问题。

共有产权涉及多个主体共同分享的权利，通常涉及集体成员。其特点在于所涉及物品的使用和交易需要考虑多方利益，这可能引发不同意见，进而加大了集体行动的成本。此外，共有产权往往需要成员共同承担费用，不论个体是否从所涉及物品中获益，都必须分担相应的责任，这可能导致资源的浪费。共有产权作为一种权利分配方式，旨在平衡个体权益与整体利益。在这种制度下，多个个体共同拥有一定资源的使用权，但这也意味着在资源的使用和管理上需要考虑众多不同的声音和意见。这种多元化的利益格局可能导致决策过程复杂化，而且不同个体可能追求不同的目标，进一步增加了集体行动的协调难度。共有产权制度也往往需要成员之间共同承担一些费用，以维护共享资源的可持续性。这就意味着，即使某些个体可能并未从资源中直接受益，他们也需要为其维护和管理付出代价。这种情况下，可能会出现一些成员因为缺乏动力而不愿意承担责任，从而导致资源的疏于管理或过度消耗。

国有产权是由国家作为主体确定的权利，通常由代理人代表国家来行使。国家会决定哪些人或实体可以拥有和行使这些权利。然而，如果代理人的行为没有受到有效监督和激励机制的约束，这就可能导致国有产权的使用和交易成本上升，从而降低了资源的有效利用率和经济效率。国有产权的特点在于，国家对于资源的控制和分配具有决定性的权力。然而，这种权力集中在国家手中的同时，也伴随着一定的风险和挑战。首先，代理人可能受到激励机制的限制，缺乏有效的奖惩措施，导致其不尽职尽责或追求个人私利。其次，由于国家在决策中的庞大规模和复杂性，监督国有产权的行使变得尤为困难。这就为代理人的不当行为提供了机会，可能导致滥用权力、浪费资源，甚至损害了国家和社会的整体利益。

综合来看，产权作为一种具有强制性质的经济品占有和使用权利，在私有产权的具体实践中得到了充分的体现与运用。它通过明确权利归属、促进资源交换与优化资源配置，为社会经济的持续健康发展提供了强有力的制度保障。相反地，公有产权与"生产资料私有制"背道而驰，将物质和财务资本放置于公共支配之下。主体并非单一或可分割的个体，而是作为一个整体性的存在被界定，这从根本上排除了将公有产权进一步细分为个人产权的可能性。因此，个人对公共财产的使用权界限具有模糊性，以及个体在公共财产使用具有自由竞争权利。在私有产权下，权利和义务相对清晰，而在公有产权制度下，权利和义务之间的界限往往模糊不清，可能导致资源的滥用和浪费。这也使得在公有产权情境下，资源的有效配置和社会福利的最大化变得复杂且具有挑战性。这种产权制度的选择不仅涉及经济层面，还涉及社会、政治和法律等多个维度。在现实世界中，许多国家采取了混合的产权制度，以平衡私有产权和公有产权之间的利益，以期在资源配置和社会福利方面取得更好的效果。

2. 产权的特点

产权具有多个特点。首先，可参与或可进入的权利是其中之一，它为个体赋予一种资格，使其能够在特定事务的参与中获得应得的好处。然而，在当今社会，要涉足某一经济领域，个体需要克服一定的门槛，这涉及经济条件和环境是否具备等因素。在探讨现实商业环境中的机遇把握时，一个不可忽视的要素是理性判断与资源投入之间的微妙平衡。这一过程不仅要求决策者具备深刻的洞察力以辨识潜在的商机，更需依赖于物质与资本的精准配置与有效投入。然而，值得注意的是，投入与产出的关系并非直线上升，即投入的增加并不总是能够确保有效产出的直接或等比例提升。因此，实现有效收益必须建立在有效投入的前提之上。

其次，产权的第二特点为可选择性。产权持有者拥有在特定行为或不行为上做出选择或放弃的权利。通过行使这一权利，个体可能影响其他人相似的选择机会。这种选择权凸显了产权人的独立性，形成了其自主权。这一权利受到客观环境和个人利益的驱动，而不受外部组织和个人的干预。恰恰是这种选择权的存在，塑造了市场经济的核心本质。市场经济的决策特点多样，彰显了个体的特质，与计划经济的单一决策模式截然不同。决策的民主性决定了当前经济活动从最基层的利益出发，集中体现了绝大多数人的真实意愿。在这样的背景下，经济决策更加注重各个参与者的个体需求和意愿，形成了市场机制的独特优势。

再次，产权的第三个重要特点在于赋予持有者对实物财产进行占有、使用、收益和处置的权利。这一属性在整个经济体系中具有关键性地位，为权益划定了明确的界限并构建了资源的分配框架。通过占有权，持有者在一定程度上规范了财产的使用和配置方式。这种实际控制权使产权人积极参与资源的生产、管理和运营，从而为经济活动注入了动力和创造性。使用权则涵盖了财产带来的盈利方面。持有者通过有效地利用财产创造盈利，激发了对资源高效利用的动机，追求最大化的经济效益。与此同时，这也构筑起财产价值与持有者投入之间的直接纽带，引导着经济主体更加重视资源的高效运用。至于处分权，它决定了财产的去向。产权持有者有权根据自己的意愿出售、转让、租赁或以其他方式处置财产。这一权利不仅实现了财产的流动性，同时也推动了市场资源的有效配置。透过市场交易，资源能够快速流向最具价值的用途，进一步增强了资源的经济效益。这种产权的多重属性在经济体系中相互交织，为市场的繁荣和资源的高效利用提供了基础。

最后，产权的第四个特点为对他人行为的支配与控制力。这一特性赋予了产权持有者独特的权力，即不仅能够自主决定自身的行动方案，还能通过直接或间接的方式，要求或影响他人按照特定的方式行事。这种控制权的行使，不仅保障了产权所有者能够依照个人意愿规划并实现财产的最佳用途，从而达成既定的目标与期望，还凸显了产权作为生产运营活动中核心要素的关键作用。值得注意的是，控制权的行使主体可能因产权结构的不同而有所差异。在大股东主导的情况下，控制权往往集中于少数关键人物手中，他们拥有对整个生产运营项目的绝对控制权，能够决定项目的重大事项与未来走向。而对于小股东而言，虽然其控制权相对有限，但仍能在一定程度上影响项目的某些方面，特别是与自己投资决策紧密相关的领域。这种差异化的控制权分配，既体现了产权制度的灵活性与包容性，也促进了不同利益主体之间的协作与共赢。

2.5.3　产权与所有制

在审视社会财产结构的多样性时，我们不难发现，其中往往有一种主导的所有权形式占据核心地位。这种主导形式如同基石一般，不仅塑造并影响了其他次要财产所有权的形态与特性，更为当前社会发展阶段的经济脉络、政治格局以及社会结构奠定了坚实的基础。这一核心要素，我们称之为社会的基本财产制度，或简称所有制，它在历史的长河中扮演着举足轻重的角色，成为划分不同人类社会发展阶段的重要标志。

产权与所有权之间存在着一种密不可分的内在联系，这种联系进一步延伸，使得产权概念与所有制结构紧密相连，共同构成了社会经济体系的基础框架。在经典著作《资本论》中，马克思与恩格斯对生息资本这一资本的特殊形态、股份资本作为资本社会化的重要表现形式，以及土地关系这一反映社会生产关系的重要方面，进行了全面而深刻的剖析。具体地，他们强调了生产资料的社会化属性，强调了工人阶级对生产资料的共同所有权，生产资料的私有制导致了阶级分化和不平等，而共有制则有望消除这些问题。相应地，列宁则着重研究土地国有化问题，对土地所有制进行了深入论述，强调国有制在土地问题上的重要性，认为土地国有化是社会主义的前提之一。但是，西方的产权理论更强调私有产权的重要性，特别是个体的所有权和支配权。这与马克思、恩格斯和列宁的理论存在显著差异。

在实际运作中，产权制度和所有制结构在不同国家和文化中呈现出巨大的差异。世界各地的法律、政策和制度都在塑造着财产权利的行使和保障。产权作为社会经济关系的核心，影响着资源的配置、财富的分配和经济活动的开展。因此，我们需要综合考虑这些不同理论，以更全面、深入地探讨产权与所有制的关系。同时，这也有助于我们理解不同国家和社会的经济制度和法律体系的多样性，以及它们对经济活动和社会发展的影响。

所有制和产权虽然相关，但它们之间的区别比产权和所有权之间的区别更加显著。这种差异主要在以下三个方面体现出来。

首先，它们的研究焦点存在显著差异。马克思的所有制理论深刻地把握了实际财产关系与所有权形式之间的内在联系，进而清晰地区分了决定性与非决定性财产形态之间的界限，同时揭示了财产关系在社会经济结构中的核心地位，还通过主导所有制形式的变迁，勾勒出了社会演进的五个重要历史形态。与此不同，产权理论着重研究具体财产关系，通过明确界定产权的范围以确保财产归属清晰明确，明晰产权主体的权利、责任和利益关系以确保产权的行使是公平和公正的，旨在维护所有者的经济权益，促进经济活动的顺利运转。其核心焦点在于确保产权主体的合法权益，而未深入涉及社会关系的阶级性质问题。此外，它通过明晰产权关系，为各方当事人提供了稳定的法律框架，同时也为经济活动的自由和发展提供了有力的支持。

其次，两者在研究方法上存在明显区别。所有制理论，作为一种理论架构，其核心在于运用抽象分析的方法，旨在穿透纷繁复杂的社会现象，揭示出社会形态演进的普遍规律与内在逻辑。该理论不仅深刻剖析了生产关系的本质，为我们理解社会经济结构提供了坚实的理论基础，还独具匠心地引入了宏观的时间与空间维度，以便更全面地审视社会演进的长期特性与趋势。例如，在研究农业社会向工业社会的过渡过程中，所有制理论将关注社会中不同生产方式的对比。它会考虑在不同历史时期和不同地理位置下的生产关系，以找出普遍性规律和演化趋势。这种方法有助于我们更全面地理解社会的长期发展路径。相反地，产权理论则更加强调采用更具体的方法，专注于对财产对象的个别特性进行研究，着重于明确界定产权的范围、权利和义务。这种理论不仅依赖法律法规来明确定义产权范围，还运用精确的价值形态计量，采用企业会计手段来进行核算和监督。例如，在探讨土地产权时，该理论将关注土地所有者、租赁协议、土地使用权和地税等具体问题。通过详细研究这些方面，产权理论有助于解决产权纠纷，提高财产交易的效率和公平性。

最后，两者在运行特点方面存在差异。在社会生产力的持续推动下，生产资料所有制作为社会经济结构的基础，不可避免地会经历变革的历程。然而，一旦这种所有制形式在特定的社会关系网络中得以确立，它便会在一段时间内展现出相对的稳定性，成为支撑社会经济活动的重要基石。与此形成鲜明对比的是产权关系的动态特性。生产资料所有制作为生产力发展的产物，其变化通常是一个相对缓慢且深刻的过程。一旦某种所有制形式在特定社会环境中确立，它往往会为一段时间内的生产关系提供基本框架，为经济的相对稳定创造条件。相反地,产权关系的变化则更加频繁且灵活。企业主体的经营策略、市场竞争环境、法律法规的调整等因素都可能对产权关系产生影响。这种变化不仅可以体现在所有权的转移上,还可能涉及权利范围的重新定义、权益关系的调整等。因此,从运行特点的角度来看,生产资料所有制更趋向于相对稳定,而产权关系则更富有变化。这些差异进一步彰显了两者在经济体系中的不同角色和作用,也为我们深入理解和应对经济变革中的复杂性提供了更为全面的视角。

简述题

1. 请论述交易成本的内涵、外延与决定因素。
2. 请说明纵向一体化及其成因,并举例说明。
3. 请论述关系契约理论。
4. 请论述产权与所有制的关系。
5. 请论述产权的功能与性质。

自学自测　扫描此码

第 3 章

公司股权结构设计和股东治理

【学习目标】

1. 掌握股东的概念、类型、权利及义务。
2. 掌握股权结构设计的原则及模式。
3. 掌握股东大会的内涵及运作机制。
4. 掌握机构投资者介入公司治理的渠道、独特特征及影响。

从雷士照明中吸取治理"教训"

雷士照明是在 1998 年由胡永宏、吴长江和杜刚三人共同创立。在股权结构方面，吴长江持股 45%，另外两位合伙人持股 55%。在创立公司时，吴长江所持股份比例就已经破了两条控制线，即 67% 和 51%，这给日后的股权之争埋下了隐患。

在公司一步步发展壮大后，三位合伙人之间出现了分歧，胡杜两人想要分红，而吴长江想将资金留给公司，一门心思要把雷士照明做大做强。2002 年，由于利益方面的纷争，吴长江将其股份转让给另外两位合伙人，此后，三人各占 33.3% 的股份。然而吴长江的做法并没有解决三人之间的矛盾。

2005 年矛盾激化到极限，吴长江第一次被"驱逐"。当时企业估值为 2.4 亿元，因此吴长江提出的退出条件是从中拿走 8000 万元，然后退出公司。但是经过了这些年的发展，吴长江在中国照明行业中已经占据了举足轻重的地位，并且与渠道商之间有诸多利益方面的捆绑，因此无论是深耕市场的经销商群体、稳定供应的合作伙伴，还是雷士照明内部的核心管理层，均展现出强烈的意愿，坚决捍卫吴长江的领导地位，力求其继续引领企业发展。最终，这场初起的"权力更迭风波"以胡永宏与杜刚各自携带巨额资金——8000 万元，选择退出舞台而告一段落。

吴长江虽在内战中获胜，但胜利背后却暗藏危机：资金抽离导致资金链紧张，大规模融资又稀释了股权。为应对挑战，雷士照明开始积极引入外部资本，以稳固公司基础并寻求新的发展机遇。

在 2006 年伊始，毛区健丽以 994 万美元资金成功注资雷士照明，持有其 30% 的股权比例。这部分股权中，有 10% 被分配给了重要的出资方，即陈金霞、吴克忠与姜丽萍三位投资者。与此同时，吴长江持有公司剩余的 70% 股权。2006 年，软银赛富凭借一笔超过两千万美元的巨额投资，成功获得雷士照明公司 35.71% 的股权份额，这一举动极大地改变了企业的股权格局。尽管吴长江仍持最大股权,但软银赛富的加入使得两者间的差距大幅缩小,标志着企业权力结构的潜在变化,并且软银赛富37.71%的股权占比已经超越了"关键控制权门槛",这一股权比例赋予了软银赛富对任何可能对公司运营产生深远影响的重大事项的否决权。此外,董事会重组后,由于软银赛富掌握的席位多于吴长江,这导致了权力上的失衡。然而面对这些潜在的危险,吴长江并未建立相关的防御措施,依旧把主要精力放在了业务领域。

2008年,基于业务扩张方面的需要,雷士照明进行了一次并购活动,因此需要重新筹集资金。在本次融资活动中,尽管高盛是首要争取的资金来源,然而软银赛富凭借其敏锐的洞察力与对反稀释条款的灵活运用,追加了1000万美元的投资,最终持股比例跃升至36.05%,不仅巩固了其在雷士照明中的影响力,还超越了原有的最大股东吴长江,一跃成为企业的首要控股方。反观吴长江,受限于资金流动性的不足,未能持续增持股份,其持股比例因此滑落至34.4%,角色也从昔日的掌舵人转变为企业的第二大股东。

2010年,雷士照明终于在港交所上市。一年后,施耐德电气成为公司的第三大持股者。然而在此刻,吴长江似乎依然不担心控制权的丧失,甚至继续大幅减持股票。

2012年,雷士照明经历重大变动,阎炎接替吴长江成为董事长。面对挑战,吴长江迅速调整策略,转向二级市场寻求支持,以图重掌公司。同年,经销商的罢工抗议与德豪润达董事长的介入,为吴长江的回归铺平了道路。次年,吴长江不仅重返CEO职位,还当选执行董事,展现了其坚韧不拔的领导力与在公司内部的深厚根基。

此外,在2012年,德豪润达实施了一项具有重要影响的股权收购行动,使其获得了雷士照明超过20%的控股权,从而跃居为雷士照明的首要股东,即第一大股东。这一举措不仅彰显了德豪润达在照明行业的雄心壮志,也预示着行业格局的深刻变动。为了深化双方的战略合作与利益联结,王冬雷采取了高瞻远瞩的交叉持股策略,向吴长江个人提供股权增发机会,使其成为德豪润达的重要股东之一。然而,这一精心设计的股权结构并未能确保合作的长期稳固,因为在两家公司的权力架构中,吴长江均未能占据主导地位。

随着时间的推移,这场原本基于共同利益的合作逐渐显露出裂痕。由于吴长江在合作初期未能有效构建股权稀释的防御机制,其持有的股份在后续发展中多次遭遇稀释,最终导致了他在公司内部的地位岌岌可危。当这一系列的股权变动达到临界点,吴长江在董事会的席位也被无情剥夺,标志着他在雷士照明的影响力正式消退。更为戏剧性的是,随着合作的彻底破裂,一场关于公司控制权的争夺战在雷士照明的重庆总部悄然上演。王冬雷亲自率队,采取了直接而激烈的手段,试图通过抢夺营业执照和公章来巩固自己的控制地位。这一幕不仅震惊了业界,也让吴长江对雷士照明的未来彻底失去了信心与掌控。最终,在这场没有硝烟的战争中,吴长江被迫黯然离场。

2014年年底,广东省惠州市公安局依据相关法律法规,对涉嫌挪用资金罪的吴长江采取了刑事拘留措施。随后,在次年1月,该案件进入司法程序新阶段,惠州市人民检察院正式对吴长江执行了逮捕决定。历经长达两年的深入调查与审理,至2016年12月13日,惠州市中级人民法院依据证据,对吴长江作出了终审判决,判定其犯有挪用资金罪及职务侵占罪,并依法判处其有期徒刑十四年。

然而，在 2018 年 8 月，广东省高级人民法院基于审慎考量，以"案件事实尚未清晰，现有证据未能充分支持指控"为据，作出了撤销原判并指令案件发回原审法院重新审理的终审裁定。直至 2023 年 9 月，该案仍未迎来最终的判决结果，审理时限的反复延长，无疑对案件各方及公众期待构成了持续的影响与考验。

资料来源：Wind 数据库.

3.1 股东构成

3.1.1 股东的概念及分类

股东（shareholders）指的是股份制公司中的出资人或者投资人，他们是公司资本或股份的所有者，在公司中享有一定的权力，同时也需要承担相应的义务。简单地说，股东中的"东"的本意是"东家"或者"主人"，因此股东可以理解为"持股的主人"，也就是"老板"。股东的具体分类如下。

1. 隐名股东和显名股东

依据注册信息与实缴资本的一致性原则，股东群体可细分为隐名投资者与显名股东两大类别。

其中，隐名投资者指的是那些实际贡献资金却选择以他人之名进行投资活动或公司筹建，其身份在法律正式文件上被替代显示为他人的特殊股东群体。

显名股东依据其与隐名股东的协议安排，将隐名投资者的资金以自身名义正式登记并注入企业之中。此过程确保了资金流动的合法性与合规性，同时满足了《公司法》对于投资主体资格的具体要求。显名股东的身份构成呈现多元化特征，他们既可以是具备完全民事行为能力的自然人个体，也可以是依法设立并具备独立法人资格的公司实体。此外，显名股东的结构还可能是由单个自然人独立承担，或是多个互不隶属的自然人通过特定协议联合形成的集合体，共同履行显名职责。

2. 创始股东与一般股东

基于股权获取的时间节点、附带条件及一系列相关因素，股东群体可进一步细化为一般股东、创始股东两大类别。

一般股东通过出资等方式获得公司资本，享有权利并承担义务。而创始股东特指公司成立初期签署章程、出资并承担义务的人，他们是公司的原始贡献者与文化的传承者。两者共同构成了公司股东群体的基础。

3. 个人股东和机构股东

股东依据身份可分为机构股东与个人股东。

个人股东作为自然人投资者，直接以其个人身份参与企业的投资活动。而与之相对，机构股东则是一个更为宽泛且复杂的类别，它们是由具备法人资格的实体及其他各类组织所构成，这些组织依法享有并行使股东权利。具体而言，机构股东涵盖了基金管理公司、各类企业法人（包括但不限于私营企业、上市公司等）、各类不以营利为目的的非营利法人实体，以及全民所有制与集体所有制企业等多元化组织形式。这些机构股东以其雄厚的资金实力、专业的投资管理能力及广泛的资源网络，在企业的股权结构中扮演着举足轻重的角色。

4. 控股股东和非控股股东

依据持有的股份数量及其在公司中的影响力可将股东分为控股股东与非控股股东两大类别。

控股股东，作为公司股权结构中的核心力量，其出资额或股份占比通常超过半数，或即便未达到这一比例，其掌握的表决权亦足以对公司的重大决策产生深远影响，从而在公司治理中占据主导地位。

相对而言，非控股股东则是指那些未能满足上述控股股东条件的股东群体。他们可能持有公司一定比例的股份，但在公司决策过程中的影响力相对有限，往往无法单独左右公司的重大决议。

3.1.2 股东的权力与义务

根据《公司法》，股东权利是股东基于其对公司资本所作出的出资贡献而依法享有的一系列权益集合。这些权利不仅体现了股东作为公司所有者的地位，还保障了其在公司治理与经营过程中的参与权和收益权。具体而言，股东权力主要包括以下几类。

（1）投票表决权。在股份有限公司或有限责任公司中，股东按照持股比例对公司的经营、管理等决策进行投票的权利即为投票表决权，其大小与股东持股比例相关，一般来说，股东所持股份占比越大，其投票表决权就越大。对于普通股，一股就代表一票。而优先股作为一种特殊类别的股份，通常情况下不直接参与公司的表决事项，即不享有常规意义上的表决权。当然，这一安排并非绝对，当公司未能按照约定向优先股股东支付其应得的股息时，作为对股东权益的一种补偿机制，优先股股东将自动获得表决权，以此方式参与公司决策过程，维护自身合法权益。

（2）查阅权。查阅权作为一项基本而重要的权利，其核心价值在于赋予股东对公司经营信息的知情权。具体而言，查阅权允许股东查阅公司一系列关键文件，包括但不限于账簿、会计文书等，这些文件是公司财务状况与运营细节的直接载体。公司的财务报告大致反映了公司管理的情况，而账簿原件则较为全面地反映了特定情况下发生的与公司管理有关的事项。因此，股东如果希望更充分地了解公司的管理情况，就必须查阅公司账目。

（3）新股优先认购权。新股优先认购权是公司实施新股发行或可转换债券转换计划时，赋予现有股东的一项特权，即他们有权按照其原先持有的股份数量的一定比例，优先于非股东或普通投资者参与新股的认购过程。这一权利旨在维护原有股东的股权比例不被稀释，确保其在公司资本结构中的相对地位得以保持，并为其提供参与公司成长与扩张的额外机会。对于具有新股认购权的股东，其购买新股的价格一般会低于市价，因而新股认购权本身也是具有一定的市场价值的。当然，新股认购权的行使与否取决于股东，股东可以选择自己行使，也可以将其转让给别人。

（4）转让出资或股份的权利。根据我国法律规定，股东出资获得股权后不可抽资出逃。但是股东可以通过转让出资或者股份，从而收回本金、专业投资所带来的风险。在我国，对于股份有限公司而言，其股份的流通性得到了充分的体现，这些股份享有自由转让的权利，且上市公司能在证券交易所进行股票的交易，这一特性不仅赋予了股东更大的灵活性，允许他们根据自身需求和市场状况，随时调整其投资组合，还促进了资本市场的活跃度和资源配置效率。但在一些特定的情况下，大股东持有的股份具有锁定期，在此期间，股票不能减持或交易；而有限责任公司中，股东出资的转让则需要其他股东同意。

（5）红利分配权。红利分配权是股东的基本权利之一。作为投资者，股东出资的主要目的是获得收益，而分配红利的前提条件之一是要有利润可供分配。各国公司法对红利的分配都作出了严格的限制，我国的《公司法》也不例外。

（6）选举权。选举权赋予了股东选择并决定公司监事会成员及董事会董事等关键管理者的权力。值得注意的是，股东不仅拥有投票选举的权利，还具备被选举为公司高级管理人员的潜在资格，从而有机会直接参与公司的战略决策与日常管理。具体而言，股东有权力选举董事和监事，组成董事会和监事会，凭此对公司实施控制权。因此也可以说，选择公司经营管理者的权利是股东经营管理权的具体化，也是股东最实质的管理公司的权利。

（7）诉讼权。当遭遇任何可能损害公司整体利益或个别股东合法权益的行为时，股东有权依据法定程序，向具有管辖权的法院提起诉讼，以寻求法律救济与公正裁决。股东诉讼制度可细分为直接诉讼与间接诉讼两大类别。具体而言，直接诉讼是股东基于自身权益受损的事实，直接针对侵权方提起的、旨在恢复或补偿个人权益的法律行动；而间接诉讼，则是一种更为特殊的诉讼形式，它允许股东在特定条件下，代表公司整体利益，针对那些侵害公司权益但公司自身因故未能或怠于提起诉讼的行为，向法院提起法律诉讼，以维护公司的合法权益不受侵害。两种诉讼所主张的利益可能存在冲突，不能在同一案件中同时主张，法院也不宜合并审理。

股东享有诸多权利，同时也需要承担相应的义务。股东的义务主要有以下几类。

（1）出资义务。股东的出资义务，是股东在公司法律体系下的核心责任之一。依据出资协议与公司章程的明确规定，股东负有向公司贡献资本金的法定义务。这一义务的具体履行方式依据协议或章程的条款而异：若约定为一次性全额缴纳，则股东需即时完成全部出资；反之，若协议安排为分期缴付，股东则需严守时间表，按时分批注入资金。对于涉及实物形式的出资，尤其是涉及不动产、生产厂房、关键设备以及知识产权等非物质资产，股东需遵循财产权转移的法律框架，确保公司能够合法、有效地取得并行使对这些出资财产的完全权利。此过程不仅要求法律手续的完备性，还强调了对出资资产真实价值与市场适应性的评估与确认。

股东若未能按期履行出资义务，不仅可能面临法律制裁，还需对已按时出资的股东承担违约责任，以弥补其因出资延误而可能遭受的损失。此外，一旦出资财产正式纳入公司财产范畴，股东便失去了对这些财产的直接支配权，即出资成为不可逆之行为，股东无权要求抽回其已缴纳的出资额。这一原则确保了公司资本的稳定性与连续性，为公司的长期稳健发展奠定了坚实的基础。

（2）不滥用股东职权的义务。股东需无条件遵循国家制定的相关法律法规，确保自身的投资行为合法合规，不触碰法律红线，在法律范围内行使股东权力，禁止滥用股东权利。此外，股东随便使用公司的法人独立实体，以及股东承担有限责任地位导致债权人利益受损的行为也是严禁的。当股东的行为逾越了权益行使的合理边界，进而对公司整体利益或其他股东权益造成不利影响时，该股东便需依法承担相应的法律责任。因此，股东在行使自身权利的同时，亦应秉持审慎、负责的态度，确保其行为符合法律法规及公司章程的规定。

（3）不干涉公司正常经营的义务。公司章程对股东大会的权限做出了规定，并且公司法也对股东权益有所规定，股东应当遵循这些规定行使权力，同时履行相关义务，不得干预董事会、监事会、经理开展的正常的生产、经营、管理等活动。

3.2 股权结构设计

3.2.1 股份、股权、股权结构的概念

1. 股份

股份（stock）作为投资者与公司之间紧密联系的纽带，其核心意义深远而多重。首先，股份是公司资本构成的基石，每一份股份都代表着对公司资产的一部分所有权，共同构筑了公司运营与发展的坚实基础。其次，股份不仅承载着投资者的权益，更是股东权利的象征。它赋予了股东参与公司决策、分享公司利润的权利，同时也要求股东承担相应的责任与义务，如遵守公司章程、维护公司利益等。最后，股票价格作为股份价值的直接体现，其波动反映了市场对公司未来前景的预期与评估。于股东所享有的权利范围与所承担的义务程度之差异，可以将公司股份细分为两大基本类别：普通股与优先股。

（1）普通股。普通股作为公司股权架构中的基础单元，赋予了股东在企业管理、资产运作及盈余分配等核心领域的普通权益。其独特之处在于：它代表了在公司清偿完所有财务负债，并确保优先股股东的相关收益与索赔权益得到充分满足后，股东向公司主张剩余资产及未分配利润的权利。这一类别股份不仅在公司股权结构中占据主导地位，其重要性无可替代，更是市场上发行量最为庞大的股份类型，对于公司的长期发展与股东价值的实现具有深远影响。

（2）优先股。依据《公司法》的明确条款，除却普通股这一基础类别外，还设有特定类型的股份，即优先股，其持有人享有对公司利润及剩余资产进行优先分配的权利。优先股之命名，恰如其分地体现了其在公司利润分配序列中的优先地位，即在满足公司运营需求及普通股股东权益之后，优先股股东能够优先于其他股东获得公司盈余及清算时的剩余财产。此类股份的设立，不仅丰富了公司的股权结构，也为投资者提供了多样化的投资选择，满足了不同风险偏好与收益需求。优先股股东享有有限表决权，不具有选举权与被选举权，在参与公司经营管理决策方面具有较大的限制。

普通股和优先股的区别主要体现在以下三个方面。

（1）股利差别。优先股的分红机制往往设定了固定的比例或金额，这一特性确保了优先股股东能够享受到相对稳定的收益回报，其分红水平不易受到公司业绩波动的直接冲击，从而提供了更为可靠的投资保障。此外，在分配顺序上，优先股股东享有优先权，即在公司进行利润分配时，他们有权先于普通股股东领取相应的利息或股息。相比之下，普通股的股息分配则与公司经营的实际状况及盈利能力紧密相关，其的股息支付不仅取决于公司的总体利润水平，还受到多种市场与经营因素的影响，因此其股息率可能呈现出较大的波动性。

（2）权利区别。优先股股东的权益范畴相对较为局限，主要体现在其不享有选举公司管理层成员的权利，即缺失选举权，同时也不具备被其他股东推选为治理层成员的资格，即被选举权亦被排除在外。相反，普通股股东则拥有更为全面且核心的权益，他们不仅被赋予参与股东大会、共商公司发展大计的资格，还充分享有选举与被选举为公司治理核心成员的权利，以及对公司各项重要议题进行投票表决的广泛权力，这些权利共同构成了普通股股东在公司治理中不可或缺的地位与影响力。

（3）索偿权的区别。在权益求偿的优先级序列中，优先股介于普通股与债权人之间。具体而言，当公司面临财务困境或需进行资产清算时，优先股股东在求偿权上享有相较于普通股股东的优先权，即其权益主张将先于普通股股东得到满足。但是从更广泛的债权视角来看，优先股股东的求偿权仍然排在债权人的权益之后。

2. 股权

股权，也就是股东权利，囊括了股东在公司内部所享有的广泛人身与财产性权益。这些权益的根源在于股东对公司资本的有效投入，进而确立了其作为公司成员的法定地位，即股权是股东凭借其股东资格自然衍生的一系列权利集合。广义上，股权全面覆盖了股东向公司提出的各种权益主张，这些主张形式多样，内容丰富，共同构成了股东作为公司所有权人的全面权利体系。狭义上，股权则集中体现于股东凭借其股东身份，享有的从公司经营成果中获取经济利益的权利，以及深度参与并影响公司日常运营策略、管理决策等核心事务的权利。

具体而言，股权的实现路径包括但不限于：一是分红权，即股东有权按照其持股比例分享公司盈利所得的红利；二是表决权，股东通过参与公司股东大会，并根据其股权比例行使投票权，直接参与公司的重大决策过程；三是选举权与被选举权，赋予股东选举公司董事会成员以及自身被提名为董事候选人的权利，从而间接影响公司的治理结构与战略方向；四是知情权，股东有权要求并查阅公司的会计账簿、财务报告等关键信息，以保障其对公司经营状况的充分了解与监督；此外，还包括公司章程中明确规定的、旨在保护股东权益并促进公司治理效率的各类其他权利。这些权利共同构筑了股东权益的坚固基石，确保了股东在公司治理中的核心地位与应有权益。

3. 股权结构

在股份制企业的架构中，股权结构作为核心要素之一，指的是不同种类股份在公司总股本中的占比分布及其相互间的比例关系。这一结构不仅深刻影响着公司的控制权分配与利益格局，更是公司治理结构形成与演变的基石。

3.2.2 股权结构设计的原则

股权结构设计是公司运营中的重要组成部分，合理的股权结构对于公司长远发展具有重要意义。因而，为了公司的发展前景，公司需要基于具体情况以及经营的目标来设计出适合的股权结构，具体而言，股权结构设计可以大致分为三个方面。

（1）股份结构，也就是各种性质的股份在对公司的出资中所占据的比例。事实上，各方能否参与公司未来生产经营的决策正是由各方的出资比例所决定的，根据此标准，可以进一步将公司划分为独资公司、绝对控股公司、相对控股公司等类型。

（2）股东结构是影响公司经营管理决策表决结果的关键因素。这一结构可细化为多个维度，主要包括战略投资者、个体投资者以及机构投资者三类。战略投资者以其长远的战略眼光和资源整合能力，往往在公司战略方向制定上发挥重要作用；个体投资者则凭借个人资金与判断，参与公司事务，为公司的多元化发展贡献力量；而机构投资者，作为专业的资金管理方，其庞大的资金规模与专业的投资策略，对公司经营管理的稳定与可持续发展具有显著影响。

（3）投票权结构。投票权在资源优化配置、员工动力激发及企业长远稳健发展等多个维度均扮演着举足轻重的角色。一个设计合理的投票权体系，能够为公司带来正面的协同效应。股东之间可通过签订联合行动协议来协调投票行为，增强决策的一致性；亦可构建连锁股东网络，以强化特定股东群体的投票力量；此外，实施差异化股权制度（即同股不同权），也是提升特定股东投票权重、适应现代公司治理需求的有效手段。

股权结构设计旨在达成股东间利益格局的和谐平衡，这一目标体现在双重维度的考量上。一方面，它需确保公司创始人在企业成长历程中保持适度的控制权，以维护其对企业愿景、战略及文化的核心影响力与引领作用。另一方面，股权结构设计亦需兼顾对新加入人才的吸引力与激励效应。合理的股权结构设计应当遵循以下原则。

1. 保障控制权的原则

深入剖析那些成就斐然的企业背后，不难发现它们普遍拥有一个关键性的大股东。在创业企业的征途中，核心大股东是推动企业跨越重重障碍、迈向辉煌的关键。然而，创业初期常出现股权平分的现象，常见的如 50%：50%、40%：30%：30%等均衡股权结构，虽看似公平，实则暗藏危机。对于核心大股东而言，这种结构极易导致控制权的不稳，任何决策都可能因股东间的微小分歧而陷入僵局。股权的均衡分配削弱了单一股东在关键时刻的决策效率，增加了内部摩擦与消耗，无疑是巨大的隐患。

因此在创业初期，核心大股东应持有超过三分之二的股权比例，以此作为稳固控制权的基石。同时，也可灵活运用 AB 股制度、表决权委托、投票权杠杆机制以及一致行动协议等先进治理工具，进一步强化控制力，避免未来因股权稀释而丧失对公司的主导权。总之，科学合理的股权架构设计，以及灵活有效的控制权保障机制，是创业企业走向成功不可或缺的重要一环。

2. 吸引人才原则

为了更有效地吸引并留住关键人才，同时实现企业与人才之间的深度绑定与共赢，股权激励作为一种高效且富有前瞻性的策略，逐渐受到广泛青睐。此机制不仅能够有效减轻企业在短期内的薪酬支出压力，更通过赋予人才以公司股权的形式，将人才的个人利益与企业的长远发展紧密相连，激发其内在动力与创造力，共同推动企业向更高层次迈进。

企业股权架构的总份额恒定为100%。当企业寻求通过股权转让机制来吸引并留住关键人才时，往往会遭遇原有股东对股权稀释的抵触情绪，他们往往不愿轻易让渡自己手中的权益。为有效应对这一潜在挑战，企业应在创立初期或战略调整阶段，预先规划并构建一个既公平又具前瞻性的股权结构框架，即在股东协议中明确设定一项激励机制，预留出一定比例的股份作为"激励池"，这些股份暂由核心大股东以受托管理的方式持有。这一安排旨在为未来可能的人才引进预留灵活空间，确保公司在需要时能够迅速响应市场与人才战略的需求。

3. 动态调整原则

一家企业的初创团队是由一群各具专长、优势互补的成员所组成。在创业萌芽阶段，有的成员以其雄厚的资金实力为项目启动提供了坚实的后盾，有的则凭借广泛的社交网络与深厚的行业资源为企业的市场拓展铺设了道路；同时，团队中也不乏运营高手，他们以卓越的策划与执行能力引领企业稳步前行；而技术专家的加入，更是以其在专业领域的深厚造诣，为企业产品的创新与升级奠定了坚实的基础。

然而，随着企业的不断成长与市场的持续变化，企业所处的发展阶段与面临的挑战也随之发生深刻转变。在这一过程中，原先在特定领域具备显著优势的股东，可能因自身能力、兴趣或市场环境的变化，而难以继续适应并推动企业向更高层次发展。此时，为了确保企业能够持续保持活力与竞争力，根据股东之间的既定协议与共同愿景，适时调整股权结构，优化资源配置，便显得尤为重要。

4. 争议解决机制

在企业成长的征途中，受主客观多重因素交织影响，合作伙伴的变动在所难免，无论是主动寻求新机遇还是被动应对环境变化，合伙人的退出总是伴随着一系列复杂问题，其中最为关键的是其股权的妥善处理。而随着合伙人的退出，股东群体内部往往会出现意见分歧，尤其是在股权处置这一敏感问题上，更难以迅速达成共识。为了避免因此而产生的扯皮与内耗，进而对公司的持续发展造成不利影响，股东之间在创业之初便应未雨绸缪，预先设立一套科学、合理且具有可操作性的争议解决机制。这一机制的存在，不仅能够有效缓解股东之间的矛盾与冲突，还能够为公司未来的健康发展提供坚实的制度保障，是股权架构设计中不可或缺的重要环节。

3.2.3 股权结构设计模式

作为公司组织的顶层设计，股权结构的核心是解决谁投资、谁来做、谁收益及谁担责的问题。具体而言，股权结构设计可以分为以下几种类型。

1. 一元股权架构

一元化股权架构体系，作为一种基础且传统的企业治理结构，其核心特征在于将股权比例、投票决策权及利润分配权三者紧密融合，形成一体化的权利框架。此架构下，股东依据各自的实际出资额直接界定其持有的股权份额，并相应享有与之匹配的决策参与权及收益分配权。简言之，它遵循了一种直接且明确的原则，即股东的权益与出资比例紧密挂钩，确保了权力分配的清晰与透明。一元化股权架构因其简洁性与直观性，成为众多企业在初创阶段或特定情景下的首选结构模式，有效简化了公司治理流程，明确了股东间的权责关系。

但是，由于股权比例的确立严格依据出资额来划定，这一机制在赋予投资者相应权益的同时，也限制了公司创始人对企业控制权的自主调节空间与灵活性。因此，在面临企业融资需求、外部力量觊觎企业控制权，或是其他不可预见的突发事件时，创始人往往面临着控制权旁落的风险，这无疑对其维护企业愿景与战略方向的连续性构成了挑战。

2. 双重股权架构

双重股权架构是一种创新的股权配置模式，它与传统的同股同权一元股权架构相区别，主要体现在其同股不同权的特性上。在此架构下，"权"的分配更为细致且灵活，主要包括现金流权与投票权的差异化配置。具体而言，双重股权架构允许不同类别的股份在享有公司经济利益（即现金流权）的同时，拥有不等比例的投票权，这种设计旨在满足不同投资者群体的需求，促进公司治理的多元化与高效性。

双重股权架构公司可发行多种类型的股票，包括无表决权股票、限制表决权股票、多属表决权股票，不同类型的股票分别对应不同份额的投票权。通过剥离和重构投票权与现金流权，这一独特设计赋予了特定股东或管理层群体以较少的股权份额，却能掌握公司经营管理与决策的关键话语权。此机制不仅增强了公司治理结构的灵活性，还有助于维护公司长期战略的稳定与连续，特别是在需要快速响应市场变化或推动重大战略转型时，其优势尤为显著。

我们所熟悉的电商企业京东，就采取了双重股权架构。

1998年，京东诞生于北京中关村。京东最初是从事销售光碟产品、硬件系统的线下零售商，后来经过不断的发展与蜕变，逐渐化身为从事线上销售的大企业。在京东创立与成长的初期阶段，公司采取了优先股融资策略作为其资本扩张的重要手段。2007年标志着京东首次融资的里程碑，彼时，今日资本以其前瞻性的眼光向京东注入了高达1000万美元的启动资金。

自2007年至2010年间，京东进一步拓宽了其融资渠道，成功发行了三轮优先股，分别为A、B、C系列，这些优先股均被设计为"可赎回且可转换为普通股"的灵活形式。此融资安排巧妙地平衡了资本提供者的利益诉求与京东的长期发展需求,因为优先股股东虽在利润分配上享有优先权,但其投票权受到一定限制,不直接参与公司日常经营管理的决策过程,因此,企业的控制权一直在刘强东手中。

然而,鉴于对资金需求的持续增长,京东自2011年起,积极开辟了新的融资渠道。同年4月,京东成功吸引了包括老虎基金、俄罗斯知名投资机构DST等在内的多家重量级企业的巨额注资,这一融资事件标志着京东在资本市场上的重要突破。在此过程中,刘强东向投资人提出了一个独特的协议条款,该条款具有排他性地将投资人的投票权集中授予由他实际控制的两家实体。为了有效应对市场巨头阿里巴巴的竞争态势,并加速其全球化资本市场的布局进程,京东在2014年战略性地与腾讯缔结了合作伙伴关系,通过出让自身15%的股权份额,成功吸引了超过2亿美元的外部融资。这一举措不仅为京东注入了强劲的资金活力,也标志着双方合作进入了一个全新的发展阶段。在此过程中,京东创始人刘强东要求投资方将其所持有的投票权转交给由他实际掌控的两家实体公司,以确保公司战略方向的稳定性和自身对公司控制权的牢固把握。这一策略的成功实施,使得刘强东最终稳固地掌握了京东55.9%的投票权,从而在公司治理结构中占据了主导地位。随后,在刘强东的引领下,京东于同年顺利登陆纳斯达克证券交易所,完成了其海外上市的宏伟目标。

京东采纳了创新的双重股权架构体系,该体系精心构建了A/B类股票分类制度,旨在实现公司治理结构的灵活性与稳定性。具体而言,A类股票每股仅赋予股东一票投票权;而B类股票则享有显著增强的投票权重,每股坐拥高达20票的表决权。这一独特安排,确保了刘强东即便在股权比例相对分散的情况下,也能通过其持有的B类股票所赋予的超额投票权,实现对京东高达83.7%的投票控制权。

资料来源:宋建波,文雯,张海晴. 科技创新型企业的双层股权结构研究:基于京东和阿里巴巴的案例分析[J]. 管理案例研究与评论, 2016, 9 (4): 339-350.

3. 多元股权架构

在二元股权架构的框架之上,多元股权架构进行了更为详尽与多维度的股东构成细化,将股东群体细分为多样化的类别。具体而言,股东被划分为多个层次,包括但不限于企业的奠基者——创始人、战略伙伴——核心合伙人、内部关键力量——员工股东、外部资本支持——投资人,以及拥有独特资源贡献的——资源型股东等。这一分类旨在通过系统性的权利配置,实现多重目标:确保创始人对公司的核心控制权,凝聚合伙人团队的向心力,激励员工共享企业成长的红利,以及吸引并促进投资者的积极参与。相较于单一或双重股权架构,多元股权架构展现出更为全面的视角,它深刻考量了不同股东群体间的利益平衡,以及他们各自对企业发展的独特贡献,从而指导股权划分的策略制定。

在此框架下,股权的分配不再仅仅追求个别股东利益的最大化,而是着眼于公司整体的长远发展与治理优化。通过科学合理的股权划分,不仅能够激发各股东群体的积极性与创造力,促进资源的有效整合与利用,还能为公司构建一个更加稳固、和谐、高效的发展环境。因此,多元股权架构不仅是企业适应复杂市场环境、实现可持续发展的关键举措，也是现代公司治理理念与实践的重要体现。

3.3 股东会运作机制

3.3.1 股东大会的内涵

1. 概念与类型

股东大会是公司最高权力机构。这一机构不仅全面囊括了公司的所有股东，还赋予了他们对公司经营管理中的重大事项进行审议与决策的关键权力。通过股东大会的集体智慧与民主程序，公司能够确保在关键决策上充分反映股东们的共同意志与利益诉求，进而推动公司的稳健发展与持续繁荣。具体可分为以下两类。

（1）定期会议。依照公司章程的明确规定，公司应定期举办会议，这一举措旨在确保公司治理的规范性与时效性。会议的召开需严格遵循既定的时间表，旨在促进股东、董事及管理层之间的有效沟通与协作，共同审议公司运营状况、规划未来发展蓝图，并做出相应的决策与调整。

（2）临时会议。根据2023年颁布的《公司法》（修订草案）（三次审议稿）第一百一十三条规定，"有下列情形之一的，应当在两个月内召开临时股东会会议：（一）董事人数不足本法规定人数或者公司章程所定人数的三分之二时；（二）公司未弥补的亏损达股本总额三分之一时；（三）单独或者合计持有公司百分之十以上股份的股东请求时；（四）董事会认为必要时；（五）监事会提议召开时；（六）公司章程规定的其他情形。"

2. 权利与义务

股东大会，作为公司架构中的最高决策机构，承载着审议、裁定公司运营与管理领域所有重大事务的核心职责。一般而言，任何涉及公司战略规划、经营策略调整、管理架构变动等关键层面的议题，均需通过股东大会这一平台进行深入讨论，并最终由全体股东共同决定其走向与实施方案。因此，股东大会的主要职权是"决定"，而非"制定"和"执行"。

股东大会的职权主要有以下两类。

（1）事项的审议、批准及决定。股东大会有权审议公司的资金募集报告、公司清算报告、监事核对财务表册的报告等文件，并决定或批准公司相关事项。

（2）法定决策事项。首先，股东大会拥有决定董事、监事等高级管理人员任免、补选与改选的权威，以及审核通过会计账簿、清算报告等财务文件的权力。其次，股东大会还负责确立高管薪酬体系，决定公司盈余与股利的分配方案，确保公司资源的合理配置与股东利益的最大化。再者，股东大会有权就公司对外签署的重要合同、委托经营模式的调整、重大财产转让、新股发行等关键事项进行审议与批准。最后，面对公司解散、合并、分立等关乎企业存续与发展的重大变革时，股东大会更是扮演着最终决策者的角色，确保公司的每一步发展都凝聚着全体股东的共识与智慧。

3.3.2 股东会制度

1. 举手表决制度

投票决策制度是一种股东表达议案支持意愿的方式,传统上采取举手示意的形式,遵循"一人一票,多数通过"的原则。举手表决以其迅速、直观及操作简便的特性,在特定情境下展现出一定优势。然而,这一做法的局限性亦不容忽视:该制度未能充分考量股东所持有的股权份额,即将股权比重与投票影响力相剥离,忽略了资本在决策中的应有权重,无形中削弱了持股较多股东的话语权,进而可能影响到企业产权配置的效率与公正性,因为股东的投资规模与决策影响力之间出现了不应有的脱节。

鉴于此,举手表决方式更适宜应用于那些非关键性、争议性较小的日常事务处理中,其快捷性能够确保此类事务得到迅速且有效的解决。而在涉及企业重大决策或利益分配等核心议题时,显然需要更为科学、合理的投票机制,以确保每位股东根据其持股比例享有相应的决策权,从而维护公司治理的公平与效率。

2. 代理表决制度

常规情境下,股东应亲自出席股东大会,以直接参与并投票表决关乎公司重大方针政策的决议。然而,鉴于现实条件的限制,当股东因故无法亲临会场时,委托代理投票机制便成了一种有效的替代方案,允许股东通过授权他人代为行使投票权。

值得注意的是,随着企业规模的持续扩张,股东群体呈现出日益分散的趋势,尤其是地理位置上的广泛分布,这无疑加剧了委托代理过程中的复杂性与挑战性。此外,当股东大会的多数议案获得广泛支持时,那些持有不同意见、寻求变革的少数股东,往往面临寻找合适代理人的困境,他们可能难以在广泛的股东群体中寻觅到与自己立场一致的代表。这两方面的局限性,不仅影响了股东直接参与公司治理的深度与广度,也间接促使了董事会角色的强化与转变。董事会逐渐承担起更为重要的责任,成为那些缺席会议的股东们信赖的投票代理人,代表他们行使投票权,从而在一定程度上缓解了股东直接参与不足的问题。

3. 投票表决制度

1)直接投票制度

直接投票制是一股一票的投票制度,股东持有的每一股都有同等的投票权,可以直接将这一票投向其支持的候选人。直接投票制度对于大股东控制具有绝对的优势。当首要股东的股权占比超越半数阈值,即达到 50% 以上时,其便拥有了对董事会成员构成的绝对影响力,进而能够主导特定议案的审议过程,对该议案的最终通过或否决实施决定性控制。在此情境下,其余股东,无论其持股量多少,均难以撼动首要股东在这一领域的主导地位,实际上处于被首要股东决策所约束的状态。

2)累积投票制度

累积投票制是每股的投票权数与待选董事数量相等的投票制度。

在此投票机制下,股东的总体表决能力系由其所持股份数量与待选举董事席位数之积共同界定。股东享有充分的投票自主权,既可选择将全部投票权重集中于单一董事候选人之上，以期强化对该候选人的支持力量；亦能灵活分配其投票权，分别投向多位董事候选人，以体现其多元化的选举偏好与利益考量。相对于直接投票制度，累计投票制度能够更加有效地防止大股东滥用表决权，缓解了一股一票表决制度的负面影响。

下面举例说明累积投票制度如何缓解了大股东滥用权利的问题。设想一家企业计划通过选举程序产生五名董事会成员，其总股本设定为 1000 股，这些股份被十位股东所持有。其中，一位占据主导地位的大股东持有超过半数的股份，具体比例为 51%，而其余九位股东则共同持有剩余的 49% 股份。在直接投票制框架下，每一股均享有等值的投票权，这意味着大股东仅凭其掌握的股份数量，便能够单方面决定其偏好的五名候选人全数入选董事会，其他股东即便集体行动，也会因持股比例分散而难以在选举中发出有效的声音；若使用累计投票制，总票数等于 5000 票（1000×5），因此大股东具有 2550 票，而剩余 9 名股东总共拥有 2450 票，由于在该投票制中，股东可以将票投给一个或者多个人，并且最终根据所得票数的排名来确定当选者，所以大股东凭借其持股优势最多能够成功推举出三名董事，而其他股东群体至少能有两名代表进入董事会。

3) 网络投票制度

网络投票制度作为一种创新性的股东大会参与方式，依托互联网技术实现了股东远程参与会议与表决的便捷性。其核心优势在于，它打破了地理与时间的限制，使得广泛分散的股东群体能够跨越距离障碍，直接通过网络平台行使其宝贵的表决权，无需再受限于必须亲临会场或寻求代理的烦琐程序。

网络投票或许无法完全复刻现场投票的即时互动与氛围，但从经济效率与参与度的宏观视角审视，其优势不言而喻。传统亲自出席投票的方式，往往伴随着高昂的时间与金钱成本，这对于众多中小股东而言构成了不小的障碍，限制了他们有效参与公司决策的能力。而网络投票制度巧妙地平衡了股东表决权行使的便利性与成本控制之间的矛盾。通过这一制度设计，不仅降低了股东参与股东大会的门槛，还极大地拓宽了股东参与公司治理的渠道，从而有助于提升公司治理的民主化水平与整体效率。

3.4 机构投资者治理

3.4.1 机构投资者的基本概念与类别

机构投资者指的是那些运用自有资金或面向公众募集的资金，专注于有价证券投资的法人实体。相较于其他投资者群体，这些机构投资者显著地以庞大的资金规模、卓越的信息解析力以及高效的投资风险分散策略而著称。根据投资特点和行为，可以将机构投资者分为以下七类。

（1）公共基金。公共基金作为一种由专业机构投资者发起并管理的投资载体，主要依赖于向公众募集资金以实施投资策略。此类基金通过集合投资者的资金形成庞大的资金池，进而分散投资于多个项目或资产，旨在实现资本增值与风险分散的双重目标。

（2）保险公司。保险公司是一种主要通过收取保费并进行投资获得利润的机构投资者。保险公司的投资主要是债券、国债等。

（3）银行。银行作为金融市场的中介机构，其在市场中也是一种重要的机构投资者。银行的投资主要包括存款、债券、国债等。

（4）退休基金。退休基金是一种专门为退休人员提供退休金的机构投资者。退休基金的投资主要以股票、债券、房地产等为主。

（5）外资机构投资者。外资机构投资者指的是来自国外机构的投资者。

（6）私募基金。私募基金汇聚了少数精选的投资者群体，这些投资者通过非公开的渠道，向特定的、符合一定资质标准的投资对象募集资金。私募基金的投资范围较广，可以包括股票、债券、房地产、大宗商品等。

（7）其他机构投资者。其包括证券公司、信托公司、基金管理公司等金融机构，以及大型企业、政府机构等非金融机构。

相较于个人投资者，机构投资者在从事投资活动时有以下三个特点。

（1）投资更加专业化。机构投资者资金实力雄厚，且具有明确的专业分工，针对不同领域设有专门的部门，由证券投资专家负责管理。而个人投资者多为小户投资者，他们资金分散且有限，缺乏时间与精力去搜集信息、分析行情，对上市公司经营状况的掌握也远不及机构投资者。

（2）投资结构更加多样化。证券市场的风险特性显著，其波动性为投资者带来了高收益与高风险的双重挑战，在这一背景下，机构投资者的资金注入量与其所承担的风险水平呈现出正相关关系。将鸡蛋放到不同的篮子里，即通过分散资产的配置构建投资组合，是降低投资风险的有效手段。在这个方面，机构投资者得益于强大的资金背景、出色的管理技巧和多维度的市场调查，为创建高效的投资组合创造了条件。个人投资者则由于受到自身条件的制约，很难进行有效的投资组合，从而面临相对较高的风险。

（3）投资行为更标注规范。作为一个独立存在的法人实体，机构投资者在其投资活动中受到众多的监控和指导，越来越注重规范。从政府角度看，为保证证券交易的透明性、公平性和公正性，以及维持社会和谐、资金的稳定，我国已经制定了相关的法律和规定，以规定和监控机构投资者在投资过程中的行为。从投资机构的角度看，通过自我约束来管理自身，旨在从多维度上对投资活动进行规范，确保客户权益的安全，并维护其在社会上的声望。

3.4.2 机构投资者的公司治理途径

机构投资者在参与公司治理的过程中，拥有多元化的策略选择，这些策略既涵盖了直接作用于企业内部治理结构的途径，也涉及了间接影响外部治理环境的手段。在决策时，机构投资者会全面审视各方利益格局，运用其专业判断与资源优势，精心挑选出既高效又便捷的路径，旨在促进公司的长远发展与价值提升。具体而言，投资者参与公司治理的路径丰富多样，包括但不限于以下几类。

1. 征集委托投票权

委托投票机制作为一种股东权利行使的灵活安排，允许那些因故无法亲自出席股东大会的股东，通过书面形式授权其指定的代理人代为行使表决权。在股权结构相对分散的企业环境中，部分股东可能因持股比例较低而在股东大会上的直接影响力受限。面对这一挑战，此类股东倾向于采取策略性联合，或借助委托投票的方式，汇聚起更为集中的投票力量，以支持符合其共同利益的议案。

此机制不仅增强了小股东参与公司治理的能力，还可能在一定程度上影响那些同样缺席股东大会的股东的代理投票结果，因为代理人的投票决策可能受到委托人意图及集团利益导向的影响。通过这种方式，即便不直接出席会议，股东们也能通过精心策划的委托投票策略，对股东大会的最终决议施加不可忽视的影响，从而在一定程度上平衡了股权结构带来的权力分配不均问题。

2. 提交股东提案

在投资者深度融入公司运营与管理的进程中，利用股东身份提交提案成了一种高效且直接的方式。依据规定，累计持股比例超过既定阈值（如3%）的股东群体，拥有在股东大会召开前夕向董事会呈递其建议提案的权利。这些提案聚焦于对被投资企业的战略优化与经营改善，其核心要点可概括为三大维度：一是提案内容需体现对公司长远发展的积极贡献，确保建议的前瞻性与价值性；二是提案需具备可实施性，即方案需经过审慎评估，确保其在现有条件下能够得到有效执行；三是提案需获得广泛的支持基础，特别是来自其他利益相关股东的认可，以强化其合法性与合理性。通过上述提案的提出与审议，投资者旨在于股东大会的决策过程中占据有利位置，进而推动企业管理层采纳并实施有益建议，优化经营策略，同时加强对管理层行为的监督与制衡，共同促进企业的健康可持续发展。

3. 协商和谈判

当被投资企业面临业绩滑坡或治理难题等挑战时，投资者往往倾向于采取私下协商这一更为灵活且兼顾双方利益的治理手段。在此过程中，投资者会精心构思并提出一系列针对性的改进措施，旨在争取被投资企业高层的理解与支持，共同推动公司运营状况的积极转变。若双方能在深入沟通后就经营策略达成共识，则能更有效地实施改进措施，促进企业经营状况的显著改善。然而，若私下协商未能弥合双方在经营理念或策略上的分歧，导致无法达成一致意见，那么公开透明地表达各自立场与决策便成为必要之举。虽然这一转变可能带来一定的沟通成本与不确定性，但它是确保公司治理公正性与效率性的重要环节。

4. 提起诉讼

当公司内部成员侵犯股东权益时，股东有权诉诸法律途径，对涉事主体提起法律诉讼以维护自身权益。在众多公司治理手段中，法律诉讼虽以高昂的成本和低频率的采用而著称，但其威慑力与影响力却无可比拟。其对公司治理的深远影响主要体现在两大维度：其一，诉讼的发起能够触发政府监管机构的介入，强化外部监督力量，促进公司治理环境的净化；其二，诉讼的公开性显著提升了社会公众的关注度，形成舆论压力，推动企业行为的规范化与透明化。

鉴于法律诉讼往往伴随着广泛的媒体报道，其社会效应可能波及公司的市场形象与股价稳定，因此这一手段通常被视为最后的解决途径。它仅在投资者与公司高层通过协商未能达成共识，且股东大会的决策机制无法有效纠正经营偏差的情境下被启用。此时，法律诉讼不仅是对侵权行为的有力回应，也是维护公司治理秩序、保障股东权益的重要防线。

3.4.3 机构投资者在公司治理中的作用

关于机构投资者在公司治理中所扮演的角色，学术界存在着一定的争议与分歧，主要有以下三种观点。

第一，机构投资者有助于降低代理成本。根据李维安和李滨（2008）的研究结论，随着中国股票市场的发展，机构投资者的规模不断增大，影响力也随之不断增强。在机构投资者对上市公司完成投资后，会通常主动介入并致力于优化公司治理结构的进程之中，此举旨在有效降低上市公司的代理成本，进而确保机构投资者的投资能够收获与其投入相匹配的回报。

第二，机构投资者参与公司治理时会产生溢出效应。以美国证券市场为例，施莱弗和维什尼（Schleifer and Vishny，1986）的深入研究表明，在美国这一股权结构高度分散的证券市场中，存在着一种独特的治理效应，即当某一股东主动承担起监督职责时，其所带来的正面效果能够广泛惠及至其他未直接参与监督的股东群体，且这些受益者无需为此额外承担成本，这一现象显著增强了机构投资者参与公司治理的意愿与动力。

第三，机构投资者作为股东持股，有利于改善企业的业绩。贝瑟尔、李布斯金和奥普勒（Bethel et al.，1998）、宋渊洋和唐跃军（2009）、孙灵珊和刘健（2006）的研究均发现，机构投资者持有企业股份的行为，普遍展现出对企业经营绩效提升的显著正面效应，并且持股的比例越高，越有动力推动企业业绩的改善。

虽然研究的角度和方法有所不同，但上述学者的研究结论均显示机构投资者能够改善公司治理。然而需要注意的是，学术界中也不乏质疑机构投资者在公司治理中发挥作用的声音。

第一，机构投资者内部也存在着代理问题。由于机构投资者缺乏某些必要的专业经验（Taylor，1990），所以机构存在"搭便车问题"（Black，1990），而且机构投资者内部可能也存在着代理问题，因而不能有效地监督管理者。

第二，机构投资者具有短视的缺点。蔻菲（Coffee，1991）指出机构投资者都有短视的缺点，机构投资者更关注的是当期收益，可能会倾向于牺牲那些旨在增强公司长期价值的战略举措，转而聚焦于短期内能够带来显著收益的机会。另外，在宋渊洋和唐跃军（2009）的研究中，机构投资者只能在短期内有效地提升企业的业绩，而其长期影响则会减弱，这也在一定程度上反映了机构投资仅在短期的公司治理中起作用。

第三，机构投资者有被管理层捕获的可能性。由于各个机构投资者具有不同的客户群、制约因素、目标设置和喜好取向，因此，他们参与监督的积极性和能力各不相同。

比如，布里克利，利斯和史密斯（Brickley et al., 1998）发现，与所持股份公司可能存在现有或未来潜在业务关系的机构投资者，通常更趋向于与管理层的决策保持一致，而不愿引发冲突。

总体而言，机构投资者在公司治理领域的角色展现出了复杂的多维性，其影响力既蕴含正面的促进效应，也潜藏着负面作用，因此不宜简单地以偏概全。最终，机构投资者对公司治理的总体效应，将是一个动态平衡的结果，取决于其积极贡献与潜在消极影响的相对比重与相互作用。

《公司法》力护中小股东权益

从 1999 年颁布至今，我国《公司法》已经修改了多次，针对公司治理和公司设立增设了大量的法条，涉及表决权、股东大会召集权、股东退出机制等多个方面，为中小股东的合法权益撑开了保护伞。《公司法》突出强调股东权益实质化与具体化保护，在股东实体和程序权利方面设置了很多新条文，为保护中小股东权益提供了坚实的法律后盾。根据 2023 年发布的《公司法》（修订草案）（三次审议稿）有以下内容。

（1）知情权保护。《公司法》清晰界定了股东所享有的法定权利，包括对公司章程、会计账簿及股东会会议记录等核心资料的查阅权。若公司方面无理拒绝股东的正当查阅请求，股东有权依据上述法律规定，向具有管辖权的人民法院提起诉讼，以维护自身合法权益不受侵害。

（2）股东大会的召集保障。《公司法》明确赋予了特定股东群体在特定条件下的自主召集与主持股东大会的权利。具体而言，当连续九十日以上，单一股东或联合持股股东群体合计持有公司股份比例达到或超过百分之十时，若面临董事会及监事会未能履行其召集与主持股东大会职责的情况，该等股东即有权自主发起并主持股东大会，以确保公司治理机制的有效运作与股东权益的充分保障。从法律条文上确保中小股东掌握临时召开股东大会权利，防止大股东或董事会任意专横，凭借自身优势地位将中小股东拒之股东会召集门外，同时又对中小股东的申请条件加以限制，防止股东大会召集的随意性，维护股东大会决议权威。

（3）表决权保护。《公司法》规定，累积投票制下每位股东所持有的每一股份均被赋予与待选董事（或监事等职位候选人）数量相等的表决权，且此等表决权允许股东进行集中性、策略性的分配与使用。这种股份与人数相同表决权的做法完全避免了以前"一股一票"制度下中小股东选择决定执行与监督部门人员的无奈，控股大股东与董事或监事人员的合谋，让公司治理结构更趋于合理化，中小股东也具有更多话语权。

（4）公司解散请求权保护。《公司法》规定，在特定条件下，那些拥有公司全体股东表决权中至少百分之十份额的股东，拥有请求启动公司解散程序的法律诉权。这项权利的规定使得中小股东可及时通过司法渠道及时救济自身权利，防止公司经营困难情况下，大股东或董事会消极作为，盲目损耗公司资产或暗地里转移公司财产，逃避债务进而损害中小股东权益。

（5）股东诉讼权保护。《公司法》规定了当董事和监事违反相关规定时，股东有权利向人民法院提起诉讼，这使得中小股东真正拥有监督制衡董事、监事、高级管理人员的权利，开创性地赋予公司原告地位，鼓励股东利用司法手段积极维权。

简述题

1. 简述优先股和普通股之间的区别。
2. 对于直接投票制度和累积投票制度，你更赞同哪种投票表决制度，为什么？
3. 为什么采取 50%∶50%股权结构设计的公司往往难以长远地发展？
4. 与个人投资者相比，机构投资者在参与公司治理时所具有的特点有哪些？
5. 对于保护中小股东的合法权益，你有哪些好的建议？

自学自测　扫描此码

第 4 章

董事和监事会治理

【学习目标】

1. 了解董事会构成和基本职责,把握董事会会议运作机制的意义与作用。
2. 掌握董事的基本职责、任职资格,以及选聘与变更的基本要求。
3. 了解公司治理结构中监事的基本职责、任职资格及基本选聘流程和存在的问题。
4. 掌握监事会的职权及监事会的模式。
5. 理解监事的激励制度与评价办法。

诚志股份:锐意进取增进价值创造能力

诚志股份于 2000 年 7 月在深圳证券交易所上市,为清华控股下属四大战略引领性平台之一,始终致力于新能源、新材料及医疗健康等前沿领域的深耕细作。身为公司的创立者,龙大伟用企业家的战略眼光和魄力,领导着公司从传统的精细化工、日化产业,向医疗健康、生命科技领域进行了转型,在 2008 年,他敏锐洞察到液晶显示材料行业的巨大潜力,果断布局,进一步拓宽了公司的业务版图。至 2016 年,面对全球能源结构的深刻变革,他将目光投向了清洁能源领域,开启了企业绿色发展的新篇章。在龙大伟先生的带领下,诚志股份的每一步战略转型都基于严谨的科学论证,不畏艰险。经过 20 年的创新发展,公司由小变大,由强变优,在国内外拥有 30 多家子公司,总资产从上市前的 2 亿多元,发展到 200 多亿元,同时能够准确把握国家发展战略与产业政策的方向,推动企业的产品创新、服务优化和新业态建设。

公司的董事会架构体现了高度的多元化与专业性,由三名独立非执行董事与四名执行董事共同构成,其中独立董事占比超过董事会全体成员的 1/3,董事会成员多元化的专业背景、丰富的行业及运营管理经验,共同打造了一个公司治理规范、运作高效、决策科学的董事会。

(1) 根据公司章程完善其治理框架。严格遵循《公司法》及其相关法律法规的规范要求,致力于持续优化与完善企业的法人治理结构,以增强治理体系的稳固性与高效性。加强内部控制机制,以提高公司治理的整体水平。公司的董事会是由薪酬与评估委员会、审计委员会、战略委员会和提名委员会共同组成的,并制定了各个委员会的议事规则,使其更好地发挥相应的职能，保证董事会议事程序规范、决策专业与高效，保障公司长期稳健发展。所有董事会会议议案都经充分的资料收集、论证形成，重要和专业性较强的议案，独立董事均事前介入，对于决策性议案，原则上均先由各专门委员会进行充分的研究与讨论，形成初步意见后再提交至董事会进行审议，这一流程极大地提升了决策的专业性与效率。

（2）董事会致力于战略决策。公司董事会从战略管理的宏观视角出发，持续强化企业创造价值的能力，围绕并购重组、核心能力建设、资源配置、员工激励等战略性问题，研究决定公司主营业务发展路径。公司管理层在2014年和2016年完成了两次定向增发，公司管理层以资管计划的方式参与其中，每期锁定3年，实现了核心管理团队间接持股，打造了公司、管理层和核心员工、股东的利益共同体，公司业绩与个人绩效考核及未来收益紧密相连，为公司长远发展奠定了坚实的基础。

（3）加强董事会和公司人才队伍建设。董事会组织董事了解企业最新监管动态，集中讨论最新公司治理和资本运作案例，组织董事、监事、高管外出考察、研讨，参加深交所、江西证监局统一组织的培训；对董事的不当履职及失职行为，有严格的问责机制。为适应新形势需要，公司启动管理重构工作。重构总部职能部门，通过对部门定位、职责划分、工作关系及组织架构的深入梳理与重新设计，逐步完成总部职能的转变。在公司内部引入"赛马"机制，强化人才激励，促使职能部门员工不断学习、自我提高，以适应公司迅速发展；在人才引进方面，"不拘一格降人才"，以市场机制遴选优秀人才加入公司。

资料来源：金圆桌治理案例之诚志股份：锐意进取增进价值创造能力. 董事会，2018（1-2）.

4.1　董事会构成与职责

4.1.1　董事会的构成

1. 董事会的董事构成

一般来说，公司董事会基本上由以下三类董事构成。

1）执行董事

执行董事（executive director）作为公司高层管理团队的核心成员，通常兼任如总经理、副总经理等管理职务，他们直接参与公司的日常运营与管理工作，肩负着制定企业发展战略并督导其有效执行的重任。

2）非执行董事

非执行董事（non-executive director）不在公司内部担任具体职务，如以股东代表的身份加入董事会，从而能够从外部视角出发，为公司的决策过程带来更为广泛且中立的视角。非执行董事的存在有助于增强决策的公正性与透明度，通过他们的判断，为公司的长远发展提供宝贵的外部监督与指导。

3）独立董事

独立董事（independent director）指在上市公司中仅担任董事一职，不兼任任何其他管理或执行性职务的董事。他们的主要职责是保护公司的整体利益,特别是少数股东的利益。而且应独立履行职责,不受公司主要股东或任何其他利害关系方的影响。

在探讨独立董事制度的核心要义时,我们首先聚焦于其任职条件与独立性的维护。独立董事之所以称为"独立",关键在于其必须超脱于公司日常运营之外,确保判断的公正与无偏。具体而言,任何在上市公司或其关联单位任职的人员,及其直系亲属、紧密社会关系成员,均被严格排除在独立董事的遴选范围之外,以确保其能够客观审视公司事务,在任独立董事之前,需要完成对拟任独立董事的背景等信息的尽职调查。此外,公司亦可依据治理需求,在公司章程中细化独立董事的具体职责,进一步明晰其角色定位。

独立董事的提名、选举与更替机制。这一过程必须遵循法律法规的严谨框架,确保程序的规范与透明。独立董事的任期设定,旨在与上市公司其他董事保持一致,以维护董事会的稳定与协同。任期届满后,若经合法程序连续当选,独立董事可继续履职但连任时间具有一定的限制。更为关键的是,独立董事的勤勉尽责亦受到监督,若连续三次缺席董事会会议,则董事会将依据规定,提请股东大会审议更换事宜,以此保障独立董事制度的严肃性与有效性。

最后,关于独立董事所享有的特别职权,这些职权是其独立性与监督职能的具体体现。独立董事有权就重大关联交易发表独立意见,为股东与投资者提供客观判断;在必要时,可向董事会提议召开临时股东大会,确保重大事项的及时审议与决策;为辅助决策的科学性与专业性,独立董事还享有独立聘请外部顾问与审计师的权力;同时,其有权提议召开董事会会议,并就董事会成员构成提出建议,包括会计师事务所的聘任与解聘,体现了对公司治理结构的深度参与;尤为重要的是,独立董事的投票权在股东大会前可向全体股东公开征求,这一举措极大地增强了决策过程的民主性与透明度,为公司治理的规范化与高效化奠定了坚实基础。

延伸阅读 4-1

中国上市公司协会颁布《上市公司独立董事履职指引》

为了确保独立董事能够规范地执行其职责,并在上市公司治理中充分发挥其作用,中国上市公司协会依据《公司法》《证券法》等相关法规、部门条例、规范文件和自律规则等,2014年9月,中国上市公司协会正式颁布了《上市公司独立董事履职指引》,这为上市公司独立董事全面、有效地履行职责提供了依据。

资料来源:2014年中国上市公司协会颁布《上市公司独立董事履职指引》.

2. 董事会人员构成需要考虑的因素

1)相关法律法规的要求

我国《公司法》规定,上市公司的独立董事比例不能低于1/3。

2)董事会的独立性

公司股权结构越分散,非执行董事的比例就越高。

3)董事会成员的互补性

由于董事会对于集体决策的作用更加重视,因此董事会成员的异质性也就变得日益突出,包括专业互补性、年龄互补性、性别互补性、区域互补性等。

4.1.2 董事会的基本职责

董事会(board of directors)作为依据国家法律法规、行政规章及政策导向,并严格遵循公司章程所构建的业务执行与决策机构,由全体董事成员共同构成。在我国《公司法》的框架下,董事会被明确设立为向股东会负责的重要机构,其核心职能与责任,经梳理可概括为以下五个方面。

(1)负责组织股东(大)会的会议,并向股东(大)会提交工作报告,执行股东(大)会所作出的决定。董事会的这些职权体现了董事会与股东(大)会的本质关系。作为公司的经营决策机构,必须忠实履行职责,维护公司利益,并最终对股东负责,有权召开股东(大)会,并向股东(大)会汇报工作,执行股东(大)会做出的决定。这些是董事会的权利,也是其法定责任。

(2)制订公司的经营方案和投资计划。在公司的战略蓝图中,经营方案与投资计划的精心制订是至关重要的一环。一旦这些方案获得股东(大)会的认可与通过,董事会便将以此为蓝本,细化并落实公司的运营策略与投资布局,这不仅是董事会经营决策职能的核心展现,也是引领企业前行的关键步骤。

(3)制定有关股东(大)会决议的重大事项的方案,包括利润分配方案,弥补亏损方案,决算方案和年度财务预算方案,公司合并、分立、变更公司形式、解散的方案,增加或者减少注册资本及发行公司债券的方案。股东(大)会对于这些事项拥有最终决定权,但是,公司的董事会也可以通过制定解决方案,并将其提交给股东(大)会进行审议和表决,来发挥自身的影响力,进而参与到公司重大问题的决策之中。

(4)决定公司基本管理制度、内部管理机构和重要管理人员,具体内容包括制定公司的基本管理制度,决定公司内部管理机构的设置,负责任命和罢免管理层,决定其报酬事项。这一系列决策不仅体现了董事会在公司治理中的核心地位,更是其执行经营计划、贯彻股东意志、确保公司高效运转的坚实基石。

(5)公司章程赋予的其他权利。例如,根据公司的具体情况,公司股东可以在公司章程中,授予董事会行使其他职权的权利,比如,规定董事会来决定是否聘任或者解聘承办公司审计工作的会计师事务所等。

◆延伸阅读 4-2

探讨董事会对于大股东权利限制的决策权限问题

★ST 康得在 2019 年第四届董事会第六次会议上,正式通过了一项针对其控股股东康得投资集团有限公司的权益限制议案。

首先,该决议的出台背景在于康得投资集团作为公司的控股股东,其行为严重违背了非经营性资金使用的规范,并在信息披露方面存在显著不当。这些违规行为不仅损害了公司的财务健康与透明度,也动摇了市场对公司治理的信心。面对此等紧急情况,公司董事会迅速响应,依据国家相关法律法规及公司内部治理规则,果断采取了行动。

其次,董事会的具体措施体现了其决策权的行使边界与力度。董事会决定依法对康得投资集团及其一致行动人的股票进行冻结,此举直接限制了这些股东在公司的部分权利,有效遏制了可能的进一步损害。同时,董事会还要求公司管理层迅速启动司法冻结程序,以法律手段确保决议的执行,彰显了董事会对于维护公司利益、保障中小股东权益的坚定立场。

综上所述,ST 康得的案例为我们提供了董事会在特定条件下有权并应当做出限制大股东权利决议的例证。董事会作为公司治理结构中的关键一环,在面对控股股东违规行为时,有权依据法律与规定采取必要措施,以维护公司的整体利益与市场的公平正义。这一决策过程不仅体现了董事会的责任与担当,也为类似情况下董事会如何行使职权提供了有益的参考。

资料来源:康得新复合材料集团股份有限公司第四届董事会第六次会议决议公告. 证券日报, 2019-06-21.

4.2 董事的选聘与变更

4.2.1 董事的基本职责

1. 董事的权利

董事的权利是董事基于法律、公司的章程以及委托合同的条款,他们有权被委托来处理公司的各种事宜的各种权利。一般包括以下内容。

1)出席董事会会议

董事应亲自出席董事会会议,如有特殊原因无法到会者,可通过正式的书面委托书,授权另一名董事代表其出席会议,并在委托书中清晰界定代理人的权限范围,以确保代理行为符合授权者的初衷与利益。

2)董事会临时会议召集的提议权

为应对公司运营中的突发状况或紧急议题,特赋予公司董事会中超过三分之一成员的提议权,即他们有权联名提议召集董事会临时会议。

3)行使表决权

董事有权在董事会中对所讨论的问题进行表决。董事会作出的任何决定,都应得到全体董事过半数的通过。

4)报酬请求权

董事不仅是公司决策的参与者,更是推动公司持续发展的重要力量。鉴于董事在履行职责过程中需投入大量时间、精力,并需具备卓越的管理才能与专业素养,公司应依据公平、合理的原则,向董事支付相应的报酬。

5）签字权

包括董事长在内，全体董事，作为股东权益的受托代表与法定代理人，承担着向股东大会报告及负责的职责。他们需在董事会审议并核准的各项决议文件上，履行其作为受托人的签字确认程序，以此确保每项决策均得到合法、有效的记录与认可。

6）代表公司对监事提起诉讼权

根据我国的《公司法》，监事被赋予了众多的职责，但当他们不履行这些职责时，谁有权代表公司提起诉讼，确保公司利益得到保护呢？由于董事、监事都向股东（大）会负责，因此当监事违反信任义务时，应当由董事长或其他董事代表公司起诉监事。

2. 董事的义务

从根本上讲，董事的义务是董事作为公司全体股东的受托管理者与法定代理者，其职责范畴涵盖了依法履行一系列行为准则与约束，旨在促进并维护股东与公司合法权益的最大化实现。

1）勤勉义务

勤勉义务也被称为注意义务，要求董事在公司运营中投入足够的时间和努力，并在追求股东和公司最大利益的过程中行事谨慎。

2）诚信义务

诚信义务也称忠实义务，要求董事必须只为受托人（公司及其股东）的最佳利益行事。换句话说，要求董事将公司及其股东的利益置于自身利益之上。具体内容如下。

（1）不得与公司进行交易。

（2）竞业禁止原则。此原则旨在防止董事从事与任职公司构成直接竞争关系的商业活动，诸如运营与公司存在产品同质化竞争的业务。竞业行为可能诱使董事利用其在公司的职务便利及信息优势，为个人谋取不当利益，进而侵蚀公司利益，因此必须予以严格限制。

（3）不得泄露公司的秘密。

（4）不得篡夺公司的机会。公司的机会是指任何与公司当前或合理预期未来业务范畴紧密相关的商业机遇，包括但不限于合同权益、有形与无形资产的获取与使用。当公司管理层或董事被告知或者能够得知的任何机会，并且这一机会与其公司所从事或依合理的预计能够从事的业务有密切的联系。如果认为某一商业机会是公司的机会，公司可能因此达成交易或合同并获取收益，那么公司董事或控股股东就不可以利用自己的地位或职权，为自己的利益而获得或抢夺该商业机会，因为这一机会应当属于公司。公司董事如果违反了公司机会规则，就要承担损害赔偿责任。

（5）不得侵占公司的财产。

3）避嫌义务

董事在履行其职责时，必须秉持职业操守，严格遵守关联交易回避与履职回避的系列规定，避免因拥有特定地位，而为自己或为他人与公司进行交易。

（1）禁止内幕交易。

（2）禁止敏感期买卖股票。

（3）禁止短线交易。

（4）任职期间不得违规买卖公司股票。

（5）离职后股票转让的时限约束。为防止董事利用离职前的信息优势进行不正当交易，依照相关规定，董事在离任后的半年内，被限制转让其在本公司所持有的股份，以确保公司利益与市场的稳定。

4）报告义务

董事应当按照相关规定，与出资人及派出机构保持常态化工作联系，并就重大事项及时向出资人和派出机构提交书面专项报告。年度工作结束后，董事应就上年度履职情况向出资人和派出机构进行工作述职，提交述职报告。

胜利精密重组高管集体泄密！导致"内幕交易案"

2016年5月19日，胜利精密收到中国证监会的行政处罚令。此次事件不仅在于其涉及的规模之大，更在于公司内部高层——董事长、董事及秘书等核心成员，竟集体沦为了信息的非法泄露者，他们或私下授意亲友，或借助家庭成员之手，暗中操控市场，导致重组交易的内幕消息如野火般蔓延，连本应保持中立的交易伙伴与目标公司负责人也未能抵挡住诱惑，纷纷涉足其中。

中国证监会迅速介入，经过缜密调查与公正审判，一系列内幕交易的非法所得被依法没收，同时，相关责任人面临了高达数千万元人民币的天价罚款，彰显了监管机构对维护市场公平、打击证券违法行为的坚定决心。

资料来源：祁豆豆. 疯狂的内幕交易案胜利精密高管集体泄密. 上海证券报, 2016-05-26.

4.2.2 董事的任职资格

董事（director）作为公司股东（大）会精心遴选出的领航者，承载着管理公司事务、行使实际权力与权威的重任。其任职资格的设定，旨在确保每位董事均能满足一系列严谨的条件，这些条件既包含对其个人能力与素质的考量，也涉及对其过往行为与法律地位的审视。

1. 限制条件

依据《公司法》的明确规定，董事的候选人必须拥有完全民事行为能力，任何在此方面存在缺陷的个体均被排除在外。此外，针对那些曾因严重犯罪如贪污、贿赂等而受罚，或在破产清算中负有个人责任的前董事，法律设置了明确的禁入期，以防止潜在的风险与道德风险对公司造成损害。特别是针对失信被执行人及背负大额未清偿债务的个人，其担任董事的资格同样受到严格限制，以保障公司财务的稳健与透明。

这些限制条件不仅是对董事个人品质的筛选，更是对公司治理结构合法性与有效性的有力保障。它们确保了公司在选举、任命董事及高级管理人员时，能够遵循既定的法律框架与道德准则，从而维护公司及其广大股东的根本利益。一旦公司忽视了这些规定，任何违规的选举、任命或聘任行为都将面临法律的制裁,其效力也将被宣告无效。

2. 胜任条件

在甄选董事的环节中,公司不仅要严格遵守法定限制条件,更需深入评估每位候选人的个人胜任能力,以确保董事会的整体效能与企业的长远发展相契合。

首先,品德高尚与责任感强是董事不可或缺的基本素质。在选拔过程中,公司应首要关注那些在个人操守与职业行为上展现出正直无私品质的候选人。这些董事应能够坚定不移地遵循董事会的决策导向,勇于担当,对自己的行为决策负责到底。

其次,董事需具备敏锐的洞察力和深邃的判断力,能够凭借广博的见识和卓越的才智,在复杂多变的商业环境中做出明智的决策,为公司的发展指引方向。

再者,财务知识的掌握对于董事而言同样至关重要。董事应至少具备基本的财务素养,能够熟练解读资产负债表、利润表、现金流量表等核心财务报表,从而准确评估公司的财务状况和经营成果。

最后,董事还应展现出自信、协作与尊重他人的良好品质。其中,资历与历史业绩也是评估董事胜任能力的重要参考依据。

4.2.3 董事选聘与变更的基本要求

若董事在履职期间因个人选择或任期自然终结而离职,致使董事会成员数量下滑至法定下限之下,为确保公司治理结构的完整性与有效性,适时启动董事增补选举程序便显得尤为重要。这一过程遵循着《公司法》的严格规定,即除非董事会任期提前届满或出现法定需重新选举的特定情形,否则不得随意要求改选董事会。

董事会作为公司架构中的核心决策层,其构成基础是经由股东会审慎选举产生的各位董事。这一群体对内肩负着管理公司日常运营、监督执行层工作的重任,对外代表公司参与制定并执行公司的经营策略与决策。董事会内部,为提升决策效率与领导力,通常会设立董事长与副董事长职位,两者均通过董事会内部的民主选举产生,共同引领董事会及整个公司的发展方向。

关于董事的任期制度,现行《公司法》明确规定了每届任期为三年,这一周期设定旨在平衡董事的稳定性与流动性,确保公司战略的连续实施同时也不失灵活性。任期届满后,若董事表现优异且获得股东会认可,可通过连选连任的方式继续其服务,从而为公司的长远发展提供持续且稳定的领导力量。此外,为保障董事的合法权益与职位的稳定性,股东会被严格禁止在董事任期未满之前,无正当理由地罢免其职务。

4.3 董事会运作机制

4.3.1 董事会会议的种类

1. 定期会议与临时会议

首先,定期会议作为董事会运作的基石,依据法律法规及公司章程的明确规定,每年度需至少举行若干次，以确保公司战略方向的稳健推进与日常运营的持续监督。我国《公司法》对此设定了最低频次要求，即每年至少两次，而具体次数则由公司章程在法律框架内灵活规定，以适应不同公司的治理需求。

其次，临时会议的设立则是对定期会议制度的有效补充，它允许在特定情境下，如面临紧急事务或重大决策需求时，快速召集董事会成员进行商议。根据《公司法》的规定，当达到一定比例的股东投票权、董事人数或监事会提议时，即可触发临时会议的召开机制，这一灵活性确保了公司能够迅速响应市场变化与内部需求。

对于上市公司而言，由于其信息披露的公开性与透明度要求更高，董事会会议的召开频次往往更为频繁。特别是在发布中期报告和年度报告的关键时期，董事会必须召开至少两次例会或定期会议，以审议并对外公布公司的财务状况、经营成果及未来规划。值得注意的是，国际视野下，如美国上市公司，其董事会会议的召开次数普遍更为频繁，年平均次数可达七次以上，且董事会下设的各专门委员会亦频繁召开会议，这进一步体现了高效、专业的公司治理水平。

2. 现场会议与远程会议

首先，现场会议作为传统的会议形式，强调面对面的直接交流，为董事们就公司重大议题集思广益、深入讨论提供了宝贵的平台。在这样的环境中，董事们能够更直观地捕捉彼此的表情与语气，促进信息的全面传递与情感的真实交流，从而更容易形成共识，为公司决策奠定坚实基础。

然而，随着科技的进步与全球化趋势的加强，远程会议作为一种新兴的会议形式逐渐崭露头角。它借助现代通信工具，打破了地理界限，使得身处不同地域的董事能够跨越时空限制，就公司的程序性事项进行高效表决。远程会议的最大优势在于显著降低了会议成本，提高了会议的灵活性与便捷性。然而，这种会议形式也存在其局限性，即缺乏现场会议中那种即时、深入的互动讨论环节，可能会在一定程度上影响决策的深度与全面性。

董事会通讯表决成主流，上交所称频繁使用存弊端

在深入剖析沪市上市公司 2011 年度高层管理人员及董事、监事职责履行状况的报告中，上海证券交易所于 2012 年 8 月 7 日揭示了一个显著趋势：董事会通讯表决机制正逐步占据主导地位。超过半数（52.79%）的董事会会议选择以通讯表决形式进行，这一比例超越了传统的现场会议，凸显了通讯表决因其在便捷性、效率及成本控制上的显著优势，正日益受到企业的广泛采纳与推崇。

上海证券交易所进一步阐述，会议与表决形式的多元化革新，不仅有效削减了董事参与会议的直接成本，还通过灵活的参与方式，增强了董事们参与会议及表决的可行性，从而在某种程度上遏制了委托投票或无故缺席现象的频发，促进了公司治理结构的完善与决策效率的提升。

然而，上交所亦审慎地指出，尽管通讯表决展现了诸多优势，但其频繁使用亦潜藏着不容忽视的弊端。特别是在处理关乎公司命运的重大决策事项时，通讯表决可能因缺乏面对面交流的深度与即时性，而难以充分保障每位董事在表达意见时的深思熟虑与全面考量，进而影响到决策的质量与审慎性。

资料来源：董事会通讯表决成主流，上交所称频繁使用存弊端. 中国新闻网，2012-08-07.

4.3.2　董事会会议的召集

1. 确定会议召集人

首先需明确的是会议召集人的确定，这是确保会议顺利进行的基石。多数国家法律体系，包括我国《公司法》，均详尽规定了董事会召集人的角色及其替代机制。具体而言，董事长作为首要召集人，若因故不能履职，则董事长指派的副董事长或其他董事将接替其职。如果董事长无故不执行其职责，并且没有指派特定的人员来代替他执行这些职责，可以由副董事长或超过 1/2 的董事共同选出一名董事来负责组织会议。

2. 会前准备

我国法律对董事会会议的召集程序有明确规定，旨在给予董事充足的时间准备与审议议题。无论是定期会议还是临时会议，均需提前通知全体董事，并详细列明会议时间、地点、议程及持续时间，以便于董事们合理安排时间，充分准备讨论材料。

3. 确定董事会会议的法定人数

董事会会议必须在出席的董事人数大于法律规定最低人数时才能召开，并形成有效的董事会决议。董事会会议的法定人数设定，是保障决策合法性与民主性的重要保障。我国《公司法》针对不同类型公司，对董事会会议的出席人数提出了明确要求，如股份有限公司董事会的法定人数，应由 1/2 以上的董事出席方可举行，确保决策过程中的广泛参与和多数表决原则。此外，公司经理与监事的列席权，以及涉及职工权益事项时的工会与职工代表参与，进一步强化了公司治理的透明度与包容性。

4. 制定董事会会议的议事规则

在制定董事会会议的议事规则时，我们需明确其独特性与严谨性。与股东会不同，董事会的表决机制基于董事个体的平等投票权，强调多数同意原则。同时，董事会会议需遵循严格的程序流程，确保每位董事都能获得充分信息，并在必要时有权提议延期审议或召开，以保障决策的科学性与审慎性。会议纪要作为会议成果的正式记录，不仅是对董事们履职情况的见证，也是日后责任追究与执行监督的重要依据。

在公司的主要业务活动中，除了由股东（大）会依法决定的章程所规定的事宜外，大部分其他事宜都是由董事会会议来决策的。因此，董事会的决策在法律上和内容上对公司都具有深远的影响。

董事会在闭会时，有权赋予董事长董事会的部分工作职责。公司在其章程中应明确授权的具体内容和原则，确保授权的内容具体明确。所有与公司的主要利益相关的议题，都应当向董事会提交进行集体决策。

4.3.3 董事会机制的意义与作用

以上各机制应是相辅相成的有机整体。只有把各子机制的运作和各要素之间的关系协调好,才能使董事会的整体运作更加顺畅和有效。

1. 董事会构成

董事会规模是影响董事会监督职能有效性的关键特征之一,规模较大的董事会可能拥有更多的经验、知识以及来自不同来源的意见,有利于获取更多关于市场、制度、技术、监管、并购等方面的信息。但随着董事会规模的扩大,决策缓慢和搭便车问题会导致董事会运作效率低下。规模较小的董事会能有效减少沟通成本和代理问题,在监督管理层方面更有效率,此外,小型董事会的信息含量更为丰富,与大型董事会比较,其组织决策的预计成本也相对较低。

尽管不存在适用于所有公司的最佳董事会规模,但董事会规模可能会影响公司价值、公司政策选择和风险承担,因此通常 7~10 人是比较合适的。科学地构建和规范董事会专门委员会,构成了一种能有效提升董事会职能和运营效率的治理模式。

目前还没有研究表明,董事成员的性别、年龄与董事会运作之间存在着直接的关系,我国法律也没有明确规定。但不可否认的是,女性和男性具有不同的认知模式,一般认为,性别多元化的董事会的公司比非多元化的公司表现更好。在企业社会责任方面,由于女性董事与男性董事在道德观念上表现出显著差异,利益相关者通常将性别多元化视为组织关爱、社会导向和更高抱负的标志。鉴于人们认知方式的转变和固有的认知偏见,董事会成员逐渐老龄化可能会对董事会的日常运作和决策流程带来负面效应。董事的职业经历、个人的综合素质、能力和特长等,都会对董事会的科学决策产生一定的影响。董事会国际化通常被视为衡量董事会多样性的一个维度,董事会拥有具有海外背景的董事被认为可以提供多样化的专业知识和技能、更广泛的社交网络、国际资金和上市机会。一般来说,董事的工作经验越丰富、个人的综合素质越高,就越能做出相对正确的认知和判断,从而有助于提高董事会的效率。

2. 董事会独立性

董事会会议是外部董事了解公司经营和管理决策的重要沟通机制,有效促进了外部董事参与公司治理。通常认为频繁的董事会会议是公司高层管理人员警惕性和洞察力增强的信号,频繁的董事会会议通过提高信息披露透明度使利益相关者受益。

外部独立董事所拥有的知识和经验是独立于管理层的,并且他们不太可能受到总经理的考核决策所带来的影响。外部独立董事能够通过自身专业知识与经验对管理层做出正确的判断和预测。因此,在对管理团队的决策进行评估时,他们会展现出更高的客观性和公正性,能够给出更具独立性的意见,并实施更为高效的监控。

3. 董事会监督考核及薪酬激励

董事会是缓解管理层与股东之间代理问题的重要治理机制。事实上,董事会负责聘用/解雇高层管理人员、设计管理层薪酬方案并批准几乎所有重要的财务决策。通过对董事会和其成员的持续监控和评估,可以使他们对自身的职责和权利有更深入的认识。

在对他们施加压力的同时，也能激发其积极性，使他们更加专注于董事会的运营和公司治理，进而提高公司的整体业绩。

经过严格的评估，对董事奖优惩劣，并对那些表现卓越的董事给予奖励。对于那些不胜任的董事，暂停他们的资格。同时，公司还会选拔在各个领域表现更出色的人员加入董事会，以此来提升董事会的总体能力并优化董事的组成结构。对董事会及其成员实施有力的问责和薪资激励措施，不仅有助于他们更有效地执行其职责和提升董事会的工作效率，同时也能助力公司塑造一个更为积极的治理环境和文化氛围。相较于问责制度，薪资激励机制具有更广泛的适用性。但是，要想实现有效的激励，必须掌握好度，要找到一个合适的平衡点。既要避免过多的激励，导致董事会太过激进，进而加大管理风险，以及管理层与董事会利益紧密结合造成内部人员的操控；也需要注意避免激励机制的不足，过分强调风险控制，否则可能会降低董事会的工作积极性，妨碍管理决策的创新，从而对公司的长远发展产生不良影响。

4. 董事会会议决策

作为董事会运作的议事程序和必要手段，如果不召开可视作没有经过集体决策程序，董事会会议决策可能不科学；然而，过度频繁地召开会议可能会消耗大量的精力和时间，从而对董事会的工作效率产生不良影响。因此，在我国公司治理中，应针对公司的具体状况，每年组织适当次数的董事会会议，以深入探讨关键的决策议题。董事会的会议时长、会议前是否进行了充分的准备和信息交流、会议中是否存在形式主义和走过场的问题，以及会议结束后会议决议的执行情况，这些因素都会对会议决策的制定和实施产生影响，从而影响董事会的有效运作。

4.4 监事提名与选聘

监事是公司内部设立的监察机关的成员，也称为"监察人"，其任务是监察公司高管的履职情况、公司的财务状况，以及公司章程规定的其他监察职责。

4.4.1 监事的基本职责

监事作为公司治理结构中的关键一环，不仅被授予了参与管理公司事务、实施监督职能的法律与公司章程权力，还肩负着对公司忠诚与勤勉的双重义务。

首先，监督与合规性检查是监事会的首要职责。这一职责要求监事会对公司董事、高级管理人员的行为进行全面审视，确保其遵循法律法规、公司章程及股东大会的决议，从而在公司内部构建起一道坚实的合规防线，保障公司的合法合规运营。

其次，人员与机构监督则是监事会职责的深化与细化。监事会通过监督与考核公司各级人员、各部门及驻外机构的日常管理与运营，不仅促进了公司内部管理的规范化与高效化，还为公司管理层提供了宝贵的建议与反馈，对于发现的问题更是敢于质疑、勇于纠正，确保了公司管理体系的持续优化与提升。

具体而言，监事的主要职权包括但不限于：对董事、高管履职情况进行监督，对违法违规行为提出罢免建议；对公司的财务状况进行全面检查，确保财务信息的真实性与透明度，以及依据法律赋予的权力，对董事、高管提起必要的诉讼等。这些职权的行使，不仅体现了监事会的监督力度与深度，也彰显了其在维护公司利益、保障股东权益方面的坚定立场。

此外，监事会的任期制度同样值得关注。每届监事会的任期为三年，这一制度安排既保证了监事队伍的稳定性与连续性，也为监事会的换届选举与人员更替提供了合理的时间窗口。当监事任期届满时，若经选举获得连任资格，则可继续履行职责，这在一定程度上增强了监事会的权威性与独立性。

4.4.2 监事的任职资格

在探讨监事任职的资格与限制时，需深入理解并遵循公司法及相关治理准则的要求，以确保监事团队的专业性、独立性与合规性。

首先，就任职资格而言，监事队伍的构成体现了广泛的代表性与专业性。依据《章程指引》，监事由股东代表与职工代表共同组成，职工代表的比重不低于三分之一，这一安排旨在促进公司内部不同利益群体的声音被充分听取。《上市公司治理准则》第六十条强调了监事应具备会计、法律等专业背景或工作经验，以确保其能够胜任对董事、经理层及财务事项的独立有效监督。值得注意的是，虽然董事/监事的提名原则上基于其专业知识，但在国有企业中，政府政策的影响亦不可忽视，这体现了国家对关键领域公司治理的特殊考量。

监事任职的限制情形，是确保监事队伍纯洁性与公信力的关键。《公司法》明确列出了不得担任多项监事的条件，涵盖了民事行为能力、犯罪记录、破产责任、违法记录及债务状况等多个方面，这些规定旨在防止存在潜在风险或不良记录的个人进入监事岗位，从而保护公司、股东及利益相关者的合法权益。此外，国家公务员以及被中国证监会等监管机构列入禁止名单的人员，同样被排除在监事候选人之列外，这进一步彰显了监事任职的严格性与规范性。

监事的核心使命在于捍卫公司权益，其职责范畴广泛覆盖了对公司董事、经理层及所有高级管理人员的履职行为进行严密监察。为了保障监事职能的纯粹性与监督过程的公正，必须确立一项基本原则，即董事、经理层及任何高级管理人员均不得兼任监事职务。这一规定旨在从根源上消除潜在的利益冲突与偏见，确保监事能够以一个完全独立的第三方视角，对公司管理层的行为进行客观、公正的评价与监督，从而维护公司治理结构的健康与稳定，保障公司及所有股东的合法权益不受侵害。

4.4.3 基本选聘流程及存在的问题

鉴于监事会建设的实际需求，股东单位迫切需要建立一个专门的监事人才库，并从中选拔合适的专职监事。专职监事人才库的候选人可以从具备法律、财务、人力资源等专业知识的相关单位管理人员，以及经验丰富、经营能力强的二线领导人员中进行推荐。

兼职监事通常可以从与公司运营紧密相关的股东单位部门的负责人中选拔，在必要的情况下，也可以由股东单位的负责人担任。为了最大限度地利用外部的人才和知识资源，各公司应该适当地聘请一些优秀的外部企业家、专家或专业人士，担任公司的独立监事，更好地发挥监事会在战略决策和审核把关方面的作用。

目前，监事选聘仍存在一些问题。

（1）人员选聘来源单一，专业水准有待提高。公司的监事会负责对重要决策的制定和执行进行监督。为了最大限度地利用产权明确和科学管理的优势，公司治理结构必须有一定数量的外部监事，并确保监事会能够独立且有效地履行其职责。现阶段，大部分的公司监事是股东单位的内部成员，而有些则完全是内部监事。尽管内部监事在代表内部权益的相关方面具有较高的代表性和关注度，但他们在公司的专业能力和管理决策方面仍有提升的空间，监事会的成员构成也显得不太合理。

（2）存在严重的兼职化问题，并且现代企业的管理制度尚未完善。国资委致力于推动国有企业现代企业制度的构建和完善，其核心目标是建立一个现代的监事会制度，并强调监事会在履行职责方面的能力。现阶段，公司的监事会成员中有很多股东单位的现任负责人同时担任职务，这与监事的专业化和专职化标准之间存在明显的差异。兼任监事在执行职责时遭遇了两大挑战：其一，他们的工作任务繁重，时间和精力都相对有限，这可能会妨碍他们作为监事充分发挥其职责；其二，作为股东单位的领导角色与公司的监事有时会产生角色上的矛盾，这可能会妨碍公司监事会的自主运营。

4.5 监事会职权

4.5.1 监事会的模式

监事会作为由全体监事构成的独立机构，其核心职能在于全面审视并监督公司的业务运营与财务会计事务，旨在确保公司运作的合规性与透明度。

监事会是限制管理层不道德行为可能性的另一个重要机制，监事会成员应由股东选举产生，监督董事会（主要是执行董事）以减轻任何可能的代理冲突。此外在各个国家的公司法中，监事会由来自不同专业的人员组成，相对于其他的公司机构，监事会在各个公司内呈现出最为独特的组织特点。监事会在各种规模和种类的公司中，其规模和功能特点有着明显的差异。在一些国家，对于资金规模较小或员工数量较少的企业，是否设置监事会，由企业自主决策，不受干涉；对资本数额和员工人数达到一定规模的企业，规定必须设立监事会。在有限责任公司中，监事会的设立具有灵活性，企业可根据自身实际情况选择是否设立及设立规模。通常认为，规模较大的监事会被认为拥有更高水平的专业知识，也更有可能对公司施加压力，要求其参与社会志愿活动，从而提高公司的声誉和正面形象。

就股份公司而言，不同国家关于设立监事会的规定并不一致，大致有以下几种模式。

1. 我国的公司监事会制度

我国采取董事会与监事会平行的公司治理结构，表面上看，中国公司的治理结构与德国和日本的双层制度相似,即公司由董事会和监事会管理(图4-1)。然而,这两种制度存在很大差异。在中国,董事会和监事会之间不存在任何层级关系,两者都是由股东大会任命并向其报告的。我国《公司法》规定,监事会是公司的监督机构。监事会在法律上的地位可以从三个维度来看:①监事会是公司必须成立的正式机构;②监事会有责任向股东大会报告工作并获得其认可,这体现了股东在公司内部的权威地位;③监事负责监督董事和经理的业务执行情况,以及公司的财务健康状况。

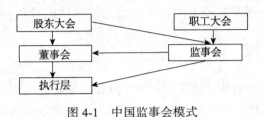

图4-1 中国监事会模式

2. 其他国家的监事会模式

1)德国监事会模式

与中国相比,德国的监事会拥有更大的权力,包括任命和罢免董事会的董事。监事会作为董事会的领导机构,负责对公司董事会的业务执行、经营和财务状况进行全面监督,并对公司的业务执行行使一定的决策权。此外,德国的董事会向监事会报告,因为两个委员会之间存在等级关系。从监事会成员的构成来看,监事会由股东代表和工会代表组成,公司规模在2000人以上的,监事会中工会代表占一半以上(图4-2)。

图4-2 德国监事会模式

2)日本监事会模式

在股东大会之下,监事会和董事会是两个地位相等且独立的机构。监事会的主要职责是监控董事会的业务执行和公司的日常事务,并向股东大会报告其工作进展(图4-3)。

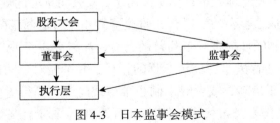

图4-3 日本监事会模式

3)英美监事会模式

在实施英美公司制度的国家中,股东大会下并没有设立监事会。通常情况下,美国公司的监管职责是由其董事会来承担的,特别是由外部董事同时担任。公司成立了一个由外部董事构成的审计团队,以确保董事会的正常运行。英国是股份有限公司,董事会的成员可以分成两类:一类是负责出席董事会会议的一般董事,他们也有责任监控公司的财务状况;另一类是与公司签署服务合同的执行董事,他们全身心地投入公司业务的管理中。对于公司的会计业务的审计,通常是由股东大会或由董事会雇用的会计师等专业人员来执行的。

在英美法系国家,虽未设立专门的监事会,但通过独立董事制度、审计团队及股东代表诉讼制度等手段,同样实现了对公司管理层的有效监督与制衡。

4.5.2 监事会的职权

监事会作为公司治理结构中的关键一环,其核心职责之一在于严密监控公司的会计体系与财务报表的合规性。一旦发现任何违反法律法规或公司章程的行为,则可以直接向监管机构报告。在公司治理模式和组织结构各异的国家中,尽管监事会的权责范围存在显著差异,但大体上主要分为三大类:分别是财务管理监督、业务流程监督以及管理者层面的监督。

1. 财务监督

监事会的主要职责是审查公司的财务状况,此外,监事会也可以根据需要随时审查公司的财务记录,进一步了解公司的财务和经营状况,并及时向股东报告调查成果。监事会负责审核董事会准备提交给股东大会的所有经营报告、盈利分配计划、财务报告以及其他相关的财务数据。若有疑虑,可以以公司的名义,委派审计团队、会计专家或其他相关专家协助,以便对相关问题进行重新地审查和评估。

2. 业务监督

监事会有责任对公司的经济和业务执行状况进行持续的监控。监事会有权要求董事或经理递交公司的经营报告,以便能够及时掌握公司的财务和业务执行状况,进而对公司实施有力的监管。例如,根据德国的《股份公司法》,监事会有责任对公司的业务执行进行监督。

3. 管理监督

针对管理层行为的监督,是监事会职责的核心所在。监事会的监督权限主要包括以下几点。一是确保董事及经理人员遵循《公司法》及公司章程的规定,监事会成员有权列席董事会会议,听取董事会的汇报,并监控董事和经理是否存在违背其职责的行径。二是制止或纠正董事和经理损害股东利益的行为。如果监事会观察到董事或经理有超出权限的行为或其他违背法律和公司章程的行径,并可能对公司造成重大损害,其有权要求董事或经理纠正措施,或者寻求制止董事或经理不当行为的途径,甚至建议罢免相关责任人。三是作为公司代表与董事进行谈判,并对董事提出法律诉讼或者作出应诉。

此外,某些国家监事会向股东大会报告工作,并有权建议召开临时股东大会。监事会的职责与独立董事的职责有部分重叠。

证监会对康美药业等做出处罚及禁入告知

中国证券监督管理委员会(以下简称"证监会")于2019年8月16日正式对外公告,针对康美药业股份有限公司(简称"康美药业")所涉长期性、系统性财务舞弊案件,采取了一系列严厉处罚及市场禁入措施。据新华社北京分社报道,此案性质恶劣,后果严重,揭露了康美药业长期有计划地编造财务数据,蓄意误导广大投资者,严重扰乱市场秩序。

回溯至2018年末,证监会初步侦测到康美药业存在巨额财务造假的嫌疑,随即启动全面调查程序。调查结果显示,在2016—2018年间,康美药业涉嫌利用虚构增值税发票、夸大营业收入,以及伪造、篡改银行存单等手段,人为虚增公司货币资金及固定资产规模,并将未达到会计准则要求的工程项目违规计入财务报表,致使财务报告严重失真。此外,公司还被指隐瞒控股股东及关联方非经营性资金占用情况,年报信息披露存在重大遗漏与不实。

依据相关法律法规,证监会决定对康美药业及其实际控制人共计23名责任人员实施行政处罚,并特别对其中6名关键责任人实施证券市场禁入措施。目前,证监会已向涉案主体发出行政处罚事先告知书,并将在后续阶段充分保障当事人的陈述与申辩权利,秉持法治精神与专业原则,加速案件审理进程,确保处罚决定的公正与严明。对于涉嫌犯罪的行为,证监会将坚决依法移送司法机关,追究其刑事责任。

证监会新闻发言人强调,信息披露的真实、准确、完整是资本市场稳健运行的基石,更是保护投资者利益的坚固防线。康美药业的违法行径,不仅是对法律的公然蔑视,更是对投资者信任的严重背叛,其行为已触及法律底线,动摇了信息披露制度的根本。证监会将持续加大对信息披露违法违规行为的打击力度,通过构建涵盖行政处罚、刑事追责、民事赔偿及信用惩戒在内的多层次追责体系,显著提高违法成本,形成强有力的监管震慑。同时,鼓励上市公司及中介机构恪守诚信,回归本位,共同守护资本市场的"信息净土",确保市场的公平、公正与透明。

资料来源:中国政府网,https://www.gov.cn/.

4.6 监事的激励制度与评价方法

4.6.1 监事的激励制度

1. 薪酬模式

在监事激励机制的构建中,核心环节在于设计一套科学合理的薪酬模式。此模式旨在高效激发监事的积极性,同时充分考量其工作成效与绩效贡献。薪酬体系是一种反映公司核心价值观的价值分配与内部激励机制。以职工监事为例,由于职工监事的身份首先是职工,职工和公司的关系是雇佣关系。要发挥薪酬机制吸引、保持和激励员工的功能，必须在工作中建立员工贡献与回报之间良好的互动关系。

2. 股权模式

鉴于公司股权逐渐分散和管理技巧变得越来越复杂，为了给公司的管理层提供合适的激励措施，全球的大型公司纷纷创新其激励策略，如推出股票期权等代表性的股权激励手段。在我国，也有许多企业尝试采用股权激励制度来吸引人才，留住人才。股权激励方式是经营者通过取得企业的股权，从而获得特定的经济权益。他们作为公司的股东，参与到公司的决策过程中，共同分享盈利、承担风险，并全心全意地为公司的长远发展做出贡献。

有学术观点认为，将监事的薪酬结构与公司经营绩效紧密挂钩，并综合运用股票期权、业绩奖励等多种形式，能够更有效地将公司的长远利益与监事的个人利益融为一体。这种融合从根本上解决了监事监督动力不足的问题。虽然在我国公司治理实践中，现金薪酬仍占据主导地位，但这并不妨碍我们探索多元化的报酬支付方式，如结合非现金形式的激励手段，以更全面、更灵活地满足监事的需求，进一步促进监事制度的有效运行。

4.6.2 监事的评价办法

监事会的有效评价对于公司治理质量的提升具有重要作用，有以下标准。

准则一：监事需秉持高度的责任感，勤勉尽责，忠实执行其被赋予的诚信与勤勉职责，确保职责履行的全面性与深入性。

准则二：监事会应构建一套结构清晰、逻辑严密的组织架构，并辅以自我评估与反馈机制，以确保其运作的科学性与合理性，持续提升监督效能。

准则三：确保监事会在执行监督职能时保持高度的独立性与权威性，不受外部干扰，能够公正、客观地审视公司运营状况。

准则四：公司应构建健全的公司治理体系，董事会及高级管理层应主动接受并积极配合监事会的监督，共同维护公司治理的透明度与有效性。

准则五：监事会成员需严格遵循国家法律法规及相关监管要求，依法依规行使监督权力，确保监督行为的合法性与合规性。

准则六：监事会应持续优化并完善其监督制度体系，确保监督工作的系统性、连续性和前瞻性，以应对不断变化的监管环境与公司发展需求。

准则七：在财务监督方面，监事会应实施有效监控，确保财务报告的真实性与准确性，并基于客观事实，独立、公正地发表监督意见。

准则八：监事会应强化对董事会、高级管理层及其成员的履职监督，通过定期评估与不定期抽查相结合的方式，促进其依法合规地履行职责，提升公司治理水平。

准则九：针对内部控制与风险管理领域，监事会应实施深入细致的监督，确保公司内部控制体系的有效运行，及时识别并防范潜在风险，促进公司稳健经营。

准则十：监事会应积极寻求创新监督模式与手段，充分利用现代科技手段与信息资源，提升监督效率与质量，不断探索更加高效、精准的监督路径，以适应新时代公司治理的需求与挑战。

降低公司治理和运营风险，近百家企业拟购"董责险"

截至2023年4月22日的数据统计，包括中国黄金在内的八家A股上市公司已相继对外宣告了拟投保董事、监事及高级管理人员责任保险（简称"董责险"）的意向。中国黄金在其公告中详尽阐述了投保的初衷，旨在通过优化公司风险管理框架，激励董监高群体更加严谨、高效地行使其职责与权限，进而减轻公司治理与运营过程中潜在的风险负担。这一动机与行业内其他上市公司的公告意图不谋而合，尽管具体表述上略有差异。据每经品牌价值研究院的初步统计，目前有意向投保董责险的A股上市公司数量已攀升近百家，显示出市场对这一险种的广泛认可与需求。

那么，董责险究竟涵盖了哪些保障内容？其承保后可能引发的连锁效应是什么？在保险条款的精细界定中，"非主观故意行为"这一关键概念如何被明确阐释？此外，该险种在法律框架内是否具备强制执行的效力，以及它对上市公司治理结构产生的深远影响，均成为业界关注的焦点。从法律关系层面探讨，董责险的引入如何在保险公司与被保企业间构建起新的责任分担机制？而此种责任转移机制又是否可能诱发新的风险？

北京大学汇丰商学院管理学教授、创新创业中心副主任张坤教授，在接受《每日经济新闻》采访时，深入剖析了董责险的双刃剑特性。他强调，董责险作为董监高权益的一种保护伞，确能增强其履职的积极性，但也可能被部分公司用作责任规避的工具，导致董监高在决策时面临额外的心理负担，进而影响其独立性与判断力。上海明伦律师事务所的王智斌律师亦持相似观点，认为在缺乏充分监督机制的情境下，董责险虽能为董监高提供一定的安全保障，但过度的保护可能削弱其责任感，不利于公司的长远发展。

从更宏观的视角审视，董责险的引入在公司治理领域引发了多层次的讨论。市场上普遍存在的三种假设——管理层激励假说、外部监督假说及道德风险假说，各自从不同角度诠释了董责险对公司治理的正反两面影响。管理层激励假说认为，董责险能够激励董监高更加积极地履行职责，但也可能导致责任转嫁与决策保守化；外部监督假说则质疑保险公司能否有效发挥外部监督作用，认为其更多是在事后评估与赔付中发挥作用；而道德风险假说则直接指出了董责险可能诱发的投机行为与责任推卸问题。

张坤教授进一步指出，随着监管环境的日益严苛与信息披露制度的完善，董责险的引入虽能在一定程度上缓解董监高的履职压力，但也可能加剧企业内部的责任模糊与信任危机。同时，企业主动为董监高投保的行为，也可能被视为一种责任预分配策略，为未来的责任追究埋下伏笔。因此，在享受董责险带来的风险缓释效益时，上市公司亦需警惕其潜在的负面影响，确保公司治理结构的健康与稳定。

资料来源：每日经济新闻，2023-4-24，第005版。

简述题

1. 董事的任职资格条件有哪些?
2. 如何考虑董事会人员的构成?
3. 董事会的运行机制有哪些?
4. 监事会的职权有哪些?
5. 国际上有哪些监事会模式?

自学自测　扫描此码

第 5 章

高级管理者治理与激励

【学习目标】

1. 了解高级管理者的界定与特征,掌握高级管理者的选任机制。
2. 了解高级管理者变更的影响因素。
3. 掌握高级管理者激励机制的具体内容。
4. 掌握高级管理者约束机制的内容。

昆药集团的股权激励计划

昆药集团股份有限公司(以下简称昆药集团)于1951年创立,2000年在上交所主板上市(股票代码:600422)。昆药集团业务范围广泛,包括中医药的研发、生产和销售流通的全过程。

昆药集团从2010年至今,已开展了四轮股权激励计划。

在2010年至2012年期间实施的首轮股权激励计划,采用了限制性股票作为主要的激励模式。昆药集团为了提高员工积极性,吸引留住人才,向公司的董事长、总裁等5名核心管理人员实施股权激励。在激励计划中,针对董事长的激励占比为40%,总裁占20%,而其他三位核心成员共同占剩余的40%。该计划主要考核两个业绩指标,即主营业务净利润与工业毛利率。

第二轮股权激励计划(2013年至2015年),与首轮计划相比,激励范围扩大,涵盖6名核心人员,特别是对副总裁的激励力度提升至43.5%。而业绩考核的指标则保持不变,这一点与第一轮激励计划相一致。

公司于2016年实施的第三轮股权激励计划中,总计授予了326700股股权,同时扩大了激励范围,涵盖了11位核心人员。从公司角度出发,该计划要求公司的净利润必须达到或超过前三个会计年度的平均水平,并且确保这一指标不为负值。个人层面来看,个人评审良好或优秀才能解除限售。

第四轮股权激励计划(2017年):此次激励计划共授予激励对象800万本公司股票,其中除了公司董事和高级管理者,还纳入了公司中层管理人员与核心骨干等作为授予对象,人数也由上一轮的11人扩展到107人。从公司角度出发,于三年的考核期间内,公司要求每一会计年度的净利润增长率不得低于10%,且营业收入的增长率应至少达到 12%。在个体层面上，对激励对象的评价必须达到良好或优秀。

回顾 2010 至 2017 年，昆药集团在这段时间内推行了四轮股权激励计划。值得一提的是，这四次激励计划均选用了限制性股票作为实施方式，而且每一轮的激励计划都在上一轮的基础上进行了补充和优化。从股权激励计划的授予对象角度来看，四次股权激励计划所涵盖的激励对象数量呈现持续增长的态势，由最初的 5 人扩展至 107 人。这些激励对象主要集中于公司的中高层管理人员以及核心骨干力量。而且激励对象的收益会受到公司业绩及公司股价波动的影响，一定程度上有助于激发公司高管的工作积极性。

资料来源：巨潮资讯网.

5.1 高级管理者的选聘

5.1.1 高级管理者的界定与特征

1. 高级管理者的界定

高级管理者是指对法人的财产拥有经营管理权，承担法人财产保值增值的责任。在当今公司制企业委托代为管理的前提下，董事会是企业全权负责的机构，高级管理者由企业聘任，以自身的人力资本出资，以经营管理企业为职业，并以此获得报酬和剩余索取权。

企业高级管理者，即在企业中担任经理、副经理、财务主管、上市公司董事会秘书等职位的人员，以及企业章程所明文规定的其他关键人才。这些角色共同构成了企业的高级管理层，负责企业的战略规划和日常运营管理。企业高级管理者依托董事会赋予的运营管理权，结合企业面临的内外部环境，制定适合企业发展的战略决策，深度影响企业经营目标及未来发展方向。

2. 高级管理者的特征

（1）市场化。高级管理者市场化指的是消除行业壁垒和部门限制，使企业经营者能够在更广泛的市场中自由流动和竞争。高级管理者作为一种社会化的公共资源，主要依靠市场机制来配置，实现交换、有序流动及管理者个人的职业价值。

（2）职业化。职业化是高级管理者的内在动力，指以企业经营和管理为职业，能够按照公认的职业规范和要求行事，本能地追求企业盈利并承担相应的责任。主要表现为：第一，高级管理者要遵守职业道德，即公认的职业规范和要求。第二，高级管理者应遵循客观规律，并认识到在企业发展和运营过程中，存在着不依赖于个人主观意愿的客观法则。经营企业的成功，很大程度上源于对这些规律的深刻理解和精准把握。基于此，高级管理者能够获得职业生涯中的成就感，实现自我价值，从而进一步促进个人的职业发展与能力提升。

（3）高度专业化。专业化是高级管理者的基本特征，要求其具备管理公司的专业技能、公司战略决策的长远目光以及良好的职业素养。

（4）职业契约化。企业通过签订契约，将高级管理者与公司紧密地联结成一个整体。在此契约框架内，高级管理者被授权管理他人、调配资源以及做出决策。因此，高管契约的有效性，作为确保高管有效治理公司、促进个人与公司利益一致化以及积极承担企业社会责任的基石，发挥着不可或缺的作用。

（5）具有明显的品牌效应。高级管理者以经营管理为职业，获得的薪酬多少取决于其经营管理水平的高低。高级管理者的声誉效应是一个长期累积的过程。那些重视声誉的高级管理者深知，当前的工作业绩与声誉状况将对未来的职业生涯产生决定性的影响。这一特征也成为企业在决定是否聘用高管时的重要考量因素。

5.1.2 高级管理者的选任

高级管理者的选任机制是指企业或组织在选任高级管理者时所采用的一系列制度和程序，关系到企业的长远发展。高级管理者的选任机制是为了确保企业或组织的高级管理者具备必要的素质和能力，规范企业管理，从而保障企业生产经营活动的顺畅进行，并更有效地实现股东权益与企业价值的最大化。此外，选任机制还可以避免高级管理者任命过程中不正当因素的干扰，保证公开、平等、竞争、择优的选任原则。

1. 高级管理者选任的来源

高级管理者的选任来源有内部提拔和外部聘任。

相较于外部聘任的高级管理者，通过内部提拔的管理者能更深入地了解企业文化、经营理念和实际运营状况。由此构成了一种特殊的人力资本，这是外部人员所无法比拟的。此外，随着雇佣时间的积累，这些内部提拔的管理者所积累的人力资本会逐渐增加，从而使得外部聘任的高级管理者在接任时的适应成本和风险相应提高。

此外，公司了解内部提拔的高管，能够做到用其所长，避其所短。内部提拔的高管适应管理工作的时间也会大大缩短。而对于外部聘任的高管，公司仍需要进行长期考察。风险规避型的雇主更愿意采取内部提拔的方式。因为内部选拔可以增强内部聘任的激励作用，充分调动组织成员的积极性。因此，当公司经营良好，不需要改变现状时，内部提拔是最好的选择。但这一方式也存在不足之处，内部提拔的高管易形成思维定式，不利于创新。

外部聘任的方式，可以扩大企业对所需高级管理者的选择面，他们往往不拘泥于公司现有的运行经营模式，不断为企业带来创新。虽然外部聘任的高管可以促进企业创新，但如果他们无法更好地适应组织，企业的顺利运行就无法得到保证。因此，在企业面临战略转型的关键节点或遭遇经营困境之际，外部聘任的高管层将凭借一系列策略举措，引领企业实现成功的业务转型与重构。

2. 高级管理者选任的影响因素

高级管理者选任方式受到许多因素的影响，如高级管理者市场、公司治理结构、企业经营状况、企业规模及其他因素。

1）高级管理者市场

首先，当企业选择外部聘任高级管理者时，可选范围相较于内部提拔更大，更易聘任到专业性强、能力高的高管。其次，企业使用内部提拔的高管可以降低信息不对称成本和甄别成本，因此，外部聘任会带来较大的不确定性。最后，外部聘任可能难以考虑到高管的企业专用性。对企业来说，内部提拔的高级管理者知识和才能的专用性较高，了解本企业的文化和经营管理，有助于提升公司运营效率。

2）公司规模

当公司规模较大时，高级管理者凭借更大的平台能够获得更加系统的培训来实现个人发展。而且规模大的公司能够给高级管理者提供去不同部门和不同分公司实践的机会，在更深入了解公司运营的同时，提升自身人力资本的价值。因此，大公司能够快速培养经验丰富、能力强的高级管理者候选人。而且，大公司通常拥有复杂的组织结构，对高级管理者的知识和才能具有较高的专用性要求。因此，大企业可能更倾向于采用内部选拔的方式来选任高级管理者。然而，在规模较小的公司中，情况则呈现出显著的差异。尤其在企业发展初期，中小企业亟须有知识和才能的高级管理者，但由于内部缺乏人才，高级管理者的选择可能以外部聘任为主。

3）其他因素

公司聘任高级管理者时选择的方式除了受到高级管理者市场、公司规模的影响，还会受到经营业绩等自身现状因素的影响。如果公司的经营状况良好，这也就意味着公司最佳的选择就是维持目前的运营和管理模式。相应地，公司在聘任高级管理者时会倾向于选择内部聘任的方式。这是因为内部聘任的高级管理者长期服务于公司，了解公司文化，熟悉公司的运营模式，并且曾深度参与企业各项政策从规划到执行的全过程。因此，相较于外部聘任，内部聘任的高级管理者更有助于维持企业的现状。但如果公司的经营状况出现问题，公司最佳的选择就是外部聘任。因为外部聘任的高级管理者往往不会拘泥于现有的运营管理模式，带给公司新的变化，改变公司现状，进而有助于创新，因此，外部聘任更合适。

陕国投动态｜公司顺利完成高级管理人员选聘面试工作

根据陕西省国际信托投资股份有限公司（简称陕国投）新一届董事会选聘高级管理人员工作安排，为全面推进公司业务创新转型，实现高质量发展，2023 年，陕国投开展了高级管理人员选聘面试工作。公司董事长主持面试会议，公司董事、监事、外聘专家教授等共同担任面试评委。

自 2017 年起，按照省国企改革领导小组安排，陕国投承担了"董事会自主选聘经营管理者"及"薪酬分配差异化"两项改革试点任务，制定了董事会市场化选聘经营层试点实施方案，开展了高级管理人员的选聘工作，取得了很好的成效，对推动公司发展起到了积极的推动作用。陕国投新一届董事会拟选聘 6 名高级管理人员，由公司党委、董事会按市场化原则进行选聘管理，享受市场化薪酬，按市场化规则进行严格考核奖惩。

经过公司内外部报名，此次选聘工作共收到简历 110 余份，其中主动投递 60 余份，猎头推荐 50 余份，在完成资格审查、初试、笔试、高管胜任力测评等环节后，最终共有 12 名应聘者进入面试环节。

此次选聘面试工作结束后，陕国投将根据面试人员的综合表现，研究确定拟聘人选，按程序进行后续相关聘任工作。

资料来源：陕国投动态 | 公司顺利完成高级管理人员选聘面试工作，新浪财经，2023-03-16.

5.2 高级管理者的变更

高级管理者的变更是指企业高级管理者因控制权变动、业绩、个人等原因离任和继任的行为。高级管理者的变更是公司内部治理的一个重要手段，从企业内外部选聘继任者进而对企业权力进行重新分配。有效的公司治理机制能够在监督高级管理者行为的同时，识别高级管理者在处理公司事务时的决策是否有利于公司和股东的利益，及时更换管理能力较低的高级管理者，选择管理才能更高的高级管理者。在科学合理的公司治理机制下，如果公司高层管理人员的经营管理不佳，那么其被迫离职的可能性将会增大。一旦这些高管被迫离职，其职业声誉及后续的职业发展都将受到影响。鉴于此，深入理解并把握影响高管变动的关键因素，显得尤为重要。

5.2.1 高级管理者变更的理论基础

1. 委托代理理论

在委托代理的理论体系中，委托人常因利益目标的不一致以及信息不对称的难题，面临对代理人行为进行有效监督的挑战。在这种情况下，代理人可能会因追求个人利益最大化，而做出有损委托人利益的行为决策。

由于企业所有权和控制权的分离，股东不直接参与公司治理，而是聘请有管理能力的高级管理者负责企业的日常运行和经营活动。股东作为委托人拥有公司的所有权，追求股东利益、公司利益最大化及公司的长远发展，而高级管理者作为企业的代理人，仅拥有经营权，并且他们通常会以追求自身利益最大化为首要目标。委托代理理论指出，由于信息不对称，高级管理者与股东所追求的目标利益存在差异。因此，高级管理者可能因追求个人利益最大化而采取短视的决策，这些决策有可能损害股东的利益。

因此，这也就需要股东制定相应的机制有效监督高级管理者的行为并且激励高级管理者做出使股东和高级管理者利益趋同的行为。对于高管来说，对其惩罚是解决这一问题的有效方式，而解雇又是对其最严厉的惩罚方式。如果高级管理者为了自身利益而违背了对股东和董事会的承诺，那么董事会就会解雇高级管理者。解雇不仅会影响高级管理者的未来职业生涯，而且对高级管理者声誉的影响是不可逆的。

2. 公司治理理论

随着公司制企业的持续发展，现代公司逐渐展现出股权架构的多元化以及所有权与经营权的分离，这两个显著特点使得公司治理成为当今企业关注的问题。公司治理是一门涉及多个学科领域的综合性学科，是指制定合理的组织结构和相应的机制安排来激励、约束和监督高级管理者的行为，使股东和高级管理者的利益趋于一致，进而降低代理成本。契约理论和委托代理理论共同构成了公司治理的基石，而公司治理理论则是对这两者理论的逻辑拓展与深化。从组织结构的视角来看，公司治理可划分为内部治理与外部治理两部分。作为公司治理的核心环节，内部治理主要通过构建激励机制、约束机制和监督机制，以有效解决委托代理关系所带来的问题，进而对高级管理者的行为进行规范和制约。高级管理者的变更是公司内部治理的一个重要手段，詹森（Jensen）和沃纳（Warner）在1988年的研究中指出，公司高管的变动不仅是理解如何有效约束管理层行为的关键所在，同时也是评估公司治理机制效能的重要指标。

公司治理约束高级管理者主要有三种机制：监督、激励、约束，其中约束机制最为重要，也委托代理问题得以解决的关键所在。有效的公司治理机制能够在监督高级管理者行为的同时，识别高级管理者在处理公司事务时的决策是否有利于公司和股东的利益，及时更换管理能力较低的高级管理者，进而选择管理才能更高的高级管理者。比如说，当高级管理者做出错误的投资决策并导致公司经营业绩减少时，高级管理者就会面临被解雇的风险。而高级管理者为了避免被解雇，就会减少高风险、不利于公司长远发展的投资，更加谨慎地做出公司的投资决策。

5.2.2 高级管理者变更的影响因素

1. 企业业绩

高级管理者是企业最重要的人力资源，是代理问题的核心，如何对管理层进行选聘、激励、监督和更换，不仅仅是公司管理中十分重要的课题，更是处理股东与高层管理者之间代理冲突的关键环节。企业绩效直接影响着高层管理者的薪酬合同，这种以业绩为基础的薪酬体系将公司绩效与高层管理者的报酬紧密相连，有助于激励高级管理者努力工作。因此，企业业绩是高级管理者变更的重要因素。而且高管变更还会受到行业环境的影响。较差的行业环境中，高级管理者面临被解雇的风险会增加，特别是在经济衰退时这一现象更加突出。即使企业业绩不佳并非高级管理者决策所导致，高级管理者也会因为这一原因被辞退。因此，公司业绩作为考核公司高级管理者的重要指标，若公司经营业绩较好，公司不会轻易更换高管；否则公司高管变更的概率会提高。

2. 公司治理机制

高管变更决策不仅受到公司经营业绩的影响，同时也受到公司治理机制的规范和约束。在公司内部治理的诸多方面中，董事会治理扮演着至关重要的角色。与此同时，高级管理者作为公司的实际控制者，对公司的长远发展起着决定性的作用。董事会规模越小，高管变更的概率越高。此外，股权结构也会影响高管变更。董事长与CEO是否为同一人、高级管理者持股比例、大股东缺位等因素均会阻碍公司替换高管。

3. 外部环境

公司外部治理是内部治理的前提，企业面临的外部环境，如法律法规体系、投资者保护等因素都会约束企业更换高管。第一，国家法律法规体系。有关公司高管任免的相关法律法规给董事会提供了一种监督、约束高管行为的手段，进一步影响高级管理者的更迭。第二，投资者保护。投资者保护是指对投资者进行保护的法律法规及实施程度。弱投资者在保护制度的环境中，公司高管变更对业绩的敏感程度变高，也就是说公司高管变更的概率会提高。第三，外部控制权。外部控制权的变更，比如说，收购兼并导致的控制权转移，公司中的高级管理者通常会被调整，尤其是在被收购兼并的公司业绩较低时，高级管理者被替换的可能性大大增加。

4. 其他因素

除了业绩指标、外部环境、公司治理机制与高管变更有关外，高管团队特征（年龄、教育水平、任期等）、产品市场、财务等因素都会对影响高管变更。

5.3　高级管理者的激励机制

由于企业所有权和控制权的分离，股东不直接参与公司治理，股东与管理者之间存在代理问题。相较于普通员工，高级管理者的努力程度更难以直接观测，而且高级管理者的努力比普通员工的努力对企业绩效的影响更大，因此解决这一问题的重要措施是激励。一个公平、合理且高效的激励机制，能够紧密地将高级管理者的个人利益与股东及公司的利益相结合。这种机制不仅激励着高级管理者努力提升公司的业绩，同时也对公司决策风险的规避和长期稳健的发展起着积极的推动作用。高级管理者的激励机制分为显性激励机制、高管层持股和隐性激励机制。

1. 显性激励机制

1）年薪制

高管薪酬是解决股东与高级管理者之间代理问题的重要途径。通过制定合理且有效的薪酬制度，公司能够激励管理层积极提升业绩，进而最大化股东财富，并有效降低股东与高层管理者之间的委托代理成本。然而，若公司的薪酬制度存在缺陷，则无法达到激励高级管理者的目的，高级管理者甚至会牺牲股东利益和公司利益作出短视行为，最终股东与高级管理者之间的矛盾进一步激化。通常情况下，薪酬的数量在很大程度上是由公司的规模和经营表现决定的，而经营表现通常是阶段性的（如一年、半年等），而不是连续性的。因此，企业经营者和员工的收入是根据经营周期来确定的。由此，年薪制的制定是基于企业的年度生产经营成果、责任分配及风险共担来决定高级管理者的薪资水平。

年薪制作为一种广泛采用的经营报酬体系，在全球范围内得到了普遍应用。在英美模式下，薪酬结构通常包含基本年薪、年度奖金、长期激励机制、养老金规划以及各类津贴。值得注意的是，长期激励项目，如股票和期权等收益，在经理人员的总体薪酬中占有较大比例。德日模式的经理报酬中长期激励项目比重较小，日企企业经理虽然持有本企业一定的股票，但其收入和损失都非常小。现阶段，我国高管的主要薪酬制度是年薪制，该制度包含两个构成部分：基本年薪与风险年薪。基本年薪体现了高级管理者的人力资本价格，一般以公司职工平均工资为基数，结合公司自身规模、经营成果及其他因素决定。风险年薪是对高管超额贡献的奖励。

2）年薪制的优点

（1）年薪制作为一种薪酬制度，能够全面反映经营者的劳动特性。年薪制主要衡量的是高级管理者在一年内的生产经营绩效以及他们所肩负的责任和风险。基于此，企业会依据这些绩效成果来决定高管团队的薪酬水平。

（2）年薪结构包含较大的风险收入部分。年薪制由基本年薪和风险年薪两个构成元素组成，因此公司可以从年薪中的风险收入部分角度加大对高级管理者责任分配、风险共担、收入增长的激励力度。高级管理者的年薪收入直接反映公司的经营成果。

（3）年薪制是公司实施股权激励计划的基础条件。因为有的公司会把高级管理者的一部分年薪收入以股权激励的方式来体现，或者结合其他股权激励形式，因此高级管理者的薪酬与股东利益以及公司的长远发展是紧密相连的。

（4）高薪养廉。较高的薪酬在一定程度上会对高级管理者产生激励，而且可以有效预防"管理腐败"的负面作用。对于高级管理者来说，高薪意味着他们损害企业利益行为的机会成本高，因此，对高级管理者实行年薪制可以有效减少高管层损害股东和企业利益的行为。

3）年薪制的缺点

（1）年薪制难以激发经营者的长期工作积极性。公司聘请高级管理者的最终目标是实现公司的长远可持续发展。高级管理者决策时需要对公司的运营管理及未来发展战略，例如公司并购、公司重组及重大长期投资决策等进行深入考虑。而年薪制作为一种短期激励高级管理者的方式，无法调动高级管理者的长期行为，这违背了董事会聘请高级管理者想到达成的目的。因此，年薪制无法激励高级管理者的长期行为。

（2）薪酬激励是一种短期激励方式。年薪制的高级管理者获得的是对企业的责任和为公司业绩做出的贡献相一致的报酬，因此由于信息不对称和个人利益最大化，公司难以调动高级管理者的积极性，致使高级管理者更易做出短期行为。

2. 高管层持股

公司通过巧妙设计机制，确保高级管理人员与核心技术人员能持有适当比例的股权，使他们能够分享企业的部分剩余收益，这就是高管层持股。这一方式旨在改善其收入结构从而激励其采取有利于公司长期经营业绩的行为。

1）股票期权

股票期权（stock option）是在公司治理结构的既定框架内，由公司最高决策机构为高级管理者或特定员工提供的一套全面的激励制度，旨在实现长期的激励效果。其中，股权安排的多种形式包括限定性股权赠予、绩效股赠送、优惠售股方案以及虚拟股票的授予等。另外，期权安排则是指允许激励对象在未来的某个指定期间内，以事先约定的价格购买公司一定数量的股票。虽然这种安排通常针对公司的高级管理者，但近年有从经理层向核心员工扩展的趋势。因此，股权激励通过给予股票期权这一方式激励公司员工，尤其是公司高级管理者、核心员工，与公司共享利润、承担风险，尽量避免高级管理者的短期行为。

股票期权的优点：首先，股票期权能在某种程度上弥补传统薪酬制度的缺陷，优化激励机制。尽管传统薪酬分配方式在某种程度上能够调动高级管理者的工作热情，但其作为一种短期激励方式，其激励效果仍有待提升。而股票期权是一种长期激励方式，可以有效解决上述问题。股票期权具有的长期性这一特点将公司长期发展中业绩的高低与高级管理者的收入紧密联系到一起，高级管理者也就更关心企业的长期发展，减少短期行为。其次，股票期权作为一种激励机制，有效地将高级管理者的利益与股东及公司利益紧密相连，从而确保经营者与资产所有者的利益达成一致。同时，股票期权激励通过给予高级管理者在企业剩余收益部分的索取权，将原本对高级管理者的外部激励与约束转化成个人的自我激励与自我约束。高级管理者要想实现利益最大化，就必须努力经营，创造企业的长期价值。最后，与公司未来发展息息相关的关键人员，如高级管理人员与核心技术员工，是股票期权激励的主要对象。这些员工对公司的长远发展具有举足轻重的作用。因此，为了激发其工作热情和创新精神，公司将其纳入股票期权激励计划之中。股票期权不仅能够有效激励高级管理人员推动公司业绩的提升，还能在公司内部营造出积极的竞争环境，从而进一步激发员工的工作热情和努力程度。

股票期权的缺点：第一，股票市场的波动。股票市场波动带来的股票价格的不确定性不仅会影响公司的市值、公司的融资成本及未来的战略决策，而且会影响公司的股票期权激励计划。比如说，只有股票价格上升时，股票期权才能使股东、激励员工获益。第二，公司的高级管理者可能存在短期行为。由于行权日市场上股票价格是高级管理者获益的关键如果公司缺乏完善的激励制度及监督制度，高级管理者可能会因采取短期行为以提高短期的股票价格，这种行为可能会企业的长期利益。

康弘药业的股票期权激励计划

成都康弘药业集团股份有限公司（下文简称"康弘药业"）自 1996 年创立以来，一直专注于生物制品、中成药、化学药品以及医疗器械的研发、制造、市场推广以及相关的售后服务。2015 年 6 月，康弘药业在深圳证券交易所挂牌上市（股票代码：002773）。

在 2021 年 6 月，该企业公布了一项股票期权激励计划（草案）。其中，拟定公司向特定激励对象总计授予 1600 万份的股票期权，这些期权占据公司当时股本总额的 1.74%。具体而言，首次授予涉及 421 人，包括公司董事、中高层管理者、核心技术人员以及对公司未来业绩和发展具有关键影响的员工，他们总共将获得 1280.5 万份的股票期权，同时预留了 319.5 万股。然而，若股东大会在超过 12 个月内未确定相应的激励对象，则这些预留权益将失效。除此之外，该激励计划还明确规定了行权条件：以每股 22.28 元购买公司股的条件是需要激励对象满足特定要求。

这些要求的具体细节如下。

在公司业绩方面，公司设立了三个行权期，并分别设定了对净利润增长率的考核标准。在首个行权期，需要以 2021 年的净利润为基准，而 2022 年的净利润相较于前一年需实现至少 10%的增长率；第二个行权期则要求以 2022 年经审计的净利润为基准，2023

年的净利润相较于前一年实现不低于10%增长率的目标;最后一个行权期规定,以2023年经审计的净利润为基准,2024年的净利润相较于前一年必须实现至少10%的增长率。若在行权期内,激励对象未能达到上述任一考核目标,则其已获得的股票增值权将被禁止行权,并由公司进行注销。

董事会薪酬与考核委员会对其个人业绩进行考核,结果决定了激励对象每一考核年度可行权的股票增值权数量所有激励对象行权的条件是必须达到个人业绩目标,且公司会注销激励对象在考核年度没有行权的那部分股票增值权。

资料来源:巨潮资讯网.

隆基绿能的股票期权激励终止计划

隆基绿能科技股份有限公司(简称"隆基绿能")自2000年成立以来,已发展为全球最大的太阳能单晶硅光伏产品制造商。且公司于2012年在上海证券交易所上市

该公司是光伏行业的领军企业,在过去十年中实现了营收的快速增长。具体而言,从2013年至2022年间,公司的营业收入实现了从22.8亿元到1290亿元的显著增长,并且其归母净利润也从0.72亿元大幅增长至148.1亿元。业绩上涨的同时,隆基绿能为进一步吸引和留住优秀人才,充分调动公司高管、核心技术人员等的积极性,制订了股票期权激励计划。

2022年6月,隆基绿能发布公告称2022年度股票期权与限制性股票激励计划的授予条件已满足。公司计划向2411名激励对象授予公司股份,具体数量为3754.00万股,占当时公司股本总额的0.69%。在此计划中,隆基绿能决定向2385名核心管理人员、核心技术人员等激励对象授予4680.2万份股票期权,每份行权价格经调整后确定为44.24元;同时,公司向公司董事、核心管理人员以及核心技术(业务)人员等26位激励对象授予了总计347.2万股的限制性股票,授予价格为27.58元/股。

上述两类期权激励的行权条件,主要基于业绩表现:具体而言,隆基绿能预计在2022年达到至少982.49亿元的营业收入,随后在2023年,其营收目标将提升至至少1201.83亿元。进入2024年,公司预计其营收将进一步增长至不低于1501.03亿元的标准。

自股票期权激励计划实施以来,隆基绿能在2022年实现了约1289.98亿元的营业收入,与前一年相比,这一指标增长了60.03%。在2023年一季度,隆基绿能的营业收入持续增长,表现出强劲势头,总计约为283.19亿元。与去年同一时期相比,其增长率大约为52.35%。隆基绿能业绩上涨的同时,二级市场的表现却不尽如人意。隆基绿能股价由最高时的2022年6月最高点78.88/股下跌到2023年6月的最低点27.82/股,跌幅超过50%。

由于最近一年股价波动较大,公司股票价格与股票期权的行权价格已经出现倒挂,并接近限制性股票的授予价格。2023年8月2日,隆基绿能对外宣布,决定终止执行2022年度股票期权与限制性股票激励计划,且公司将对已授予的股票期权执行注销操作,并针对限制性股票采取回购并注销的措施。

在终止激励计划之后,隆基绿能计划运用其自有资金对限制性股票进行回购,并加上激励对象本应获得的银行同期活期存款利息。对于此次回购的限制性股份,在回购注销之前,由公司代为管理的现金红利部分,将由公司予以收回。

资料来源:Wind 数据库.

2)限制性股票

限制性股票(restricted shares)是指上市公司依据既定的激励计划,向激励对象授予一定数量的本公司股票,这些股票需要在激励计划所设定的条件全部满足后,方可由激励对象解除其限售约束。在限制性股票激励计划的有效期限内,计划中所规定授予的股本总额比例存在上限,具体而言,该比例不得超过 10%,而对于创业板与科创板,这一上限则设定为 20%。

限制性股票主要取决于获得条件和出售条件两个方面。从获得条件来看,激励对象的行权需要满足一定的条件,也就是在限制性股票激励计划中,只有当激励对象完成了规定的业绩目标或达到了特定的工作年限要求,方可获得相应的限制性股票奖励。从出售条件来看,限制性股票设置了解售期,即未达到解售期条件激励对象不得交易或转让。解除限售条件满足后,激励对象才被允许出售限制性股票,并从中获取收益。

双城药业限制性股票激励计划

2021 年 3 月,双城药业发布公告,2021 年股票期权与限制性股票激励计划规定的授予条件已经成就,授予激励对象的股票权益总计不超过 1400 万份,这一份额占激励计划草案公告时公司股本总额 40500 万股的 3.46%。

本次激励计划由两部分构成:一是股票期权激励计划,二是限制性股票激励计划。具体而言,公司已向 79 位激励对象授予了 700 万份股票期权,占公告时公司总股本的约 1.73%。这些被授予的对象全部为公司的中层管理者及核心技术(业务)人员。此外,公司亦将 700 万股的限制性股票授予了 8 位激励对象,占公司总股本的大约 1.73%。这些激励对象涵盖了公司董事和中高层管理人员。

以下是限制性股票的主要解除限售条件。

1. 公司业绩考核标准

解除限售的考核周期设定为 2021 年至 2023 年,每一考核年度均需达成既定的业绩指标。若公司未能实现以下所列业绩目标,则该考核年度内所有激励对象所持的限制性股票均不得解除限售,且这些股票将由公司以授予价格进行回购。

对于首个解除限售期(即 2021 年 5 月 6 日),解除限售的条件需满足以下其中一项财务指标:一是 2021 年的营业收入相较于 2020 年需实现至少 10% 的增长率;二是确保 2021 年归属于上市公司股东的净利润为正值。

在第二个解除限售期(即 2022 年 5 月 6 日),为满足条件,公司需确保以下其中一项财务指标的达成:一是 2022 年的营业收入与 2020 年相比,其增长率应达到或超过

20%；二是 2022 年归属于上市公司股东的净利润应不低于 500 万元。

在第三个解除限售期（即 2023 年 5 月 6 日），为满足解除限售条件，公司需达到以下财务目标之一：一是确保 2023 年的营业收入相较于 2020 年的增长率达到或超过 30%；二是保证 2023 年归属于上市公司股东的净利润至少为 1000 万元。

2. 个人绩效考核标准

公司限制性股票解除限售的比例，由薪酬与考核委员会依据个人的绩效考核结果来设定。若完成了所设定的业绩目标，那么激励对象可以解除限售的额度将依照特定公式来计算：将个人当年计划解除限售的额度与个人层面确认的解除限售比例进行相乘。

上述激励计划中所授予的限制性股票，其首个限售期限已于 2022 年 5 月 6 日正式到期。在此期间，公司及全部激励对象均已达到解除限售的资格要求。具体而言，公司 2020 年的营业收入记录为 26944.18 万元，而在接下来的一年里，其营业收入增长至 32029.35 万元，实现了 18.87% 的增长率，从而达到了公司业绩考核的标准。2021 年度内，共有 8 名激励对象的个人绩效考核成绩达到 "B" 级或以上水平，均符合 100% 解除限售的要求。因此，2022 年 5 月，在双城药业 2021 年的股票期权与限制性股票激励计划中，首个限制性股票限售期的解除条件达到要求。可解除限售的限制性股票总数达到将近 300 万股。

至 2023 年 5 月，该企业的限制性股票第二个解除限售期的条件也已经达到。在此期间，公司 2022 年的净利润超出了既定目标。同时，由于激励对象的个人绩效考核结果均达到了解除限售的标准，解除限售的限制性股票数量为 210 万股，占公司当时总股本的 0.51%。

资料来源：巨潮资讯网.

3）管理层收购

管理层收购（management buy-outs，简称 MBO）涉及公司的高级管理者利用金融杠杆手段购买本公司股份，从而使公司的所有权结构发生了改变。从理论层面分析，作为专用性人力资本投入者的高级管理者，在实施管理层收购后，会同时兼具出资者（即非人力资本所有者）的身份。

以管理层收购方式获得的私有产权能够对高级管理者产生更为有效的激励效果。这一原因在于，该方式将管理者本身及其所具备的管理和技术要素与企业的收益分配问题实现了制度化的结合。管理者的职能化毕竟是现代公司发展的大趋势，管理层收购方式本身并不代表一种高效率的产权结构，在很大程度上是一种实现产权结构高效率的中间手段。

新纶新材管理层收购

新纶新材料股份有限公司（以下简称：新纶新材），自 2002 年成立以来，一直深耕于新材料领域。

2022年，该公司公开发布公告，声明计划向其董事长廖垚以及廖垚所掌控的深圳市上元荟智投资合伙企业（有限合伙）（下文简称上元荟智）发行股票。值得注意的是，此次股票发行的对象之一上元荟智，实为公司董事长廖垚所掌控的企业实体。上元荟智的合伙份额中，上元资本与廖垚分别持有32.91%与12.66%。其中，上元资本担任上元荟智的执行事务合伙人角色。鉴于廖垚持有上元资本51%的股权，因此廖垚才是上元资本的实际控制人。

另外，侯毅作为公司的控股股东和实际控制人，拥有公司0.25亿股的股份，这一持股量占据了公司总股本的21.29%。公司董事长廖垚个人直接持有0.11%的公司股份，同时，其控制的上元资本亦持有公司0.32%的股份。

本次股票非公开发行的定价确定为每股2.61元，同时，所发行的股票总数上限被规定为不得超过3.46亿股。具体而言，向董事长廖垚分配的发行股份数量不超过4500万股，而向上元荟智分配的发行股份数量则不超过3.01亿股。

此次发行后，按发行股份数量上限计算，廖垚将直接持有新纶新材3.09%的股权，并通过上元荟智、上元资本持有新纶新材20.07%、0.25%的股权，廖垚及其控制的上元荟智持有新纶新材23.41%，控股股东侯毅的持股比例下降至16.36%。因此，此次收购后新纶新材的控制权将发生变化，上元荟智将成为新纶新材的控股股东，廖垚取得新纶新材的控制权，此次收购构成管理层收购。

通过此次收购，新纶新材引入新的控股股东及实际控制人，可以提振市场对上市公司的信心，有效缓解公司发展的流动性压力，优化公司资本结构，降低财务费用。

资料来源：巨潮资讯网.

3. 隐性激励机制

在现代企业管理框架内，激励机制并非局限于显性的薪酬激励，还包括其他的隐性激励。对于高层管理者而言，这些隐性激励方式显得尤为关键。尤其是经营控制权激励和声誉激励，在高级管理者激励中起到了举足轻重的作用。这些隐性激励与显性激励机制相互补充，共同为高级管理者提供动力，以推动企业的长远发展。

1）经营控制权激励

经营控制权作为一种能够通过事前契约加以明确的控制权，涵盖了对企业各类资源的利用、调配、转让、分配、监督以及约束等实际权利和潜在权利的综合性控制权集合。高级管理者拥有的职位特权和在职消费是经营控制权对高管层激励的具体体现和报酬之外的利益满足。

2）声誉激励

声誉构成了公司高级管理者的人力资本价值的重要组成部分。有效的声誉激励会对高级管理者的行为产生正向的激励作用。因为声誉激励给高级管理者带来的职位晋升在一定程度上与薪酬激励互为补充，共同构成了管理层激励。而且高级管理者面临的声誉激励增加时，高级管理者所获得的精神层面的激励和满足感也会随之显著增强。高级管理者就会以更加客观、公正、谨慎的态度进行公司决策，进而保持股东利益与公司利益的一致。

由于声誉信号传递的周期长的特点，声誉激励机制对公司高级管理者带来的职位晋升与薪酬激励也将是一个长期的过程。声誉作为评估高级管理者人力资本的重要标准，越来越受到管理层的青睐。相应地，高级管理者也会在声誉激励的作用下，更加重视个人声誉，致力于提高公司业绩、实现公司良性发展的同时获得自身的职位晋升及精神满足。

5.4 高级管理者的约束机制

约束机制是指公司对高级管理者的行为、决策以及企业的经营成果进行的客观而及时的检查、评价、监察、控制、督导和惩罚的一系列行动。高级管理者的约束机制主要涵盖内部与外部两个方面。从广义的角度来看，对高级管理者的选择与激励机制同样构成了一种约束机制。

5.4.1 内部约束机制

根据委托代理论，股东与高级管理者之间的信息不对称会导致代理问题。因此，企业内部约束机制往往会对企业为降低代理成本而采取的一系列激励措施的有效性产生影响。所谓企业内部约束机制，是指公司股东大会、董事会、监事会等组织机构对高级管理者的称职程度以及业绩表现所进行的监督与控制。由此可见，内部约束机制通过设置某种权力制衡的结构或者直接对企业高级管理者的决策行为监督，其中，公司股权结构是影响内部约束机制的重要因素。

如果企业内部约束机制较为薄弱，大股东对高级管理者相对较弱的监督会降低中小股东对高级管理者的监督力度，因此较弱的内部约束机制无法起到激励高级管理者的作用。若企业内部约束机制较强，大股东对于高级管理者的监管力度会更强，进而促使大股东的利益与公司利益逐渐趋于一致，约束高级管理者的生产经营决策，最终达到加强高管激励的效果。

1. 组织制度约束

高级管理者所面对的组织制度约束，主要体现在公司治理结构中的股东（大）会、董事会以及监事会制度上。这一约束机制是通过向董事会授予信任委托的方式间接实施的。作为公司的最高决策和监督机构，股东（大）会承担着对高级管理人员的行为进行监管的职责，并有权审议及决定高管的任命、薪酬以及奖励等相关事宜；对高管的重大决策进行监督和评价；并选择合适的机构对高管的表现进行评估。

2. 内部审计约束

内部审计作为公司治理结构中的一种内部监督机制，要求公司相关人员依据系统且规范的审计方法，对企业的业务活动、内部控制体系以及风险管控措施进行审查，以评估其是否满足适当性和有效性的标准。其根本目的在于降低企业内部经营风险，并确保企业合规管理的实现。内部审计作为一种独立且客观的内部约束机制，一般会根据董事会的具体需求进行，以公司内部控制为对象，以日常业务流程为内容，通过审查与评估企业组织的业务活动及内部行为，以达到内外规范的一致性，进而实现企业组织内部行为的标准化和外部规范的统一。

内部审计具有确认和咨询两种功能，因此，内部审计不仅仅会对企业组织的生产经营活动的合规性进行审查与确认，更是对企业组织内部的风险管控、战略实施等发挥咨询建议的作用。根据委托代理理论，股东委托高级管理者进行企业的经营决策，有效的高管激励能够维持股东与高级管理者之间的委托代理关系，且直接关系到企业的长远发展。因此，完善的内部审计可以更好地服务于各利益方，约束高级管理者，提升高管契约的有效性，进一步完善公司治理。

5.4.2 外部约束机制

企业经营所受的外部影响因素包括宏观经济环境、法律法规、金融服务以及社会环境等多个方面。这些外部因素进一步对企业外部约束机制的完善程度产生显著影响。伴随着企业经营环境的持续改进，外部市场竞争机制与内部治理机制将逐步变得更加健全和完善。外部约束机制主要通过市场竞争力量间接约束高级管理者的行为。因此，外部约束机制，是指高级管理者在受股东委托进行决策行为过程中所受到的外部制约力量。这一机制主要通过产品市场、资本市场以及高级管理者市场竞争等途径，来实现高管激励的有效性，进而确保高级管理者与股东利益、公司利益的一致性。具体而言，公司的外部约束机制包括市场约束、债权人约束以及法律法规约束等多个方面。

1. 市场约束

高级管理者行为所受到的市场约束主要来自经理人、产品和资本市场三个方面。高级管理者因经理人市场的激烈竞争而受到的压力，促使高级管理者以最大化公司价值为目标，进而促进公司的长期稳定发展；高级管理者的努力程度完全体现在产品市场中，高级管理者要想在产品市场中取胜就必须采取诸如降低成本、提高效率、增强公司竞争力等方式来提高公司业绩；在资本市场中，股票价格反映了公司的经营状况，公司经营状况是通过高级管理者的努力实现的，但当公司股票价格下跌时，就会发生股东用脚投票和收购接管行为，一旦收购成功，就会赶走在任的高级管理者。

2. 债权人约束

债权人约束是指债权人通过对公司偿还能力的考核和监督，以保证其按期还本付息所形成的对公司的约束。公司在很大程度上依赖银行，银行可以较大程度地监控公司的运行。

3. 法律法规约束

高级管理者的行为首先会受到法律法规的约束。一方面，市场正常运行最基本的前提就是完备的法律法规。高级管理者要根据相应的法律法规约束自身的行为，在法律允许的范围内实现公司价值最大化。另一方面，法律法规要能限制高级管理者侵害公司利益的行为，对违法者应依法追究其责任。

简述题

1. 高级管理者有哪些特征，分别是什么？
2. 简述高级管理者的选任机制。
3. 高级管理者变更的因素有哪些？
4. 高级管理者的激励机制有哪些？
5. 高级管理者的约束机制有哪些？

自学自测　　扫描此码

第 6 章

信息披露与公司控制权市场

【学习目标】

1. 掌握信息披露的基本概念,了解信息披露对公司治理的意义。
2. 了解信息披露的监管与治理。
3. 了解概念并掌握公司控制权市场、内外部治理机制的关系,了解中国控制权市场的演变与兴起。
4. 掌握收购与反收购的定义、基本类型与程序,学习收购与反收购的基本策略规则,了解收购与反收购的案例。

海航控股等公司信息披露违法违规系列案

此案例构成了一起关于控股股东对上市公司权益造成不当侵害的标志性事件。具体而言,海航控股集团有限公司(下文简称"海航控股"),采用了一种层次分明、结构缜密的三级管理体系——"海航控股总部—专项事业部与产业集团—单一运营公司"的架构模式,以此实现对旗下众多子公司的实际掌控与运营管理。为实现全集团财务管控,资金由海航集团集中调配。海航控股作为单一实体公司,财务资金管控受到海航集团的统筹和指导。此管理模式虽体现了集团化的规模效应与战略协同,但凸显了控股股东可能利用复杂架构中的信息不对称与权力集中,对上市公司利益实施侵害的风险与挑战,从而成了一个值得深入剖析与警示的范例。2018—2020 年,海航集团要求其子公司海南航空控股有限公司等向海航集团及其关联方提供资金,并违规提供担保,导致大量资金被占用。2022 年 8 月 25 日,证监会发布了针对海航控股及其涉及的 11 位责任个体的处罚公告,此举彰显了监管机构在维护资本市场秩序、保障中小股东正当权益方面的坚定立场与实际行动。本案例不仅是一次对特定违规行为的直接回应,更是监管部门向市场传递出的明确信号:任何侵害中小股东利益的行为都将受到严厉制裁,体现了监管层致力于构建一个公平、透明、健康的投资环境之决心。通过这一案例,可以窥见我国资本市场监管体系的不断完善与强化,以及对投资者保护工作的日益重视。

资料来源:中国证券监督管理委员会(csrc.gov.cn).

6.1 信息披露治理

6.1.1 信息披露治理的基础理念

信息披露机制是上市公司遵循法定程序,通过编制招股说明书及定期发布各类公告(包括但不限于年度报告、中期报告等),系统地向广大投资者及社会公众传达其经营状况、财务状况、重大事项变动等关键信息的行为。此过程不仅涵盖了公司基本信息的初始披露,还涉及了后续运营过程中重要信息的持续公开,旨在构建一个透明化的沟通桥梁,促进公司与各利益相关方之间的有效对话与理解。通过详尽且及时的信息披露,上市公司能够增强市场信任,保障投资者的知情权,进而促进资本市场的健康稳定发展。企业通过信息披露这一重要桥梁接受外部监督管理,向利益相关者或投资者公开信息进行沟通。信息用户通过获取相关信息来分析投资风险,以确定决定的正确性。

信息使用者主要涵盖股东、员工、债权人、供应商、消费者、竞争对手、政府和社区等各类组织或个人。他们通常依赖阅读各种大众媒体发布的临时通知和定期声明来获取信息,这些信息成为他们制定投资决策的主要依据。全面、真实、及时的信息披露对于给予这些投资者真正的帮助至关重要。

信息披露有强制性和自愿性两种。强制性是指上市公司管理层根据监管部门的规定,以文件形式公开提交公司信息,来维护股东及其他利益相关者的合法权益,这是法律制度的一部分。自愿性指的是企业在遵循强制性披露要求的基础上,为了塑造企业良好形象、加强投资者关系管理,并主动预防可能的法律诉讼风险等多方面动机,自主选择额外披露的一系列信息。这类信息披露行为不仅体现了企业的透明度与诚信度,还为企业与资本市场之间的信息交流提供了更为丰富和深入的维度,有助于增强市场信心,促进资源的有效配置。

1. 信息披露的原则

上市公司进行信息披露时必须遵守真实、准确、完整、及时、重要和可比性这些基本原则。

1)真实性原则

信息披露首先要保证真实性。真实性要求任何信息披露——无论是强制性的还是自愿进行的均以真实的确定的事实为基础,不得有虚假的或者误导性的记载。因为上市公司只有诚实守信,才能有意识地按照真实准确的要求披露信息,从根本上防止欺诈。18世纪20年代初,英国发生的南海泡沫事件(当时英国政府成立了一家名为南海公司的企业,旨在与南美洲进行贸易往来。然而,在1719—1720年期间,有关南海公司前景的传言引发了股票市场的投机热潮,导致股价飙升。尽管南海公司的业务并不盈利,但股价仍在持续上涨。当政府开始调查并揭露了南海公司的欺诈行为后,股价在1720年7月急剧下跌,南海泡沫因此破裂)和美国1929年、1987年的两次股灾都反映了真实性原则无比重要。在我国,也有一些上市公司发生了不诚信的事件。

2）准确性原则

信息披露时,确保信息的准确性原则要求财务报告和盈利预测报告引用的数据须经具备相关资质的会计师事务所审计。用的数据必须注明来源,并确保客观、公正、充分的事实陈述。信息披露文件不得包含赞美、宣传或恭维性措辞,内容和表达方式不能误导读者。在信息传播过程中,真实性与准确性各自承载着不同的核心要义,两者虽相互关联却各有侧重。真实性作为信息传播的首要原则,聚焦于已披露信息与现实客观状况之间的无偏差映射,即确保信息内容的本源真实,反映事物或事件的真实面貌。而准确性则进一步深化了信息传递的精度要求,它不仅关注信息发布源头与接收端之间在信息内容上的精确对接,还强调在信息的多向流通中,不同接收者之间能够达成理解上的一致性和无歧义性。简而言之,真实性是信息内容的本质要求,而准确性则是信息流通效果的重要保障,二者共同构成了信息传播质量的基石。

3）完整性原则

完整性原则要求信息披露者在评估特定证券的风险和收益时,必须披露所有相关信息,不能隐瞒或遗漏任何重要内容。上市公司提供的信息必须全面,包含了正面和负面问题,两者均不能忽视。如果只报道好消息而不报道坏消息,那么就会误导市场,市场参与者就不能做出正确的投资决定。因此,决策信息应该综合反映事物的积极和消极两个方面。既肯定成绩,又反映问题。

4）及时性原则

定时的信息披露要求信息披露者在披露过程中提供最新的信息,当带有重大事件发生而可能影响证券的投资者价值时,披露义务人应迅速做出反应,及时披露相关信息。及时性原则体现就是信息持续披露义务,要求上市公司必须以年度报告、中期报告、季度报告等形式及时披露其最新经营状况,不断审查、纠正、修正对已经发生或客观发生存在的事实的描述,并根据最新信息对既有事实的性质、影响分析和判断上市公司将来的经营状况。信息的时效性决定了它的生命力在于它的流动,而且它流动得越快,在实践中获得的价值就越高。

5）重要性原则

在信息披露中时,所披露的信息指重要信息及足以影响证券价格的信息,而不是上市公司的所有信息。但是如何明确一个标准来衡量重要性呢?我国对此采取了投资者决策标准和股价重大影响标准来判断何种信息为重要信息。公司应披露对投资者决策有重大影响的信息,无论是否有明确规定。股价影响标准用于判断特定信息是否属于重要信息,关注其对股价的潜在影响。

6）可比性原则

可比性指的是财务信息使用者能够在不同的经济情景下清晰地区分出财务信息的相似和不同之处。如果公司间采用相同的会计政策基础,财务报表所反映的内容也应当基本一致。这一原则要求披露会计政策的变动及其对财务信息的影响,以便信息使用者了解。为了精准剖析企业的财务状况与运营策略,信息使用者需具备辨识能力,即能够区分同一企业在不同时间跨度内的财务绩效演变,以及不同企业在面对相似交易与业务处理时采用的会计政策间的微妙差异。这种区分能力对于信息使用者而言至关重要,因为它能够促使他们更深入地理解企业财务状况的动态变化,以及不同会计政策选择对企业业绩展示与经营策略评估的影响,从而做出更为精确与全面的财务分析与判断。

2. 信息披露的内容

1)财务信息

企业财务信息就是指存在于资金运动之中能够反映企业在发展过程中的资金管理、财务支出、预算制定及分配等一系列财务活动的具体情况。

(1)数量性信息。根据《企业会计准则——基本准则(2014)》,结合公司所在行业的具体情况和相应的会计规范,必须用货币的形式记录公司涉及的各项经济活动的历史资料。

(2)非数量性信息。其主要包括上市公司财务数据的重要变化、会计政策的应用细节,以及调整会计政策的动机及其对财务状况的影响。

(3)期后事项信息。其涵盖了对未来财务报表金额直接影响的要素,以及资产负债表计价连续性的重大变化,以及对未来收入和估值的不确定影响等信息。

(4)公司分部业务的信息。如果仅仅在财务报表中列示这些财务数量信息,将无法准确展示公司该业务部分的运作和未来发展。因此,必须在外部报告披露中加入这部分内容。

2)非财务信息

(1)背景信息。企业的总体规划、战略目标等企业信息及所在行业信息。

(2)经营业绩说明。企业的成本指标、关键经营业务数据,以及关键资源的数量和质量指标,是评估其运营健康和效率的重要依据。

(3)管理层关于公司的分析讨论。

(4)企业面临的机会与风险。

(5)社会责任。这不仅包括企业在环境保护方面的责任指标,还涉及人力资源管理的具体情况,以及企业经营对当地社会和经济的各种影响和贡献。

(6)核心竞争力及持续发展。其包括研发创新能力、员工能力等。

3. 信息披露的方式

依据上市公司履行信息披露义务所处的不同时间段,可以把上市公司信息披露归为初次和持续两种。

证券发行前的初次信息披露制度,依据法律和行政法规,要求发行人在公开发行证券之前,发布募集文件公告,并将其放置在指定场所供公众查阅。初次信息披露有助于投资者做出理性的投资决策,确保所有投资者同等获取相关信息,并规范公司发行股票的行为。初次信息披露文件通常包括招股说明书、摘要和申报稿。

在证券交易市场上,发行人按照法律要求向证券监管机构和投资者提供其经营、财产及财务等情况的持续信息披露制度。这种制度的功能在于持续为投资者提供评估证券交易价值的依据。初次信息披露可以帮助投资者进行初始投资价值评估,但由于发行人情况不断变化，披露的信息随时间推移可能偏离实际。为维护投资者的合法利益，需要建立强制性的持续信息披露制度，确保发行人及时披露相关信息。持续信息披露有定期报告和临时报告两种类型。

6.1.2 信息披露与公司治理

1. 信息披露的作用

（1）有利于进行证券监督，提高证券市场效率。

由于证券市场的信息不对称问题，投资者无法进行有效甄别。强制性信息披露有助于及时、充分披露隐藏的信息，从而减少因逆向选择和道德风险而导致的市场低效和混乱情况，提升证券市场的运作效率。实施信息披露制度不仅有助于投资者了解上市公司的状况，还有利于监管部门有效管理证券市场。

（2）有利于维护广大投资者的合法权益。

资本市场都是基于信息开展投资交易。良好的信息披露体系有助于投资者获取充分的信息，有效缩小市场信息不对称，为他们提供更有利的投资决策环境。据东方财富网统计，截至2023年6月底，我国股票市场有超过2亿人参与，大部分是小型投资者。一般情况下，小型投资者面临信息匮乏的挑战，因此能够充分获取投资信息的知情权，有助于更好地保护他们的合法权益。近些年来，注册制改革以信息披露为核心不断深化，持续改善了投资者信息环境。这进一步巩固了小型投资者保护的基础。

（3）有利于约束公司的行为，使其改善经营管理。

通过增强和优化信息披露制度，企业能够向股东提供更有益的资讯，以有效减少代理费用。在企业治理中，财务信息披露是监管公司与管理层协议的核心部分，也用于规范管理层的行为。

2. 信息披露与公司治理

1）信息披露在公司治理中的基本作用

（1）通过提升和改进信息披露制度，公司可以有效降低代理成本。

（2）在公司治理中，公司财务会计信息披露充当控制机制，通过公开财务会计信息约束外部投资者对其所投公司管理层，以激励他们为股东利益提供服务。

（3）在公司治理中，会计信息披露可以调节企业与管理层的关系，同时也对经理行为进行约束。

2）信息披露对公司治理的作用机制

信息披露是公司治理的基石，能够纠正道德风险和信息不对称，保护股东利益。

3）公司治理对信息披露的影响

有效的公司治理需要在高质量信息披露的框架中，让股权结构稳固。董事会和监事会通过内部决策和执行机制对信息披露产生影响。完善的公司治理结构能够为公司的管理活动提供正确的导向和原则，提高信息透明度。

6.1.3 信息披露的监管与治理

从整体上分析,我国上市公司信息披露还处于发展阶段。尽管信息披露质量呈上升趋势,但由于上市公司治理结构缺陷、制度弊端以及信息披露监管不到位等原因,仍存在许多不足。

1. 关于信息披露的数量统计

根据网易发布的数据,在2019年的3754家上市企业中,有3687家企业按时发布了内部评估报告,占98.2%。尽管上市公司按照规定公开披露内部评估报告的比例很高,但仍有一些公司不重视内部评估报告披露。从这些信息可以看到,只有很少的几家上市公司可以在内部评价报告中披露一些重大且重要的缺陷。然而,许多公司仍未及时披露或推迟披露信息。目前的紧迫任务是通过有效的内部控制措施,减少不当信息披露行为的发生。

2. 关于信息披露违规类型的分析

关于信息披露违规类型的分析主要包括以下四种:披露的信息内容失实、信息披露时间不准确、利用虚增利润和收益获取投资者信任、在重要事项披露中隐瞒关键信息。

3. 关于信息披露违规类型比例的分析

2018年对我国上市企业的信息披露违规行为进行统计发现,"未履行其他法定职责"占比最高,达62%;其次是"重大事项披露延误",占比25%。因此,我国的信息披露管理体系仍有改进空间。

4. 信息披露违规类型处罚力度的分析

2023年7月14日,ST鹏博士因信息披露问题被证监会调查,广发证券也因未遵守规定为其提供服务面临监管压力。证监会向两者分别下发了"立案通知书"和"行政处罚预告书"。根据《中华人民共和国证券法》,证监会对广发证券处以罚款及没收违法所得,以加强信息披露监管,保护投资者合法权益。

2021年3月,证监会发布修订后的《上市公司信息披露管理办法》(简称《信披办法》),这个法规在5月1日开始实施。它修改了信息披露的基本要求:首先,增加了简明清晰、易于理解的原则要求,进一步完善了公平披露的规定;其次,强化了自愿披露制度,具体界定了披露标准;再次,还明确规定了披露信息的连贯性和统一性原则;最后,根据新修订的《中华人民共和国证券法》,详细说明了披露媒体的要求,并指定了必须采用的媒体。

资料来源:中国证券监督管理委员会《上市公司信息披露管理办法》(国务院公报2021年第13号,www.gov.cn)。

6.2 公司控制权市场

6.2.1 公司控制权市场概况

1. 基本概念介绍

公司的控制权是对公司发展和利益的决策权。从本质上讲，它是控制和管理公司所有可用资源的权力。在企业中，股东不再直接拥有其投资资产的所有权，而是通过行使股权来影响公司的决策。这种机制确保了股东们能够以多样化的方式参与公司治理，并根据其持股情况来行使相应的影响力。

公司控制权市场是指专门用于交易公众公司的控制权的市场。

公司控制权市场有企业并购和代理权竞争两种交易类型。公司控制权市场和资本市场在某种程度上有重叠。

2. 内部与外部治理机制

公司治理机制指公司内外部的控制过程和机制，主要关注公司运营决策的合理性，同时扩展到如何通过这些决策实施，以最大化公司投资者的回报。这些机制可以分为内外两部分。内部治理体系指企业通过组织程序明确定义的监督机制，如股东、董事会、监事会等，用于监督企业经营管理者的行为。外部治理制度则是指产品市场、资本市场和人力资源市场等外部机制，对企业利益相关者的权力和利益施加影响。外部治理机制依赖于外部市场的约束和运作。

就内部和外部治理机制之间的关系而言，许多研究人员认为它们是替代关系或协同关系。林毅夫（1997）认为，公司治理的外部因素与内部因素密切相关。通常情况下，外部治理机制难以直接管理经理人员，但可以通过约束和监督手段间接有效地管理企业的经理人员，从而对内部治理机制施加监督作用。林毅夫（1997）认为公司治理的外部因素与内部因素是相互关联，相互依存的。一般而言，外部治理机制无法对经理人员进行有效的直接管理，但可以通过约束和监督的方法，对企业的经理人员进行有效的间接管理，从而对公司内部治理机制的监管作用进行补充和强化。苏琦（2004）也表明相同的观点，认为公司外部治理机制可对内部治理结构产生作用，与公司内部治理共同解决公司治理中存在的问题。

1）公司的内部治理机制

（1）股东大会。根据《公司法》，股东是公司运营过程中的最终所有人，拥有对公司资产和剩余债权的最终控制权。股东大会作为公司的主要决策机构，股东通过参与会议来行使审议和表决权，以保障自身的合法权益，股东通常通过董事会这一内部治理机制以及市场上对控制权的竞争，来有效监督公司经理的行为。

（2）董事会。在公司的内部治理结构中，股东通过选举产生的董事会，代表着股东的利益，对管理者进行监督和控制，并批准与企业相关的重大决定。在我国，董事会和股东大会是一种相互信任的关系，而董事作为股东的受托人，对其负有信托义务。一旦董事会接管公司的经营,他们立即成为公司的法定代表人。通常情况下,股东无权干预董事会的运作。

(3)经理层。公司治理结构中,经理与董事会的互动通常被视为委托代理模式。经理是由董事会指派,直接向其汇报工作,具备提议和执行的职能,并有权委派其他管理层。在实际的经济运行中,由于股东大会和董事会机制的不完善,经理层实际上拥有比《公司法》规定的更多的权力。因此,市场有必要为经理层提供激励和约束。

2)公司的外部治理机制

(1)产品/要素市场的竞争。在市场经济的竞争机制下,产品或要素市场的竞争是对管理者进行监督和制约的重要基础。在激烈的市场竞争环境中,一个公司的经营业绩与其管理者的能力、责任心密切相关。投资者可以通过比较单个公司的盈利情况与整个行业的平均水平来评估管理层的能力,这种比较能够帮助他们判断管理人员的表现是否符合预期。完全竞争的产品和要素市场有助于弥合所有权与管理权分离时可能存在的信息不对称,从而为解决委托代理问题提供可信的信息支持。

(2)经理市场的竞争。竞争性市场是指经理层的薪酬水平由市场决定,由于经理人在企业经营绩效方面的表现对他们在市场上的薪酬和职业发展具有至关重要的影响,所以经理人会追求对投资者有利的经营管理,从而提升公司的利润水平和价值,这代表着经理层有更好的业绩表现;同时,对优秀经营管理的追求,使管理者在两权分离的情况下与投资者相容,有利于解决代理问题。

(3)竞争的资本市场。证券市场的竞争对于上市公司的治理来说,有着两个方面的意义。一方面,通过股票价格的变化对管理者施压;另一方面,证券市场的竞争使得代理权的竞争成为可能,如果董事会业绩不佳,股东可以利用委托权利来竞选并替换董事会成员。

(4)竞争的金融市场。债权人可以通过金融市场有效参与公司治理,即融资结构的治理。需要注意的是,相比与其他奖励计划,负债可能是一种更为有效的管理约束手段。如果管理者未能依约偿还债务,债权人有权强制要求债务人放弃控制权,显示了债务治理机制的有效性。

(5)在激烈竞争的并购和控制市场中,当一家企业因经营不善而导致市场估值低于其实际价值时,外部潜在的收购者通常会借助金融中介机构的协助,通过资本市场或金融市场采取敌意收购行动。一旦完成收购,他们通常会采取措施,例如调整管理团队,以提升企业的经营表现,从而发挥该企业潜在的实际价值,并在此过程中获得经济回报。

6.2.2 中国的控制权市场的发展

改革开放以后,全国各地企业租赁、企业兼并等形式兴起,中国企业控制权市场也逐步发育和形成。在中国经济体制的实际演变过程中,无论是制定经济改革目标、设计经济体制、规划经济发展,还是重组经济机构和推动经济市场发展,都主要由政府牵头实施。这种制度变革可以被视为"建构主义"的结果,是各利益集团博弈后达成的一种平衡。

我国公司控制权市场的发展主要是通过引进西方相关理论并结合我国的特殊背景来进行的。

中国控制权市场的发展历程可以分为六个阶段。

（1）新中国成立初期，最早出现了企业控制权交易，旨在支持政府进行社会主义改造和经济计划的调整。

（2）1984—1987 年进入了经济改革的初期阶段，主要由地方政府或企业通过承担债务或出资购买进行自主交易，大多在经济比较活跃的区域进行。

（3）1987—1989 年发展阶段。在这段时期，一个显著的特点是通过一系列文件、政策法规，确保了控制权市场的存在和发展具有相对稳定的基础。

（4）1989—1992 年。受国内外经济环境影响，我国大量国有企业进行了控制权调整。

（5）自 1993 年起，上市公司的并购活动开始，控制权市场逐渐发展，其广度和深度进入新阶段。

（6）从 2000 年 8 月至今的主辅业分离阶段，国有大中型企业开始从主业中剥离辅助业务，并通过 MBO 等方式出售给企业管理者和员工，或直接向外部出售（鞠颂东，2000）。

6.2.3　控制权市场与公司治理

由于剩余索取权与实际控制权的分离，以及这两者之间关系的变化，引发了公司治理领域的一系列问题。在这个背景下，治理的主要挑战在于如何有效地分配控制权，满足各利益相关方之间的需求和利益。公司治理的核心问题是控制权的配置，其实质上是对公司合同当事人权益的安排。公司控制权市场的主要力量是收购和兼并。市场对公司治理的控制权效力主要体现在以下三个方面。

（1）减少代理费用。所谓的"代理费用"是指所有权与经营权分离时，为了确保经营活动能够实现预期目标，所有者需要支付的费用。举例来说，通过增加管理层的奖金和股票期权，将管理者的收入与经营绩效挂钩，以激励他们更好地代表所有者利益。代理成本可以避免损害股东利益。当这些机制未能有效减少代理费用时，收购作为替代手段被采纳。

（2）改善公司治理效率。关键在于优化现有机制，因为控制权市场的存在，企业的合并与收购被视为优化公司治理的一种手段。最理想的结果是提升企业的经营绩效，增加企业的价值。通过并购，公司能够将控制权转移到更高效的管理者手中，这对改善公司治理的效率问题至关重要。

（3）发挥激励作用。在实际操作中，并非所有并购目标都是因为市值被低估或管理不善。有时候，许多表现良好的企业也会成为收购的对象。并购有时候暗含一种企业未来潜力巨大的市场信号，这会很好的激励管理层并使其在经理人市场价值上升。

根据新浪财经的报道,在2021年前6个月,共计84家上市公司公告了控制权的变动,以上市公司2020年净利润少于3000万元且营业收入少于10亿元作为是否属于壳公司的划分标准,并购的壳公司明显相对于以往减少,而更倾向于并购带产业的上市公司,也就是说,以往以并购壳公司为主流的并购正在减少。从交易金额上来看,也是带产业上市公司交易金额更高,其产业多分布在电子设备、医药生物、化工、机械设备、汽车及电子等行业,合计家数超过一半。说明在控制权交易市场上,产业思维逐步替代壳思维,这是一种良性的并购趋势,说明并购市场正在趋于规范。

资料来源:新浪财经,2021-007-09. https://baijiahao.baidu.com/s?id=1704789103966635490&wfr=spider&for=pc.

6.3 收购与反收购

6.3.1 收购与反收购的基本概念

1. 收购

收购(acquisition)是通过购买股权获取其他公司控制权的经济行为,可以调整对企业的控制权程度。当某个行业或经济环境不景气时,可以在二级市场上以较低的价格购买该行业某公司的股票。从法律角度来看,根据《中华人民共和国证券法》,当投资者已经持有一家上市公司已发行股份的30%时,如果要继续进行收购,需要依法向该上市公司所有股东发出收购要约。

2. 反收购

反收购是目标公司通过一些符合法律法规的行为,防止被收购。恶意收购可能会引发反收购现象,其主体为被收购公司,旨在防止公司控制权的转移。

3. 风险与注意事项

收购风险是公司收购中遭受损失或失败的不确定性。对收购公司来说,主要包括:①决策风险。由于信息资料不够全面、准确,决策分析过程不科学等原因造成收购实施中出现错误、偏差。②财务风险。其包括因筹资成本过高、筹资金额不足等情况产生的风险,以及由于实际资金支出超过计划额而产生的风险,还有杠杆收购中举债过度产生的风险。③反收购风险。比如,目标公司进行反收购,将使收购难度增大,甚至可导致收购失败。④市场风险。因市场利率水平变化、通胀率变化、股票市场价格变化而引起的风险。⑤目标公司风险。如目标公司所处行业的风险,目标公司财务、经营状况的风险。⑥经济周期风险。如经济处于低迷时期或过热时期的价格变动风险。⑦社会风险和政府干预风险。如工人罢工、市民反对、政府干预等。

6.3.2 收购与反收购的基本类型与程序

1. 收购的分类与程序

1）类型

（1）按关联性分可分为以下三种类型。

①横向收购是指同属于一个产业或行业的企业之间的收购活动。

②纵向收购则是指企业在生产和经营过程中与之紧密相关的并购行为，通常涉及产业链上下游的收购行为。

③混合收购是指涉及生产和经营无直接关联产品或服务的企业之间的收购行为。

（2）按抵制划分可分为以下两种类型。

①善意收购是指在收购前，收购方与被收购方的管理人员商议，双方同意后，被收购方愿意将所需的信息提供给收购方。

②敌意收购是指收购方无视被收购方的反对，强行进行收购，或者在未经预先磋商的情况下突然提出收购要约。

（3）按支付方式划分可分为以下五种类型。

①用现金购买资产指通过现金购买目标公司的资产以完成收购。

②用现金购买股票是指通过现金购买目标公司的股票完成并购。

③股票交换资产是指收购公司通过发行自有股票的方式与目标公司进行资产交换。

④股票交换是指并购方可以通过向被收购方股东直接出售股份来完成股票交换。

⑤资产收购是通过获得目标公司的股份或资产来实现控制。这一过程涉及利用资本购买目标公司的资源，从而实现对其管理和运营的影响。

（4）按确定划分可分为以下两种类型。

①要约收购是指收购方向所有股东发布的一种收购邀请。

②协议收购是一份具体的合同，其中并购方与上市公司特定的股东达成协议，就购买该公司股票制定了特定的条件、价格、期限及其他相关事宜。在这个过程中，公司股票持有者将其股票转售给购买方，购买方则支付必要的款项以实现对被收购公司的收购目标。

2）流程

企业如欲进行收购，需依据事先设定的企业发展目标，制订相应的计划和步骤来进行操作，其中收购的具体流程如下。

（1）战略规划：包括确定收购目标、制定收购策略、规划收购程序等步骤。

（2）目标公司调查：包括目标公司的搜索、分析以及审查（包括主动出售的动机审查、法律审查、业务审查、财务审查以及收购风险评估）。对目标公司进行全面和详尽的调查是提高并购成功率的重要手段之一。

（3）收购价格分析：包括公司资产评估。公司收购的风险很高，收购方应该谨慎行事，尽量避免风险。值得注意的是，在数据资产交易日益发展的情况下，对于所收购的数据资产定价是值得研究的，因为数据资产极易造成数据高估或者低估，目前的数据资产交易体系建设尚不完善,企业需要注意交易风险。

(4)收购筹资:包括资金筹措的渠道、外部融资途径、融资分析、融资决策、杠杆收购、管理层收购以及杠杆收购的操作流程。

在实际操作中,公司可以根据具体情况选择一个或多个融资途径。

①公司拥有自有的内部资金。

②银行贷款筹资是公司收购较常采用的一种筹资方式。

③公司通过发行股票、债券或其他有价证券来筹集收购资金。

(5)收购技术:包括公关策略、谈判技能、投标技巧、支付技巧以及合同签署技术。选择收购方式,包括现金收购、股票收购、承担债务式收购。

(6)收购后的整合发展:鉴于收购后有诸多的失败案。例如,上汽并购韩国双龙失败的其中之一原因,就是整合不力[①],因此,在完成收购后,需要加强战略协同、融合企业文化、整合制度、优化经营;在人力资源政策方面,则应稳定人才队伍、加强管理沟通、进行人事调整和组织变革。

①信息披露。收购公司应当按照法律和相关行政法规的规定,及时披露有关信息,以保护投资者和目标公司合法权益,维护证券市场正常秩序。

②登记过户。一旦收购合同生效,双方需完成股权转让的登记和过户手续。

3)收购过程中财务顾问作用

在企业并购过程中,通常由收购方和被收购方委托投资银行充当财务顾问角色。这些银行负责提供专业的财务建议和战略指导,帮助双方评估交易的可行性和利益。

(1)财务顾问为收购方提供多项服务:包括寻找合适的目标公司、提出具体的收购建议、协商和制定收购条款,以及提供其他支持,例如协助准备收购要约文件等工作。

(2)目标公司委托的财务顾问提供多项服务:包括预警服务、制定反对收购的策略、进行全面评估、预测未来利润、起草必要的文件和公告。

4)收购模式

控制权收购可以分为一次性和循序两种模式,其中循序收购指的是收购方在整个收购过程中,通过分阶段进行交易来完成收购目标。相对于国企,民企在并购过程中因信息不对称而处于劣势,更倾向于采取循序并购的方式来规避并购风险。

2. 反收购的类型与办法

这种反收购行为发生在要约收购之前,目标公司采取了各种形式来防止未来可能发生的收购攻击,包括以下五点。

1)毒丸

"毒丸"(poison pill)是目标公司通过特殊股票计划,设下障碍阻止收购要约。这样,即使收购成功,收购方也可能面临接受毒丸措施等不利后果。因此决定不再进行收购。

---

① 俞佳华. 浅析中国上市公司海外并购所面临的风险——以上汽集团并购韩国双龙汽车为例[J]. 财经界, 2014(12): 80-81.

2)反收购条款

反收购条款即为"驱鲨剂"(shark repellent)或者"豪猪条款"(porcupine provision)。"驱鲨剂"通常指的是修改公司章程或采取其他防御措施,以增加收购方案的困难度。而"豪猪条款"通常指公司章程或内部规定中设置的防御条款,旨在防止未经目标公司董事会收购同意的收购尝试,这些措施旨在保护公司免受未经授权的接管或控制。

3)金降落伞

"金降落伞"(golden parachute)是被收购方与其高管签署的一项契约条款,该契约条款要求被收购方必须向高管支付高额赔偿金和附加利益。在公司控制发生突变时,高管应获得全部报酬。

4)员工持股

员工持股计划旨在鼓励员工购买公司股票,并设立员工持股信托组织。

5)提前偿债条款

目标公司设置提前清偿债务条款,以防收购。

6.3.3 收购与反收购的基本策略规则

目标公司在察觉到可能的敌意收购时,分析收购者动机、实力,评估自身吸引力,找出对方弱点以制定合适的对策,包括评估收购意图的真实性和可能的绿色邮件敲诈行为。可根据实际情况可以选择如下的防卫措施。

(1)前置防御策略。指在实施收购攻击之前,目标公司预先采取的各种反收购措施。具体包括互持股、"毒丸"计划、双重结构再资本化、公正价格条款、员工持股计划、超级多数条款以及阶段性和分级董事会安排。

(2)过程防御策略。过程防御策略是在收购过程中,目标公司采取多种反收购策略,以应对收购方的攻击。这些策略包括但不限于收缩技术、焦土政策、管理团队回购以及帕克曼式防御。

6.3.4 收购与反收购案例

除了国内繁忙的并购市场外,许多企业也开始关注海外投资,其中中国化工收购先正达的案例尤为引人注目。

中国化工收购先正达

2017年6月,历经近两年时间,涉及430亿美元(合人民币2924亿元)的资金,被称为中国历史上规模最大的收购案,中国化工成功收购了瑞士先正达,最终交易价格锁定在每股465美元,并以现金方式支付。在股权交割过程中,中国化工集团还将向股东支付每股 5 美元的特别股息。据此计算，该交易的总对价为 440 亿美元。此外，中国化工还利用汇丰银行提供的 50 亿美元贷款，用于提前偿还先正达的债务。总体而言，中国化工集团为成功揽入先正达，实际支付了高达 490 亿美元的巨资，折合人民币接近 3000 亿元，这一交易规模空前，标志着中资企业在海外并购领域树立了新的里程碑，成为迄今为止中资海外并购史上最为庞大的交易案例。尽管在推进过程中，中国化工面临着持续的反对浪潮与质疑之声，但经过长达九个多月充满挑战与不懈努力的谈判与沟通，双方最终达成和解，为这次意义重大的收购项目画上了一个完美的句点。值得注意的是，此次收购并非中国化工在海外扩张道路上的孤例。回溯至 2015 年，中国化工集团便已展现出其国际化的雄心与实力，当时以 71 亿欧元的价格成功收购了意大利知名轮胎制造商倍耐力，这一交易同样彰显了其在全球范围内整合资源、推动产业升级的战略眼光。因此，中国化工集团通过这一系列大手笔的海外并购，不仅拓宽了自身的业务领域，也进一步提升了其在全球化工行业的影响力与地位。

资料来源：东方财富网。

中国证券监督管理委员会于 2022 年 2 月 28 日通过其官方平台正式发布了针对政协第十三届全国委员会第四次会议所提出的一项重要建议的回复。该回复聚焦于《关于促进制度开放，加快完善中国责任投资信息披露标准及评估体系的提案》，深刻阐述了推动资本市场主体——上市公司，积极践行创新、协调、绿色、开放、共享的新发展理念的战略意义。证监会明确指出，信息披露作为连接投资者与上市公司之间的桥梁，其质量与透明度对于促进市场健康发展至关重要。为此，证监会正不断强化对上市公司在环境保护、社会责任承担以及公司治理结构等方面的信息披露监管力度，旨在通过一系列精细化、系统化的举措，逐步构建起一套全面而坚实的制度框架。这一框架不仅旨在规范上市公司的信息披露行为，更着眼于激励和引导企业积极投身于绿色发展的实践之中，切实履行其社会责任，并不断优化完善公司治理结构。首先，中国证监会分别于 2016 年及次年对上市公司定期报告的编制内容与格式标准进行了两次关键性修订，此举标志着分级环境信息公开制度的逐步成型与深化。其次，聚焦于社会责任信息的展现，上市公司年度报告的内容框架与格式指南积极倡导企业结合行业特性，创造性地披露企业社会责任实践成果，尤其在《科创板股票上市规则》（2019 年）中明确科创板上市企业需在年度报告中详尽阐述其社会责任的履行状况的要求，此举显著提升了市场对企业社会责任表现的关注度。紧接着，一系列针对公司治理信息披露的法规如《上市公司信息披露管理办法》等，均对公司治理信息的公开提出了明确而具体的要求。特别是 2018 年 9 月，证监会汲取国际最佳实践并结合国内资本市场实际，对《上市公司治理准则》进行了全面修订。新准则不仅强化了上市公司对治理信息的公开义务，还深化了对控股股东、实际控制人及其关联方的监管约束，要求企业定期自我审视并评估公司治理状况，从而进一步细化和增强了治理信息的披露标准，为提升资本市场的整体治理水平奠定了坚实基础。

简述题

1. 什么是信息披露，需要披露哪些内容？
2. 什么是公司控制权？
3. 公司的外部治理机制包括哪些方面？
4. 反收购的方法一般都有哪些？

自学自测　扫描此码

第 7 章

利益相关者治理

【学习目标】

1. 理解什么是利益相关者,对利益相关者理论有一个全面的认识。
2. 了解利益相关者治理的内涵。
3. 熟悉利益相关者治理的必要性及其动态变化。
4. 掌握外部各利益相关者参与公司治理的方式。

新黄浦利益相关者的隐性联盟与控制权转移

2017年6月,新黄浦做出转让所持上海鸿泰房地产开发有限公司55%股权的决定,转让价格较低。此番低价转让的动机,源于董事长程齐鸣的双重考量:一方面,他意图借此举措提振新黄浦的经营业绩;另一方面,亦期望借此巩固其在董事会中的核心领导地位。值得注意的是,上海鸿泰的实际控制人为陆却非,此人同时担任新黄浦公司的副董事长一职。2017年11月上海领资作为新黄浦的股东之一,发生了重要的股权变动。具体来看,其普通合伙福州领达选择向盛誉莲花转让旗下全部新黄浦股权。与此同时,上海领资旗下另外两家有限合伙人(LP)亦做出决定,将总额度为10亿元的一般信托受益权让渡给中崇投资。值得注意的是,在此交易中,中崇投资与盛誉莲花表现为一致行动人的关系。由于这一系列股权转让行为的发生,盛誉莲花继而取代了上海领资,晋升为新黄浦的第二大股东。2018年5月,中崇投资与盛誉莲花不仅增持了新黄浦的股份,而且还透露出进一步增持的意向。

2018年7月,除程齐鸣外,其余8名董事于北京秘密开会商讨如何罢免程齐鸣职务,并于其后发出董事会提请罢免董事长程齐鸣的协议,新任董事长为陆却非。8位董事中,有5位是由程齐鸣本人亲自担任副总裁一职的第一大股东新华闻委派,另有中崇投资委派1名董事。值得注意的是,这6名董事一致同意罢免程齐鸣的议案,从而构成了一起典型的案例:由同一派系的其他董事与外部人联手策划并实施的罢免事件。案例中的董事会成员属于主要利益相关方,在实际标控制人利益与利益相关方发生冲突的情况下,可能会与其他利益相关方结成联盟,共同对抗公司的控制方,以获取自己的利益。

资料来源:朱荣,张月馨. 利益相关者、协同效应及公司控制权配置:基于新黄浦的案例研究. 管理案例研究与评论,2021,14(2):27-37.

7.1 利益相关者

7.1.1 利益相关者的概念

随着企业规模的持续扩张与实力的日益增强，利益相关者理论亦呈现出蓬勃发展的态势。鉴于全球各国在历史底蕴、文化观念、政治体制及经济发展路径上的显著差异，多元化的治理模式与理念应运而生，其中最为瞩目的两种观念分别为"股东中心论"与"利益相关方优位论"，它们各自代表了不同的治理哲学与价值取向，为现代企业治理提供了丰富的理论框架与实践指导。

在古典资本雇佣劳动的理论框架下，"股东至上主义"核心理念主张，资本家通过投入资金购置生产设备与原材料，进而招募劳动力以驱动生产与服务流程。此模式的核心在于追求资本价值的最大化增长，视股东为企业的终极权益拥有者。据此，企业的运营宗旨被明确界定为致力于实现股东利益的最大化，这一立场深刻影响了现代企业治理的导向与决策基础。然而，"利益相关者至上"的理论强调，企业不仅仅是一个孤立的群体，而是相互关联的社会结构中的一个组成部分，不能与其他个体或团体分离，因此，企业也应当对这些主体承担相应的社会职责。不同于股东以物质资本投资为主，而员工和管理层则更倾向于人力资本投资，这些人都承担了一定的经营风险或付出了相应的成本，所有的利益相关方都对企业的持续存在和成长做出了专门的投资。所以，在制定企业经营决策时，必须充分考量所有参与方的利益。现代企业所追求的核心目标，是实现各利益相关者的利益最优化。至此，对立的股东利益至上论与利益相关者理论应运而生。

20世纪60年代以来，全球企业普遍遭遇了社会责任缺失、劳资冲突、环境恶化等一系列严峻挑战，这些问题与企业运营中对利益相关者利益考量不足密切相关，进而促使学术界与业界深化了对利益相关者研究的重视。1963年，斯坦福大学团队首次提出"利益相关者"的概念，彼时即被界定为组织存续不可或缺的群体，缺乏其支持则组织难以为继。此定义拓宽了视野，将股东以外的多类群体纳入考量范畴，如员工、顾客、供应商、债权人及社会等，共同织就了一个多维度、错综复杂的利益相关者网络，为利益相关者理论奠定了基石。

步入20世纪80年代，利益相关者理论的影响力显著增强，对英美等国公司治理模式的抉择产生了深远的影响。促使企业界重新审视传统"股东至上"的观念。1984年，费里曼（Freeman）在《战略管理：利益相关者管理的分析方法》中进一步阐释了利益相关者的概念，指出其包括所有受企业目标实现过程影响，同时又能反向作用于这一过程的个人与群体。此定义从战略高度出发，极大地丰富了利益相关者的内涵，强调企业成长依赖于各利益相关者的协同作用，企业追求的是所有利益相关者的共同福祉，而非单一主体的利益最大化。费里曼的贡献在于深化了对企业与利益相关者相互依存关系的理解，为管理决策提供了更为全面的视角。

随后，克拉克森（Clarkson）引入"专用性投资"概念，对利益相关者进行了更为精细化的分类，将其界定为向企业投入各类资本（包括物质、人力、财务等）并承担相应风险的个体或组织。此界定不仅精准刻画了利益相关者的角色与重要性,也为理解其在企业运营中的作用提供了新的维度。

综上所述,利益相关者网络囊括了股东、债权人、员工、顾客、供应商等直接经济关联方,亦包括政府、社区、媒体、环保组织等间接影响者,乃至自然环境、未来世代等长远受益者。这些利益相关者的多元诉求交织在一起,共同塑造着企业的战略选择与发展路径。企业在决策过程中,需全面考量各利益相关者的权益与期望,力求在追求经济效益的同时,兼顾社会公平,以此提升企业形象与信誉,构建稳固且广泛的价值网络,推动企业实现可持续发展。

7.1.2 利益相关者的分类

探究企业环境中的利益相关方,我们发现其涵盖多个维度,包括股东、职员、债权人、供货商、零售商、消费者、竞争者、政府机构、社会组织及媒体等。若简单地将所有利益相关方视为一个同质化整体进行深入探讨,恐难以得出具有说服力的结论。企业的持续运营与成长,有赖于不同利益相关方的全面支持,而这些利益相关方对企业管理决策的影响及其受企业活动影响的程度均存在显著差异。此外,利益相关方具备三种独特属性:合法性(legitimacy),意指特定群体在法律框架、道德规范或特定环境条件下,是否拥有向企业提出正当诉求的权利;权力性(power),揭示了该群体是否拥有影响企业决策制定的地位、能力及相应的手段;紧迫性(urgency),关乎企业管理层能否及时响应并关注某一特定群体的需求。因此,对利益相关方的细分需从多维度进行。

基于利益相关方所掌控的资源及其对企业的影响力差异,可将其细化为以下三大类别:①所有权利益相关方,这一类别涵盖持有公司股份的实体,诸如董事会成员与高级管理层,他们直接参与公司所有权的分配与管理;②经济依赖利益相关方,包括与公司存在经济交易往来的多方,如雇员、债权人、消费者及供应商等,他们的经济活动与公司运营紧密交织;③社会利益相关方,这一类别关联着对公司社会影响显著的实体,例如政府机构、新闻媒体及特定社会群体,其利益与公司的社会责任及公众形象息息相关。

基于对企业政策与战略决策的不同影响途径,利益相关方可以进一步划分为直接与间接两类。直接利益相关方,诸如股东、雇员、债权人、供应商、零售商、消费者以及竞争对手等,通过明确的市场交易纽带与企业紧密相连,其在企业的存续与成长进程中扮演着至关重要的角色,直接影响着企业的战略导向与运营成效。相较之下,间接利益相关方,包括政府机构、社会倡导团体、传媒界以及广大公众等,虽然与企业之间不存在直接的市场关联,亦不直接介入企业的核心决策流程,且非企业存续的必备要素,但其对企业形象、公众认知及外部环境的影响力亦不容忽视,往往能够间接作用于企业的长期发展与市场地位。

依据利益相关方在利益诉求方面的主动性、关键程度及紧迫性,可将其细化为核心、蛰伏和边缘三大类。核心利益相关方,作为企业的中坚力量,与企业利益紧密相连,其决策与行动直接关系到企业的存续与未来走向,主要包括股东、高层管理团队及一线员工。蛰伏利益相关方,尽管已与企业构建稳固的关联,且在企业日常运营中扮演不可或缺的角色，如供应商、消费者、债权人、分销商及政府机构等，他们在常态下可能保持低调，但在利益受损或未获满足时，其影响力可迅速显现，由潜藏状态跃升至活跃前沿。至于边缘利益相关方，则常被视为企业边缘群体，其对企业的影响力相对有限，且在企业视野中优先级较低，这些群体包括特定社群及边缘化团体，其利益诉求的紧迫性与重要性往往不及其他两类利益相关方显著。

历经由"狭义界定"至"广义认知"，再到"多维细分"，直至"属性评分"的演进过程，利益相关方的界定日益精确。这一过程不仅显著推动了利益相关方分类的量化操作，还极大地增强了利益相关方理论的实践指导力，进而激发了对其在公司治理中作用与影响的深入探索与实践应用。

7.2 利益相关者治理

7.2.1 利益相关者治理的内涵

利益相关者治理的核心在于合理协调各利益相关者的期望与目标，旨在构建积极的利益相关者关系网络。这一治理模式通过实施一系列正式与非正式的内部及外部机制，有效调和公司与各利益相关方之间的关系，确保公司决策过程的严谨性和科学性，进而全面维护公司及所有相关方的共同利益与福祉。利益相关者治理的核心理念主要体现在以下两个维度。

（1）从产权视角出发，利益相关者治理倡导"新所有权观"的合理性，对传统企业治理理念中股东独占公司所有权地位的认知构成了深刻挑战。在现代公司治理的语境下，所有权概念呈现出复杂性，若仅以此作为探讨公司治理的起点，则显得片面且具有局限性。实际上，企业并非股东这一单一群体的专属，而是由多元主体共同持有，股东仅是其中一部分权益的持有者。因此，将公司价值的创造仅局限于股东层面，而忽视其他诸多利益相关者的贡献是不合逻辑的。

（2）除股东对企业实施资本投入并承受经营风险之外，员工、债权人、供应商、政府等其他利益相关者亦进行了特定性的投资，并相应地承担了风险。这些专用性资产一旦转作他用，其价值将大幅降低。因此，其他利益相关者的投资亦面临风险状态。为激励这些特定性资产投入企业，必须赋予其相应的收益与权力激励。基于此，企业应积极倡导并实践公司治理的多元参与原则，确保所有相关利益主体均能适度融入治理进程之中。在此过程中，企业需秉持均衡考量的原则，精心平衡各利益相关者的权益与诉求，旨在实现整体利益的最优化与最大化。

7.2.2 利益相关者治理的必要性

传统股东价值理论秉持公司归属于股东，其核心使命在于为股东创造经济价值的观点。然而，此观念下的公司治理模式过分侧重于股东收益的最大化，却往往忽视了与企业相关的债权人、员工、供应商、社区、顾客等利益相关者的利益诉求。大量公司治理实践表明，在现代社会中，公司的成长与发展离不开各利益相关方的积极参与和贡献。企业并非单一所有，是由多元利益相关方共同参与并构建的组织架构。这些利益相关方均向企业投入了特定的专业资源，或承担了相应的经营风险，以促进企业的持续运营与成长。鉴于此，他们理应享有企业剩余控制权的分配，在制定企业经营战略之际，决策层必须深度审视并综合考量所有利益相关者的权益需求，进而设计一套行之有效的回馈与补偿机制。此举旨在达成各利益相关方之间权益的和谐共生与均衡满足，从而构筑一个更为积极正向的企业外部环境，为企业的长远稳健发展奠定坚实基石。

步入知识经济与科技飞速发展的新时期，物质资本持有者在企业中的核心地位正悄然发生转变，呈现出逐渐弱化的态势。公司价值在很大程度上取决于其人力资源，员工的专业技能为其赢得了更多的话语权。市场的不稳定性导致企业业绩波动，这进一步引起了与企业运营状态密切相关的债权人的高度关注。同时，数字化技术在生产和经营模式上的应用变革增强了消费者的主导权，也促使他们更加深入地理解自身利益，从而使消费者和整个社会都更加注重保护自身权益。企业对上述利益相关方的高度依赖，迫使其在制定治理策略时更加重视利益相关者的权益。鉴于利益相关者对公司运营及治理机制的影响日益显著，公司治理实践亟须将利益相关者纳入其框架之中，确保公司内外部与利益紧密相关的各方能积极参与并共同塑造公司的治理模式。这一过程凸显了公司运营中利益相关者融入的重要性，旨在推动构建更为全面、均衡的治理体系。

企业与利益相关者之间本质上构成了一种互利的"契约式"关系，这些契约通过正式或非正式的制度来明确企业与所有利益相关者之间的权益和义务。为了从所有利益相关者那里获得所需的资源和良好的经营环境，企业必须承担相应的责任，并保护他们的权益和利益。同样，为了从企业中获取应有的利益回报，各方利益相关者必不可少地需贡献充足的资源，并共同营造一个有利于企业稳健运营的外部环境。所有利益相关方都期望公司在进行战略决策时，能够优先考虑他们的利益，以实现他们的目标。然而，这些权益主体的利益及其关注的核心问题存在显著差异，并且常常存在利益冲突。企业能否生存和发展，关键在于能否有效地处理好与各利益相关方的关系。因此，从利益相关者的角度出发，对企业公司治理问题进行深入分析，这一做法目前已获得广泛认同。

7.2.3 利益相关者治理的动态变化

在公司治理的多元参与格局下，一个核心挑战显现：如何根据外部环境的动态变迁，适时且明确地界定各类利益相关者的权益与职责边界，并持续有效地调和其间潜在的利益冲突。这可能导致公司运营效率的下降，甚至使企业陷入"泛利益相关者治理"的困境之中。利益相关者的地位及其利益诉求并非静止不变，它们会随着政治、经济或社会环境的变化而演变。

以我国 2018 年修订的《上市公司治理准则》为例，该准则结合当时的环境保护新趋势，倡导上市公司应融入绿色发展理念，将生态保护与资源高效利用纳入其战略规划和公司治理架构中，为加速生态文明建设的进程，旨在发挥其在污染防治、资源节约以及生态保护领域的引领作用。此外，该准则亦着重指出，上市公司在致力于持续发展、优化财务表现及捍卫股东权益的同时，亦应积极投身社区福祉增进、灾害救援、慈善事业等社会责任活动。为实践此宗旨，鼓励上市公司与偏远贫困地区的县镇或村庄建立定点帮扶合作机制，通过产业赋能、人才培育及就业机会创造等多维度策略，深度融入并助力这些区域的社会经济全面发展进程。这两项规定不仅与国际主要资本市场 ESG（environment，social and corporate governance，环境、社会与公司治理）信息披露的最新趋势保持同步，并积极提升上市公司的 ESG 评级，以期增强我国资本市场的国际吸引力和竞争力，为构建一个更加绿色、和谐、可持续的资本市场生态系统奠定了坚实基础。

故而，对于一个汇聚了多元化利益相关者的企业组织而言，其持久繁荣与发展的基石，根植于能否卓越地驾驭并协调这些利益相关者之间错综复杂的关联网络。公司治理本质上是一个通过各种制度安排来实现各利益相关者目标的过程。在制定公司治理策略时，企业应全面考虑潜在利益相关者对公司有限资源的贡献度、公司破产或关系终止可能给他们带来的风险损失、核心利益相关者的主要利益诉求，以及他们在组织中的权力和地位，以此为基础进行策略选择和决策制定。如此，企业方能更有效地实现其价值最大化目标，促进股东财富的积累，同时规避潜在的发展困境，确保公司的持续发展与股东的长期受益。

7.3　利益相关者治理方式

在当今企业经营环境不断演变的背景下，经济一体化、全球化经营、社会化生产、多元化利益、网络化关联、电子化商务以及国际化资本的趋势日益显著。随着企业与各类利益相关者之间相互依存程度的不断加深，它们共同形成了一个利益与命运紧密相连的共同体。因此，以往那种以股东利益最大化为核心的公司治理机制设计逐渐显现出较大的局限性。利益相关者的参与对于企业的关键性和价值愈发凸显，他们对企业经营目标、战略决策以及组织行动的影响力也随之增强。鉴于上述背景，公司治理范式已悄然演化为一种包容性更强的模式，即强调利益相关者的全面参与与合作，共同塑造企业的治理格局。影响公司治理效率的因素不仅涵盖公司内部由股东大会、董事会、监事会及高级经理人等构成的治理结构，还涉及与公司治理相关的外部利益相关者。外部利益相关者的治理手段多种多样，主要包括信息披露制度、中介机构、法律法规体系、政府监管机构以及媒体和专业人士的舆论监督等。这些外部治理机制有助于监督公司提供高质量的公司信息，减少企业与利益相关者之间的信息不对称现象，降低沟通成本与企业因机会主义动机而产生的盈余管理倾向，通过提升信息透明度，作为一项关键举措，能够持续促进公司治理效能的增强，进而为企业的稳健与可持续发展奠定坚实基础。

7.3.1　信息披露制度

信息披露制度，也被称为"信息公开制度"，是上市公司出于维护股东权益及促进社会监督的考虑，依据相关法律法规的严格要求而实施的一种制度性安排。该制度的核心在于要求公司公开其信息、财务数据及重要资料，旨在构建一个透明、公正的市场环境。通过这一制度，所有利益相关者能够平等地获取决策所需的信息，进而促进资本市场的健康稳定发展。信息披露制度的核心特征体现在其将强制性与自愿性披露义务相融合、披露内容的丰富多样以及披露时间的持续不断。在中国资本市场背景下，上市公司的信息披露体系主要涵盖三大类别：①上市阶段的信息披露，这包括面向一级市场的招股说明书及针对二级市场的上市公告书，此类披露活动伴随公司上市流程的完成而告终；②定期性的信息披露，主要构成包括年度报告、中期报告及季度报告，其中年度报告作为最全面、正式的披露文件，不仅是上市公司定期披露的重点，也是外部投资者评估公司业绩的关键信息来源；③临时性信息披露，涉及重要事项公告、并购重组公告等，这类披露活动在公司运营周期内持续发生。信息披露的精髓在于确保其完整性、真实性和及时性，这些要素在公司治理结构中扮演着至关重要的角色。具体而言，信息披露在公司治理中的作用主要表现在以下两个方面。

1. 信息披露在内部治理结构中的监督与激励作用

监督高管和大股东的行为是公司治理的关键环节，而财务信息作为监督的重要内容，其定期披露对于降低股东与高级经理人员，以及大股东和中小股东之间的信息不对称具有至关重要的作用。通过财务信息的披露，可以有效地遏制管理人员和大股东的机会主义行为。同时，财务信息的披露也是评价并激励高级经理人的重要依据，公正客观的评价有助于减少机会主义倾向并提高他们的工作积极性。

2. 信息披露有助于外部治理机制的有序运行

企业外部治理机制的有效运行依赖于相关、可靠、及时和充分的信息披露机制。这一机制旨在向企业外部利益相关者传递关于企业成长潜力、运营能力、财务绩效、资源调配策略及潜在财务风险等核心信息。它不仅充分满足了社会公众、投资者等外部利益相关者的信息需求，还为他们提供了甄别具有优质投资潜力的企业的关键依据，从而帮助他们做出更为精准的经济判断与决策选择。这一过程不仅保障了各利益主体的合法权益，还促进了企业运营效率的提升与整体发展的稳健有序。

7.3.2　中介机构

信息披露机制的核心目标，在于向公司的各类利益相关者传达公司关键信息，同时确保这些信息的真实性和可靠性经由信用中介机构进行严格审核。为此，信用中介机构的独立性至关重要，它是确保对公司披露内容实施无偏倚、公正评估的基石。此类机构涵盖多个领域，主要包括：会计师事务所、律师事务所及投资银行等。

1. 会计师事务所

会计师事务所的职责不仅限于为公司编制及审核财务报告，还包括审查账目，旨在发现潜在漏洞，防止虚假信息陈述，以确保公司财务状况及经营实绩的真实性和准确性。若事务所对上市公司披露的不实财务信息进行确认，其将面临承担重大法律责任的严峻风险，可能招致政府机构的民事或刑事诉讼，后果极为严重。鉴于此，会计师事务所在执业时通常会秉持高度的职业操守与专业准则，尽管偶有审计机构与公司联手进行财务舞弊的情况发生，但这并不改变其总体上的严格遵循职业操守的现状。

2. 律师事务所

律师事务所作为关键信用中介之一，尽管其在公众视野中的关注度或许不及会计师事务所与投资银行，但在成熟的证券市场体系中，其作用不容小觑。这些法律专业机构详尽审视发行公司呈递的各项文件，确保合规性，并承担起督促发行公司及投资银行严格遵守信息披露规则的职责，以此维护市场的透明与公正。

3. 投资银行

投资银行作为一种非银行性质的金融机构，其业务范畴极为广泛，囊括了证券的承销、发行及市场交易，同时还致力于企业资本结构的优化调整，比如企业重组与并购战略的实施。此外，投资银行还活跃于投资分析、风险资本投资及项目融资等多元化金融服务领域，充分展现其作为金融市场重要参与者的角色与功能。投资银行内部汇聚了一支专业的金融投资分析师团队，他们凭借深厚的专业知识与技能，对企业价值进行深度剖析，为市场提供精确的投资评估与独到见解。这些分析成果往往对广大投资者的决策过程产生显著影响。此外，投资银行在促成企业间的兼并、收购及重组等交易中发挥着至关重要的作用。

综上所述，信用中介机构的核心职能在于保障企业信息披露的精准性与透明度，旨在改善企业与各利益相关者之间的信息不对称。鉴于此，构建公司治理框架下的信用中介体系，关键通过制度安排确立中介机构的独立地位。为强化信用中介机构的独立性，可实施双向并举的策略：首要措施是构建健全的法律法规体系，明确界定信用中介机构对投资者的责任边界，包括但不限于引入信用中介许可制度以设定行业质量标准、加强对违规行为的监察与惩处力度，直至撤销违规机构的执业资格乃至追究其法律责任。其次，建立二级信用评估机制，依托行业协会、自律组织等第三方平台，对一级信用中介机构实施监督与评估，确保其一贯的服务品质与专业水准，从而形成一个良性循环的质量保障体系。

7.3.3 法律法规

公司治理植根于法律体系之中，其框架涵盖了《中华人民共和国公司法》《中华人民共和国劳动法》《中华人民共和国银行法》《中华人民共和国证券法》以及《中华人民共和国破产法》等多部法律法规，共同构建并深刻影响着公司治理的实践模式。在法治体系的核心框架内，投资者法律保护机制占据着举足轻重的地位，其核心聚焦于国家制定的法律规范中针对投资者的各项保障条款，以及这些条款在实际执行中的效果与效率。通过法律保护中小投资者的利益，往往能够显著地提升公司的价值。原因在于，当中小股东的权益得到更周全的保障时，市场普遍预期大股东侵害其未来收益的风险将降低，从而激发普通投资者的投资意愿，使他们更倾向于购入相关公司的股票。反之，若中小股东权益保护不足，投资者信心受挫，可能导致他们以折价购买股票，极端情况下甚至拒绝投资，最终影响公司在资本市场的存续与发展，迫使部分公司退出市场。

7.3.4 政府监管

在当前我国转型发展的关键时期,市场失灵的问题因信息不对称而显现的局限性难以自我修复,鉴于此,亟须借助具有公共权威性质的机构——政府,来填补市场运作中的不足与空白,以有效应对市场失灵现象。党的十八大以来,我国不断深化监管体制改革,重塑监管机制和方式,完善了市场、安全、质量和金融等领域的监管执法体系,初步形成了全方位、立体化的监管格局,为政府监管工作提供了坚实的制度保障。政府通过法律、行政、市场环境及信息披露监管等多元化的手段,不断强化执法力度,加强对不良企业的监管和打击,规范企业经营行为,督促公司依法及时准确地披露信息,以维护资本市场的稳定运行与发展。此外,政府应鼓励协会、商会等组织加强自律、行为规范与监督,促进企业和市场主体的规范经营,推动经济的良性发展。

7.3.5 媒体、专业人士的舆论治理

舆论监督的实施主体可分为公众维度与媒体维度两大方面。公众作为监督的核心力量,不仅是舆论议题的发掘者与提供者,还通过其构成的多元化群体,特别是包括公司治理、财务等领域的专家与学者,对公司治理产生深远影响。譬如,证券分析师作为资本市场中信息传递的关键枢纽,发挥着至关重要的作用。他们依托扎实的专业知识结构,致力于信息的广泛搜集、深入剖析及精准诠释,旨在向市场各主体提供关于企业价值评估的前瞻洞察与信用评估服务,以此促进市场信息的透明化与决策的科学化。随着数字时代的全面到来,分析师们拥有了前所未有的信息扩散媒介与渠道。他们借助研究报告、深度访谈以及各类新兴的自媒体平台,实现了信息的高效、广泛传播,显著缓解了市场信息不对称的状况,并提升了企业信息披露的透明度。在这一过程中,分析师们对上市公司治理绩效的评估、对潜在虚假信息披露行为的揭露与分析,均展现出了其作为专业监督力量在促进公司治理结构优化、维护市场秩序方面所发挥的正向作用。

媒体作为公众舆论监督的重要媒介,不仅承担着实现与输出监督功能的重任,同时也是监督话题的发现与提供者。媒体监督在推动企业可持续发展方面占据重要地位,其特性包括广泛性、快捷性和互动性,是信息时代不可或缺的监督模式之一。首先,媒体监督的广泛性赋予了其穿透社会各个层面的能力,无论是个人行为、企业运营还是政府行为,均难以逃脱媒体的审视与监督。这种全面的覆盖力确保了监督的普遍性与公正性。其次,媒体监督的快捷性使其能够即时捕捉并发布信息,迅速构建起强大的舆论场,有效遏制社会不良现象的蔓延,避免其对企业造成深远的不良影响。最后,在数字化时代,媒体监督的互动性尤为凸显。互联网的普及极大地增强了媒体与公众之间的交流与互动,使得媒体能够更加精准地捕捉并反映公众的意见与诉求,进而提升社会监督的整体效能。此外,媒体的监督和传播手段日益多样化。作为信息的主要搜集者、加工者和传播者,媒体显著提升了信息的传播效率,拓宽了其传播的宽度与广度。在推动公司治理效率提升、促进市场健康发展方面发挥着不可替代的作用。

简述题

1. 根据利益相关者的属性,可以将其细分为哪些类型?
2. 为什么利益相关者要参与公司治理?
3. 请说明利益相关者治理的内涵。
4. 请简述利益相关者治理存在的优势与劣势。
5. 请论述外部治理与内部治理的联系与区别。
6. 外部利益相关者在公司治理中发挥什么样的作用?

自学自测  扫描此码

第 8 章

中国企业的公司治理

【学习目标】

1. 了解中国国有企业和民营企业的公司治理现状与改革历程。
2. 了解股份合作制对中国国有企业和民营企业公司治理的意义。
3. 了解现阶段民营企业的产权结构的特点。
4. 了解计划经济制度和市场经济制度下国有企业公司治理的区别。

云南白药混改

2014年云南省提出对白药控股进行混改意向,云南白药是云南省盈利能力最出众的国有企业之一,当时白药控股持有云南白药 41.52%的股权。云南国企改革拿出了最优质的资源进行混合所有制改革,在医药行业技术迭代、数字化转型的窗口期抢先抓住机遇。2016 年 7 月 19 日,云南省国有资产监督管理委员会筹备对白药股份公司混改工作,经云南省国资委批准后,福建省民营企业新华都实业集团股份有限公司在华润、阿里巴巴、平安等竞争对手中强势突围,出资 253.7 亿元取得白药控股 50%的股权,等同于获得云南白药集团 20.76%的股权。本次改革中云南省国资委依然保持控股股东地位,白药控股坚持市场导向,由董事会选聘高管。在第一轮混改项目成功之后,2017 年 6 月,白药控股进一步推动混改进程,江苏鱼跃科技作为民营资本融进白药控股的股权结构,按照上一轮增资时的估值,江苏鱼跃拟出资约 56.38 亿元,并成功提名一名董事,占董事会名额的 1/5。本次增资之后,云南省国资委持有白药控股的 45%的股权,新华都实业持股占比与云南省国资委一致,江苏鱼跃科技则持有白药控股的 10%股权,民营资本的力量大于国有资本力量。2017 年云南白药又进一步实施了高管薪酬改革方案,至此,混改的最后一个环节——高管的选聘、激励和约束工作也圆满完成,宣告白药控股混合所有制改革的落幕。白药控股以建立市场化导向的公司治理应对风云莫测的市场波动性风险,以制度创新打造"中华圣药"的百年品牌,提升国企经营活力、为国企改革提供了新经验。

资料来源:沈红波. 国有企业混合所有制改革中的控制权安排:基于云南白药混改的案例研究[J]. 管理世界,2019,35(10):206-217.

国有企业是中央或地方政府控制或投资的企业,可分为国有独资企业、国有独资公司及国有资本控股公司三种类型。民营企业的概念在经济学领域有不同的定义，本书中将民营企业定义为除了国有企业之外所有的非公有制企业。

8.1 中国国有企业改革历史及公司治理

改革开放以前，国营企业在计划经济体制下运行。国家对当时的国营企业采用的是政府直接管理的模式。国营企业没有实际的决策权、经营权、收益权和分配权，完全按照上级下达的计划组织生产，由政府掌握企业的剩余索取权和控制权。

当时的国内经济建设刚刚起步，物资匮乏，供应紧张，是人民日益增长的美好生活需求与落后生产力的矛盾较为激烈的时期。这段时期的企业治理注重的是企业内部的领导组织系统和政治思想工作，职能管理的重点在于计划筹备、物资设施、技术投入、劳动资金、成本费用等。对市场调研、评估环境、营销推广、员工激励等经营制度的关注度低。国营企业虽然有"企业"的名号，但是并没有参与市场竞争、没有生产要素的支配权、更没有公司发展战略的决定权，企业缺乏内在动力和发展活力，在被动执行的封闭环境下运营。这种传统的政企关系无法适应社会化扩大再生产的要求，企业治理制度存在严重的缺陷，无法在市场经济条件下进行健康的经济活动。

8.1.1 改革开放时期的国营企业治理（1978—1991年）

1978年12月，党的十一届三中全会在北京举行。在会议上，党中央做出了把工作重点转移到国家经济建设上来的重要决策，从此中国人民进行了改革开放和社会主义现代化建设的全新时期。中国国营企业开始迈出改革的步伐，开始试点由行政型治理模式向经济型治理模式演进。国家逐步下放和扩大国营企业的自主经营权，1979年5月，国家经济委员会发出通知，决定在首都钢铁公司、北京清河毛纺厂、北京内燃机总厂、天津动力厂、天津自行车厂、上海汽车轮机厂、上海柴油机厂、上海彭浦机器厂8家企业进行扩大经营管理自主权的改革试点，实行利润留成。从1979年到1980年，扩大企业自主权的试点工作规模化地发展，截至1980年年底，除了西藏之外的其他省份参加试点的国营企业已经超过了6000余家，标志着我国公司治理的新时期已经到来，是国营企业改革的重要步骤，全国预算内工业企业当中16%是参与试点的企业，其产值和利润占比分别达到了60%和70%[①]。试点企业在计划筹备、产品销售、研发投入、人力资源等方面有了一些自主权。由于扩权在某种程度上把责、权、利结合起来，使企业获得了内在动力，伴随着竞争的展开，又给企业造成了一定的外部压力，最后实现增产增收，国家和企业互利共赢。

但是，扩大企业自主经营权的做法不够规范，难以做到正确处理国家、企业、职工之间的关系，对于明确责任划分也存在缺陷。因此政府和企业都在探索进一步改革的思路，借鉴农村实行联产计酬责任制的成功经验，从1981年起开始经济责任制的试点，并逐步明确了其内容、实施原则及采取方式。在国家与企业的关系上实行上缴利润递增

---

① 中国共产党历史重要文献辞典[M]. 中共党史出版社、党建读物出版社，2019.

包干制；在企业内部建立责、权、利结合，实行逐级岗位制；在技术业务工作上建立专业经济责任制。

扩大国营企业的自主权和经济责任制的推行激活了国营企业的潜在动力，国家的财政状况也明显好转。然而利益分配的问题依然没有得到解决，这是国营企业与主管部门的主要矛盾。基于此，中央政府决定从税制改革入手分两阶段开启工作，第一阶段1979年在湖北省的15家国营企业试推行"利改税"，之后陆续在广西、四川和上海企业中开展，第二阶段从1980年第四季度开始，覆盖省市扩大至18个地区、企业数量则增加至400家。为了创造国营企业公平竞争的经营环境，划清政府财政收入和国营企业可支配收入的界限，理顺国家与企业的利润分配关系，同时调解经济责任制带来的负面作用，1983年初国务院决定停止《关于实行工作生产责任制若干问题的意见》规定的利润分配制度，在同年4月决定正式实行"利改税"。在国务院颁布的《关于国营企业利改税试行办法》中规定大中型国营企业按实现利润的55%上缴所得税，此外根据企业实际情况征收不同幅度的利润调节税，而对小型国营企业实施超额累进税制度。

实行利改税的改革办法相比于其他方法很好地解决了国家与企业之间利润分配问题，具有一定的优越性。实行利改税对国营企业突破吃国家"大锅饭"的瓶颈，扩大自身经营权具有积极意义。除此之外，在税收方面，实行利改税政策能够鼓励先进，鞭策落后，撬动经济杠杆，促进国民经济发展；在财务管理方面，实行利改税政策能够加强财政监督、优化财务管理结构，对于国家财政收入增长具有时代意义。

20世纪80年代中期，中国的乡镇企业和私营企业呈现出迅猛的发展态势，外资企业也迅速崛起，国营企业遇到了前所未有的竞争挑战。经济形势改变的情况下，国营企业在20世纪80年代中后期出现了明显的亏损。面对国营企业生产积极性降低，国家财政收入不乐观，一批国营企业陷入亏损的不利局面，国营企业的改革继续探索新的路径。1984年10月《中共中央关于经济体制改革的决定》中改变了计划经济和商品经济相矛盾的思维定势，国营企业突破传统的理念桎梏，沿着"国家与企业"和"职工与企业"之间的正确关系的路线推动，改革工作兼程并进。1986年起国营企业掀起推行承包经营的热潮，在3年的时间之内，工业企业的承包覆盖面全面提升，在23个省市中达到78%，大中型企业则达到85%。开展速度之快、规模之大远远超出政府和企业的预期。1986年在《国务院关于深化企业改革增强企业活力的若干规定》中对企业所有权和经营权的划分提出了三条明确的思路：在小型企业和部分亏损微利的中型企业试行租赁、承包经营制，赋予充分的经营自主权；为了增强大中型企业的经营活力，使工业生产稳定增长，推行多种形式的经营责任制，并加强审计监督管理，使其取得合法利益；最后对有条件的大中型企业进行股份制试点。

承包经营制确实增加了财政收入，改变了国营企业的经营机制。具体来说，加快了厂长负责制的落实，把竞争概念纳入企业，使企业人力资源管理制度发生变化；内部分配制度的改革在一定程度上让企业实现了自负盈亏。承包经营制也促进了产业和企业结构的优化组合，一些管理水平高、技术能力强、经济运转良好的企业承包了微利或者亏损企业。

推行承包制的初衷在于通过所有权和经营权的分离让企业成为法人主体，而最终的结果没有达到两权分离的目的。因为承包制没有涉及国营企业作为法人应有的法人财产权,企业所有权全部属于国家,国营企业只享有经营资格。企业没有自己的财产就说明无法实现自负盈亏,依然隶属于政府部门,国营企业没有跳出传统的政企关系,在法律上不能成为独立承担民事责任的企业法人。解决这一问题的关键在于分离法律上的所有权和经济上的所有权,能够实现这一目标的最好形式是实行股份制。

在 1986 年至 1990 年,正在适应承包经营责任制的国营企业面临了诸多外部环境的变化。一是通货膨胀引起企业生产资料的价格大幅上涨;二是 1989 年起上调的企业流动贷款利率给企业带来了沉重的利息负担;三是国家调整了物价补贴、副食品补贴政策,国营企业费用增加,可支配收入进一步降低;四是企业的税费大幅度增加,中国工业经济学会对 193 户国营企业的调查结果显示,国家对工业企业征收的税费从 1978 年的商品税和所得税两种增加至 1989 年的 20 种,各种交通建设基金、预算调节基金等费用则超过了 60 种。

经营环境的变动,企业在发展的路上步履维艰,对于企业缺乏后劲的生存窘境,1990 年 12 月党的十三届七中全会提出并经过第七届全国人民代表大会四次会议提出了国营企业转换经营机制的要求。为了建立富有活力的国营企业管理体制和运行机制,实行政府与企业职责分开、所有权与经营权适当分离的政策,为从计划经济体制下的传统国企向市场经济体制下的新国企转变埋下了伏笔。

1991 年 9 月中央工作会议通过国营企业转换经营机制的要求之后,试点工作逐步展开。在这一时期,转换企业经营机制最突出地表现在企业劳动、人事、工资分配三项制度改革的推进上。作为转换企业经营机制的重要组成部分,调整企业组织结构是这一时期国营企业改革的重要内容之一。最主要的做法是关停并转国营企业和组建集团试点工作。在短短一年的时间内,"横空出雨千峰出",推行企业转换经营机制以后,国有大中型企业的活力有所增强。国家体改委等单位对 1991 年北京市、上海市、辽宁省、广东省、四川省和陕西省 898 个国有大中型企业调查了生产计划权、投资决策权、产品销售权、外贸经营权、物资采购权、产品定价权、人事权、劳动用工权、企业内部分配权 9 项经营自主权的落实情况。约 1/5 的企业拥有全面自主经营权,1/5 的企业仅没有外贸经营权,说明 2/5 的企业具备走向国内市场的条件。其余 3/5 的企业仅拥有四项权利,在市场竞争中较难取得主动权。在自负盈亏方面,他们把企业能否负亏和不同经营方式的负亏程度作为主要的参考指标,最终分析得出,在国营工业企业中,除了股份制企业外,其他经营方式的企业,负亏程度很低。

虽然在股份制试点期间,出现了试点企业不进行资产评估或评估过低导致公有资产损失,但建立现代企业制度和推行股份制改革为我国国营企业的经营机制的转变提供了一条切实可行的途径,是国营企业改革进入新的发展阶段的标志。表 8-1 列出了改革开放时期有关国营企业治理的政策文件。

表 8-1 改革开放时期有关国营企业治理政策文件

日期	政策文件
1978.05	中共中央《关于加快工业发展若干问题的决定(草案)》,总结了中国工业管理经验,恢复了厂长负责制

续表

日期	政策文件
1979.07	《关于扩大国营工业企业经营管理自主权的若干规定》在保证完成国家经济计划的前提下，可制订物资补充计划、新产品研发方案、实行流动资金全额信贷制度
1980.09	《关于扩大企业自主权试点工作情况和今后意见的报告》历史性地赋予了企业外贸自主权
1983.04	财政部《关于国营企业利改税试行办法》在国营工业、商业、交通等企业实行利改税的办法
1984.05	《国务院关于进一步扩大国营工业企业自主权的暂行规定》，允许国营企业在生产计划、资产处置及人事管理等方面拥有充分自主权
1984.10	《中共中央关于经济体制改革的决定》中提出，充分发挥有计划的商品经济，适当分离全民所有制企业的所有权和经营权
1986.08	《全民所有制工业企业厂长工作条例》，明确了国营企业所有权、经营者、职工等主体之间的权责关系
1988.04	《中华人民共和国全民所有制工业企业法》保障了全民所有制企业的合法权益

8.1.2 市场经济建立和完善时期的国营企业治理（1992—2000 年）

1992 年 10 月，中国共产党第十四次全国代表大会确定了我国实行社会主义市场经济体制的战略指导方针，我国国营企业的改革进入了全新的阶段。1993 年 3 月第八届全国人民代表大会第一次会议决定将宪法有关条文中的"国营"字段修改为"国有"，象征着全民所有制企业所有权和经营权的分离。在改革开放时期，国有企业的改革围绕"放权让利"的思路开展，它仅仅是对企业经营管理方式所进行的改革，没有动摇传统企业制度的根本，对解决国有企业走向市场的问题效果有限。上级部门认识到国有企业产权关系不明晰，组织制度不完善及管理制度不科学等关键问题，于是在 1993 年 11 月《中共中央关于建立社会主义市场经济体制若干问题的决定》为国企改革提供了方向，指出建立现代企业制度是国有企业改革的方向，必须一以贯之。

1993 年 12 月《中华人民共和国公司法》中第一次明确了公司制的法律形式。1994 年起中央政府和地方政府选择了 2500 多家企业按照现代企业制度的要求进行试点。1995 年 7 月发布的《国务院批转国家计委、财政部、国家经贸委关于将部分企业"拨改贷"资金本息余额转为国家资本金的意见》，为国有企业注入资本金，更是减轻了企业偿还债务的压力。1996 年 7 月，国家经贸委和国有资产管理局宣布将向 144 个中央企业派出监事会，在次年 9 月，中国共产党第十五次全国代表大会中提出，在 20 世纪在大多数国有大中型骨干企业中建立现代企业制度。根据《公司法》的规定，各大国有企业做了以下调整：①明确了国有资产的投资主体，赋予了投资者资产收益权、重大问题决策权、选择任用经营者等权利；明确了企业债务的有限责任，建立了政府部门之间的投资关系。②通过清产核资、界定产权，明确了企业法人财产权，国有企业正式成为享有民事权利、承担民事责任的独立法人。③建立了股东大会、董事会、监事会和经理层，规定了每个权力层级的责任与义务，权力机构之间为相互独立、相互制衡又相互协调的关系，初步的科学、民主的管理系统就此形成。④国有企业贯彻了国家经委的"三改一加强"方针，把改制、改组、改建和加强管理结合起来，对企业实施了综合治理，通过技术创新、改革劳动、人事和分配制度，精简管理人员，提高了企业市场竞争力。⑤国家及地方政府对试点企业出台了部分所得税返还、"贷改投"、技术改造投资、重组兼并优惠等政策,优化了企业的资产负债结构,扩大了企业经营规模。

法人治理结构的形成是我国国有企业在制度上开始向市场经济转变的标志,在竞争加剧的经营环境之下,董事会的成员需要做出迅速、正确反应,自主决定的分配制度为他们提供了充分的激励和约束,所以会在市场竞争中激发潜在活力。股东可以凭借所持有股份的大小不同程度地参与企业的经营决策。这种做法既体现了所有者的权利,又给经营者提供了相对稳定的工作环境。

1997年9月,党的十五大提出将"三年两大目标"确定为全党和政府的工作目标,并在12月召开的中央经济工作会议中制定了未来三年的工作目标。一是综合治理国有大中型工业企业,基本淘汰长期性亏损企业。纺织业成为本次经济体制改革的先行者,国家持续压缩国有落后的棉纺锭,要求纺织业在三年之内完成扭转亏损局势的艰巨任务,这不仅是纺织业的谋求新发展的转折点,更是国有企业改革和摆脱困境的新起点。二是鼓励兼并,规范破产,下岗分流,减员增效,实施再就业工程。三是积极推进配套改革,加快建立健全社会保障体系。表8-2列出了市场经济建立时期国营企业的治理政策主要文件。

表 8-2 市场经济建立时期有关国营企业治理政策文件

日期	政策文件
1992	《全民所有制工业企业转换经营机制条例》清楚界定了国营企业的权利、职责以及政企关系
1993	《中华人民共和国公司法》的制定,规范了公司的组织和行为,保护公司、股东和债权人的合法权益
1994	《国有企业财产监督管理条例》使企业成为拥有自主权的法人和市场竞争的主体,实现国有资产的保值增值
1995	《国务院批转国家计委、财政部、国家经贸委关于将部分企业"拨改贷"资金本息余额转为国家资本金的意见》,为国有企业注入资本金,更是减轻了企业偿还债务的压力
1995	《中华人民共和国劳动法》为了保护劳动者的合法权益,调整劳动关系,为建立和维护适应社会主义市场经济的劳动制度提供法律保障

8.1.3 经济型治理模式初步完善时期的国有企业治理(2001—2012年)

2001年我国加入WTO,意味着国有企业需要与国际竞争者同台竞技,这就要求国有企业必须按照市场的要求开展经营活动,就此踏向国有资产监督管理体制的改革之路。2003年3月国务院正式成立国有资产监督管理委员会,到2004年6月全国内地31个省、自治区、直辖市和新疆生产建设兵团的地方国资委全部组建完成。国资委成立之后,出台了《企业国有资产监督管理暂行条例》明确国有资产管理体制的基本规则。国资委的出现打破了"多龙治水"的国有企业管理体制,承接了国家经贸委、劳动和社会保障部、财政部、中央企业工委的有关国有资产出资人和监督管理的职能,为后续国有企业治理的全面推进提供了保障。

中央企业重组和国有企业法人治理完善是深化改革的重要内容。通过中央企业重组,优化了国有资产的布局,增强了中央企业的产业集中度,提高了中央企业的市场地位。国资委成立之后不断探索国有企业法人治理体系的改革和实践,其中中央企业重组、规范董事会建设试点和经营业绩考核具有较好的经验效果。2003 年开始,"兼并重组"成为国有企业改革的热词,中央企业数量不断减少,但整体发展水平和核心竞争力却获得大幅度增强。2004 年以前,在《中华人民共和国全民所有制工业企业法》下,部分国有企业没有设立董事会;还有一部分是按照《中华人民共和国公司法》设立的国有独资公司,董事会成员与管理层的角色重叠,权责关系不分明。面对董事会作用发挥不充分的情况,国资委印发了《关于中央企业建立和完善国有独资公司董事会试点工作的通知》,确定了以中国诚通、中国医药、中国铁通、上海宝钢、神华集团、中国高新投资集团为代表的试点企业。2003 年国资委发布了《中央企业负责人经营业绩考核暂行办法》(已失效),之后在 2009 年中共中央组织部印发了《中央企业领导班子和领导人员综合考核评价办法(试行)》,形成了经营业绩考核和综合业考核评价两种对国有企业领导人员进行考核的措施。考核措施促进了国有企业自我管理的完善,履行国有企业的责任和义务,对国民经济发展具有重要意义。

2008 年全球金融危机过后,中国产业存在产能过剩和市场集中度低的问题。从而导致中国经济布局不合理、恶性竞争和无序竞争,这对资源和产业造成伤害,在此背景下,国有企业开启转型升级之路,主要包括两个方面:一方面,根据国有企业的战略定位,推动国有资本在军工、能源、通讯、航运等关系国家安全和国民经济命脉的行业保持绝对控制力,并通过重组并购使国有资本向具有竞争优势、在未来可能成为主导领域的产业集中,从而推动国家产业布局向高端拓展,培育发展了一批战略性新兴产业;另一方面,重视企业的管理工作,把管理创新作为转型升级的基础工程,进一步完善法人治理结构和内部治理结构,优化管理体系。推动信息技术与科学管理深度融合,以信息化促进企业管理创新。国有企业的转型升级缓解了金融危机的负面影响,为企业做大做强提供了有利条件。

8.1.4 新时代经济改革深入推进时期的国有企业治理(2013 年至今)

1. 改革历程

到 2012 年,国有企业有效应对了外部经济风险的冲击,保持了平稳较快的发展,整体上已经与市场经济顺利融合,运行效益明显上升。但是一些企业市场主体地位没有真正确立,现代企业制度还不健全;一些企业管理混乱,内部人控制、利益输送、国有资产流失等问题突出;一些企业党组织不履行责任,作用被逐渐弱化。

2013 年,党的十八届三中全会上要求国有企业完善资产管理体制、建立现代企业制度,将发展混合所有制作为深化国企改革的重要方向。当时,国有企业正处于由大向强前进的关口,大部分企业面临债务压力,资金需求旺盛。民营企业也积极探索多元的投资渠道,就此局面,中央明确提出国有资本、集体资本、民营资本相互融合的混合所有制经济,国有企业能够做到国有资本的保值增值、放大功能,民营企业则获得更多的投资机会进入电力、航空、电信等垄断行业。两者可通过产权的深度融合衔接上下游产业链扩展市场,实现国有资本与非公经济双赢。自此后,党中央做出战略布局,加强顶层设计,出台了《中共中央、国务院关于深化国有企业改革的指导意见》为引领,以国务院国资委等部门印发的多个配套文件为框架的国企改革"1+N"政策体系。截至 2018

年 3 月，18 家中央企业集团成为试点单位。例如，在兼并重组改革方面，合并了同业竞争的中国建筑材料集团有限公司与中国中材集团公司；在混合所有制企业员工持股方面，试点企业为宁夏神耀科技有限公司、中国电器科学研究院有限公司、中国茶叶有限公司等；在国有企业信息公开方面，试点企业为国家电投、南航、中粮集团等。

2015 年 10 月，发布了《国务院关于改革和完善国有资产管理体制的若干意见》，作为《中共中央、国务院关于深化国有企业改革的指导意见》的配套文件，积极推进国有资产管理体制的改革。2017 年 4 月，国务院传达《国务院办公厅关于转发国务院国资委以管资本为主推进职能转变方案的通知》，围绕国有资本运营公司和国有资本投资公司，改革授权经营体制，优化国有资本布局。与此同时，国务院国资委合并了 6 个局，新成立了 4 个局，更名了 5 个局，以职能优化和机构调整将国资监管的重心从国企本身移到管理其资产。2014 年 7 月，中粮集团和国开投 2 家中央企业成为首批改组改建国有资本试点公司。根据 2015 年发布的《国务院办公厅关于加强和改进国有资产监督防止国有资产流失的意见》，做出了四个具体措施。第一，国务院国资委为健全国有资产监管体系新制定了 27 个制度。第二，国务院国资委设立了发现问题、整改督办的"监事会"、推动监督成果运用的三个"监督局"以及统筹重大事项的"主任办公会"，构建了领导决策、协调处置、监督报告的全链路监督流程以深化国企改革，防止国有资产的流失。第三，对企业改制重组、产权交易、重大投资等方面加强了监管力度。第四，2016 年发布了《国务院办公厅关于建立国有企业违规经营投资责任追究制度的意见》，强化了经营违规责任的追究。为了发挥党的十八届三中全会中提出的"不同国有企业功能"，国务院国资委、财政部等部门联合推出《关于国有企业功能界定与分类的指导意见》和《关于完善中央企业功能分类考核的实施方案》，各地国资委结合地方特点和企业实际情况，开展了分类发展、分类考核、分类监督工作。除此之外，国有企业普遍制定了管理人员选拔任用管理办法，明确了以综合考核评价为基础的管理人员选用和推出机制，践行了现代企业制度的理念。中央企业优化了总部组织结构，压缩了总部人员数量，全面推行岗位竞聘，推行透明的公开招聘制度。在职工退出的过程中，坚持依法依规，严格履行法定程序，防止没有必要的劳动纠纷。

2. 混合所有制改革进程

党的十八届三中全会以来，将混合所有制改革视为国企改革的重要突破口，混合所有制经济发展进入黄金时期，达到了前所未有的战略高度。实践中开始了以完善企业产权结构、现代企业制度和激励机制等为主要内容的改革。

2015 年，《国务院关于国有企业发展混合所有制经济的意见》明确提出分类分层推进国企混合所有制改革，引领经济发展的新常态。2017 年，党中央站在新的历史方位上，在十九大报告中提出，要坚定国有企业改革的方向，加快建设世界一流的企业梯队，提升中国企业在国际舞台上的话语权。在这个阶段，国有企业更多在逐步理解政策的整体要求，并选择部分优质企业探索尝试混合所制改革，对中国石油等大型国企提出了新要求——推进公司治理体系的现代化国际化；期间，国家发改委也统筹推进了国防军工、电力装备、金融、高速铁路等领域 19 家企业的混改试点工作，并取得了重大进展，形成一批可复制的改革经验。该阶段国企推行混合所有制改革关注点在完善市场化的激励约束机制、推动关键业务的重组整合,达到企业提质增效、转型升级的改革目标。十九大报告在过去五年国有企业改革工作的沉淀总结的基础上,扩充了更充分、细致的内容。在国企改革全新的行动纲领下,从 2018 年开始,国企改革整体进入全面综合改革的试点阶段。伴随着国资委"双百行动"综合专项改革工程的推动和开展,从中央到地方层层推进,国有骨干企业以上百的数量级集中推出混合所有制改革项目,形成了改革亮点和经验,发挥了较好的示范效应。2019 年,国资委针对部分国有企业只"混"不"改"偏离路线的问题,印发了《中央企业混合所有制改革操作指引》,旨在进一步规范管理国企的混合所有制改革工作,重新审视并激发国企活力和效率的初衷。该阶段国企推行混合所有制改革项目数量激增,混改企业普遍抓住改革机遇,勇于担当、敢于创新,短期经济效益和长期经营活力都得到了明显改善。

2020 年,国企改革三年行动明确提出了"积极稳妥深化混合所有制改革"的要求,解决国企重"混"轻"改"的问题,求真务实,不忘初衷,为持续规范、高效推进混合所有制改革明确了基调。在《方案》中再次重申分层分类混合所有制改革的要求,并要求企业集团对所出资企业进行研究评估以及引入"三高"战略投资者来促进企业机制创新和产业发展。2022 年后,国企混合所有制改革需要回归到混改的"完善治理、强化激励、突出主业、提高效率"总体要求,选择推进混改项目、深化健全已混改企业机制,最终落实国企活力和效率提升的改革目标。

3. 改革方向及路径

《国企改革三年行动方案(2020—2022 年)》的发布拉开了落实国有企业改革"1+N"政策体系和顶层设计的序幕。党的十八大以来中国特色现代企业制度逐渐成熟定型,未来将着力打造精干高效的组织架构、优化国有经济布局、推动制度改革走深走实以全面增强国有企业的综合实力,使其成为治理创新、经营创新、结构创新的现代新国企。国务院国有企业改革领导小组办公室的阶段性成果展示中,国有企业公司制改革现状的数据效果显著。截至 2021 年年底,央企公司制企业和地方国企公司制企业的占比分别达到了 97.7%和 99.9%。2022 年,我国国企改革三年行动已圆满收官,完成了提升国有资本配置效率、推动国企公平参与市场竞争、形成以管资本为主的国有资产监管体制等八项主要任务。国务院国企改革领导小组办公室的数据显示,3.8 万户国有企业建立了董事会,99.9%的国有企业已满足外部董事占多数的条件。董事会作为企业经营发展的决策主体,在国有企业中扮演着重要的角色,被赋予了制定战略、做出决策和防范风险的权利和义务,并承担了代表股东监管管理层的职责。

但是,在现实中,国有企业的董事会是否起到真正的作用呢?这一问题值得商榷,从目前来看,国有企业董事会还存在以下问题:一是缺乏形成权力制衡的产权基础,公司的大股东几乎支配了董事会,公司治理结构失衡。二是缺乏良好的问责机制,董事会的利益追求通常代表着特定股东,而非整个集团的利益最大化。三是部分公司对董事会会议的重视不足,且内容往往针对财务经营,缺乏对长远发展战略的探讨。在以上限制下董事会难以做出科学决策。监事会的设立初衷在于代表股东行使监督职责,防止董事会和经理层滥用职权,及时上报相关部门保障国有资产的安全,然而在实践中监事会的职能一直被边缘化和弱化。首先,顶层设计不完善。在宏观层面和微观层面对国企监事会的职责缺乏明确的法律法规支撑，截至 2022 年年底，《公司法》历经四次修订，而《国有企业监事会暂行条例》却未被修正。其次，监督工作程序尚未健全。随着公司治理的创新和国企改革的深入推进，监事会的内部工作不再以事后监督为主，转向事前和事中监督。但是因监事会人员数量较少、任务繁重、检查审批流程复杂，在缺乏各部门之间信息互通共享的平台下需要投入大量的时间和精力导致监督报告的滞后性，加大了监督主体履职风险。我国国有企业负责人有隐性的行政级别，容易造成"官商两栖"的现象，在央企中几乎没有职业经理人，领导班子一般由组织部或国资委任命，与现代企业制度和国企改革要求脱节。此外职业经理人往往机械地执行任务，不健全的绩效评估体系培养的是注重经营业绩的短视团队，带来的后果则是效率低下的企业治理系统。未来改革的路径和方向包括以下四点。

第一，明确各股东的权利义务、推进股东会的职能运行。混改企业涉及不同资本，正确行使股东会的权利才能保障公司的齿轮有效运转。股东会负责"三重一大"决策事项、党组织前置研究清单及其他议事清单，显然中小股东有权参与其中，对公司治理的成败负有天然的、不可推卸的责任，因此要明确各股东的权利义务。第二，加强董事会的建设、压实外部董事责任。建立规范董事会的要求之一是外部董事需要占多数，才可能真正防止董事会被内部董事操纵，发挥公司章程的基本作用。外部董事对企业内部决策法律法务提供专业意见，能够提供多元视角增强决策科学性，是多维的辅助人才，其特殊的独立性可以有效发挥监督控制力，促进公司治理规范透明，顾全大局维护股东利益。第三，构建监督体系。在混合所有制改革走深走实的过程中，国有企业的股权结构逐渐多元，因此要完善综合监管机制和责任追究制度。第四，坚持党的领导是国有企业的"根"，加强党的建设是国有企业的"魂"。在新的国资监管职能体系中，党的建设、党内监督是"三统一""三结合"的关键内容。发挥"三化监管"的独特优势，将党的领导渗透公司治理的各个环节才能实现国有资产监管模式的系统性重塑。

8.2　中国民营企业的治理

改革开放 40 多年以来，中国民营企业快速发展，据 Choice 数据显示，截至 2023 年 11 月，A 股共有 5312 家上市公司，其中民营企业数量达到了 3553 家，约占总量的 66.89%，这说明民营企业是中国资本市场最具活力和潜力的群体之一。随着中央经济工作的深入推进，民营企业在提高居民收入水平、增强国家社会再分配能力、推动城乡融合等方面发挥着关键作用，是实现共同富裕的内生动力和主要载体。民营企业是中国经济高质量发展的重要力量，且公司治理是企业健康运营的必要条件，这就使得探讨民营企业公司治理历程和现状具有现实紧迫性。随着我国社会主义市场经济体制的建立和完善，民营企业的发展历程可分为以下三个阶段。

8.2.1　民营企业的发展历程

1. 创立阶段（1978—1991 年）

1978 年的安徽凤阳县小岗村没有往年的风调雨顺，而是赤地千里，土地撂荒。在那个吃"大锅饭"的时代，农民们面临着严重的温饱问题，为了解决基本的生存需求，农民们不再等待分配，立誓为盟，签下了分田单干的"生死契约"。小岗村的农民们是中国改革的"先锋者"，掀起了农村家庭联产承包责任制的大潮。正如"久雨值新晴，门前春笋生"，大批农村个体户诞生，同时在以公有制为主要经济制度的城镇里，个体工商户也开始萌芽。1979年，在城市知青青年远远多于政府就业岗位之下，国务院允许闲置劳动力经营个体户，在全国各地区陆续出现小作坊、小修理厂，催动了城市个体经济的发展。1981年6月，在《关于建国以来党的若干历史问题的决议》中也认可了个体经济对公有制经济补充作用。1982年，在党的十二大中更是鼓励了个体工商户在国家工商行政管理和法定条件下适当发展，从此民营企业的数量逐渐增加，为健康、可持续的社会主义经济的发展提供了补充作用。

2. 快速发展阶段（1992—2012年）

1992年，中国共产党第十四次全国代表大会提出了建立社会主义市场经济体制、发展多种所有制经济的目标，这标志着中国社会主义市场经济进入了新的历史时期。民营企业抓住了发展契机，进入了高速增长发展的鼎盛阶段。2004年，《中华人民共和国宪法修正案》为民营企业创造了良好的法律环境，并出台了一系列保障和鼓励民营经济发展的政策措施。2010年"新36条"降低了民营经济发展的"市场准入门槛"，就此民营企业开始进军原本被"禁入"的经济领域，如国防科技、市政公用等，进一步开放了民营经济的发展空间。

3. 混合生长阶段（2013年至今）

2013年11月，《中共中央关于全面深化改革若干重大问题的决定》鼓励非公有制企业参与国有企业改革。民营企业逐渐成为国民经济的支柱，与国有经济一同承担国家发展的重任，在国际舞台中展现中国民营企业的魅力，意味着非公有制企业发展进入了一个新的阶段。2017年10月，党的十九大报告宣布中国特色社会主义进入了新时代，要毫不动摇支持非公有制经济发展。为了民营企业的高质量可持续发展，推进"全国一张清单"管理模式，废除一切阻碍民营经济发展的各项制度，维护市场准入清单制度的权威。未来中国民营经济将进入新的创业阶段，国家层面加大对财税支持、公共服务、人才激励等方面的保障，推动民营经济绿色转型升级、优化产权布局、向国际化方向发展。

8.2.2　民营企业的产权结构

民营企业在发展前期，经营规模普遍较小，在多数情况下所有者和经营者为同一人，公司治理问题相对不严重，大多数创始人承担了公司发展的主要工作，公司内部不存在明显的激励问题。然而随着企业不断扩张壮大，企业家自身的管理水平和公司的资金实力就成了企业发展的两个重要的制约因素。因此，所有权和控制权的分离和制衡是民营企业中后期发展中必然会面临的问题。现代产权制度是现代企业制度的重要基础，现阶段民营企业的产权结构有四个特点。

（1）所有权和经营权的分离趋势逐渐显现。过去的民营企业由家族的一位核心人物同时掌握着所有权和经营权，原因在于企业规模较小，资金有限。规模比较小的企业缺乏雇用职业经理人的必要性，企业创始人能够承担相对简单的管理任务且能够节省聘请职业经理人的资金。随着企业规模的扩大和竞争的加剧，越来越多的民营企业家将经营管理权交给职业经理人。规模较大的企业需要更专业的管理，创始人承担的管理任务繁重而复杂，聘请职业经理人成为必要选择。

（2）民营企业的产权结构趋向多样化。在逐渐健全的中国资本市场下，民营企业吸收社会资金的渠道变得多样化，产权所有者数量从而增加。除此之外，部分民营企业通过实行股票期权制度，实现了员工持股，极大地激励了员工的工作积极性和参与企业经营管理的兴趣，不仅替代了家族企业天然的合理性带来的向心力，也有助于使企业的决策更具科学性，促进企业的良性发展。

（3）随着风险管理机构的发展和降低企业投资风险的需求，越来越多的民营企业选择放弃企业的绝对控股权。过去企业为了规避突发性的风险保全资产而倾向于选择绝对控股，但风险管理机构的发展使企业拥有更科学的风险防范措施。绝对控股与企业自身实力、治理水平及行业特征有关，并非所有企业适合绝对控股。

（4）智力产权逐渐成为民营企业无形资本的重要组成部分，即企业核心员工凭借管理经验、知识产权、渠道关系等在企业中所拥有的产权。在数字经济时代，对人才和其掌握的智力资本是企业的核心竞争力。

8.2.3 民营企业的公司治理现状

（1）"逆向混改"促使民营企业形成有效制衡的多元股权结构。混合所有制是中国经济体制改革的重要举措，从改革开放到现在经历了40多年的演进，在构建现代化经济体系中取得了一系列显著成效。如今已出现了国有资本参股民营企业这一逆向混改的新现象。根据国务院国资委统计，截至2020年8月，中央企业通过产业链合作，与民营企业协同发展，投资入股了6000多家民营企业，总投资额超过了4000亿元。国有股权参股民营企业有以下积极作用：首先，代表国有资本的董事能够有效发挥监督作用，增强企业透明度。过去，在部分民营企业当中，相较于非家族成员，家族成员在民营企业中拥有更大的经营控制权，导致监事会成为虚设。而这一情况在国有股权参股后得到明显改善，缓解了民营企业因为一股独大造成的内部人控制问题，有效实现政府治理逻辑的嵌入。其次，国有资本参股是民营企业联结政府与市场的枢纽，促进民营企业与政府之间达成市场化的良性政企关系。国有资本能够增强民营企业对相关政策的深入理解，其带来的经济资源或信息资源有助于民营企业更准确地判断市场未来的发展走势，象征着民营企业正逐步实现市场经济内涵的"经济型"治理运行机制。

（2）绿色治理成为民营企业公司治理的重要一环。"绿水青山就是金山银山"，绿色治理已成为中国社会经济加速绿色转型期内衡量企业可持续发展的重要指标。时代赋予了民营企业经济发展和绿色治理的双重角色。在此背景下，基于我国自身发展阶段建立具有中国特色的绿色治理体系成为提升公司治理质量、实现民营企业高质量的重要课题。目前，越来越多的民营企业意识到了绿色治理的重要性，在战略角度上将ESG元素纳入业务发展目标和企业社会责任活动，制定可持续投资策略以完善绿色治理架构。

为降低绿色治理风险，民营企业应当自愿披露绿色治理报告以及风险预案，其信息披露水平应当与财务报告、社会责任报告一样需要满足及时性、周期性、准确性等条件。

（3）民营企业逐渐重视党组织参与公司治理。在经济"新常态"背景下，越来越多的民营企业准备或已经建立了基层党组织。中国民营企业500强榜单前列企业都非常重视党建工作，这并非巧合，程磊、郑前宏（2023）等国内学者研究发现党组织参与公司治理对企业发展有正面影响。首先，党组织具有天然的获取、解读、落实政策信息的能力，因此党组织参与民营企业公司治理有利于准确把握政策方向、降低政策不确定性对企业发展的负面影响。其次，党组织对企业的增信效应和资源配置效应能够让企业获得"党建红利"，有助于企业得到融资支持。党组织能够规范民营企业高管行为，提升公司治理水平进而提高民营企业社会信任度，一定程度上打消金融部门的信用担忧。党组织参与公司治理的重要决策议程，发挥协调指引、统筹战略等间接作用，巩固民营企业的市场地位。因此，探索党组织建设与公司治理的耦合机制，促进党组织的组织优势向企业发展优势的转化，让民营企业为社会创造更多价值。

（4）民营企业公司治理发展态势向好，但仍存在改进空间。整体上，民营企业公司治理正在向健康可持续、多元化的方向发展，但部分公司治理效果还没有达到理想的状态。一些大型民营企业集团盲目进行多元化扩张导致公司决策失误增多，所投资的子公司及关联企业之间缺乏有效的治理机制，企业内部连接纽带变得脆弱。其问题根源在于缺乏对其投资企业规范化的授权和约束机制，集团内部管理还未真正程序化、透明化，甚至出现了民营企业利用集团化盘剥外部投资者的情况。因此，民营企业需要规范对投资企业的授权和约束机制，提高集团内部管理透明度以保障公司科学决策的现代公司治理体系。

简述题

1. 利改税给国营企业带来了哪些影响？
2. 国有企业混合所有制改革指的是什么？
3. 请简述民营企业公司治理的发展历程。

自学自测　扫描此码

第 9 章

数字经济时代的公司治理

【学习目标】

1. 理解数字经济时代新技术对公司治理的双向影响。
2. 从数字经济时代有关政策的变化理解数字经济时代下公司治理发展的新方向。
3. 理解和掌握数字经济时代公司股东、董事会、监事会、管理层参与公司治理的新特征。
4. 认识数字平台的猎杀式并购对公司治理的影响。
5. 了解新闻媒体在数字经济时代参与公司治理的重要作用。

新东方的转型之路

2021年是新东方大起大落的一年——先是教培"双减"落地，占营收六成的核心业务被剥离，再到艰难寻求业务转型，曾尝试成立多家公司，但其中最出圈的大概是"东方甄选"。2021年12月28日，新东方宣布成立"东方甄选"，正式进军直播带货，昔日市值超2000亿元人民币的教育帝国，从此转身成为直播带货行业的新秀。但是许多人都不太看好新东方的这一选择。一方面，新东方已经错过了电商直播行业早期的爆发阶段，电商直播行业在这两年得到发展以及日趋成熟，市场也逐渐饱和；另一方面，直播行业存在的乱象和问题也愈发突出，监管力度也在加强。这样看来，直播带货对处于生存危机中的新东方来说并非是一个性价比高的决策选择。而且东方甄选的带货模式和普通主播带货模式不甚相同，直播间内没有0.99元、9.9元或者1分钱的引流款，卖的东西也不是跑量款。这样就算是直播间有了热度，如果之前没有对新东方的肯定，消费者也不愿意在这里下单。

事实上，东方甄选之所以能成为2022年直播带货的"黑马"，说到底还是依靠其直播间主播所带来的直播内容的创新。东方甄选成为流量的原因在于其出圈的主播。2022—2023年，东方甄选的主播除有刚刚破圈时的董宇辉、YoYo、七七、顿顿等外，后续也相继引入天权、鹏鹏、中灿等主播，但从短期来看，东方甄选的流量还是主要集中在董宇辉一人身上，另一账号东方甄选美丽生活对顿顿的依赖性也很高，但其粉丝总量都不及董宇辉。北京东方甄选直播间里，董宇辉依靠其经典语录"我没有带你看过长白山皑皑的白雪,没有带你去感受过十月田间吹过我的微风,没有带你看过沉甸甸弯下腰犹如智者一般的谷穗。我没有带你去见证过这一切,但是亲爱的,我想让你品尝这样的大米"轻松带火东北五常大米,顺带搅动了千里之外的港交所。董宇辉东方甄选直播间仅仅 4 天就涨了 700 万名粉丝,一度让东方甄选成为抖音顶流;同时突然的爆火也给新东方在线的股价打开了想象空间,其市值一时达近 300 亿港元。

  直播行业对单个主播极其依赖,尤其是东方甄选相对于其他直播间其充满特点的主播是其重要的优势,但这种优势也让东方甄选面临着团队稳定性风险。拿最具流量的董宇辉东方甄选直播间来讲,这些冲进直播间的粉丝,大部分都是一边听董宇辉的双语课,一边下单消费的。新东方在线如果留不住这位核心人物,其众多"回头客"能否继续回头同时又能否继续吸引新的购买者还有很多不确定性。东方甄选要如何留住董宇辉呢?董宇辉在爆火初期既不是公司大股东,又非高管。在 2023 年 12 月 5 日,东方甄选"小作文"事件爆发,起因是东方甄选因董宇辉"小作文"到底是由谁撰写而引发的风波,导致企业掉粉、股价暴跌。在 12 月 16 日,东方甄选免去孙东旭 CEO 职务,12 月 22 日,俞敏洪组建"与辉同行",当时是由东方甄选 100%控股的新账号,开播以来,该账号粉丝不断庞升,时隔 7 个月后,2024 年 7 月 25 日,东方甄选发布公告,"与辉同行"正式从东方甄选剥离,董宇辉不再担任公司雇员。

  这个案例充分说明,在数字经济时代,核心员工是企业最重要的资产,在企业运行过程中,外部粉丝"参与"公司治理,核心员工具有较大的"实际控制权",一旦核心员工离职,企业可能面临用户的大量流失,这是在数字经济时代企业不得不考虑的治理问题。

  资料来源:根据和讯网、新浪网报道、经济观察报整合.

9.1 数字经济时代公司治理的新特征

  数字经济的概念可以追溯到 1962 年,由美国的弗里兹·马克卢普(Fritz Machlup)教授提出。最开始主要以信息产业的发展状态来衡量数字经济,后来经过近 60 年的技术演变和推进,大数据、人工智能、区块链等数字化技术不断从研发走向应用,数字经济也表现出平台经济、共享经济等新的经济业态,而数字经济也逐渐发展为第三种人类经济形态。相应地,信息技术和数据要素也接过工业经济中资金、土地、劳动力的接力棒,成为推动经济增长的新的动力来源。

  当前,在百年未有之大变局及国际局势日益复杂的情况下,抓住数字经济实现"换道超车"至关重要。世界各国政府也根据自身信息技术和产业发展现状,制定了相应的数字经济发展国家战略。早在 2009 年,英国就推出了"数字大不列颠"行动计划,制定以英国主导世界数字经济时代为目标。澳大利亚政府也在 2011 年启动了国家数字经济战略,旨在实现澳大利亚在 2020 年全球数字经济中处于领导地位的目标。该战略还详细地制定了包括宽带建设、在线教育、政府互联网教育等方面的具体规划。日本政府于 2009 年制定的《2015 年 i-Japan 战略》,旨在通过打破数字技术和信息的应用壁垒,建立一个安全而又充满活力的数字化日本社会。我国也强调发展数字经济,并将数字经济作为发展的主攻方向之一。在 2016 年杭州的 G20 峰会上,习近平主席精辟论述了发展数字经济的重要战略意义。2018年8月，首个正式的国家层面的数字经济整体战略《数字经济发展战略纲要》由中办、国办印发。2021年，我国数字经济发展政策框架更加完善，一系列规划、顶层设计文件等陆续出台，为数字经济发展创造了良好的政策环境。在统计体系方面，2021年5月，国家统计局为了方便各界对数字经济及其核心产业统计范围有一个统一的口径，发布《数字经济及其核心产业统计分类（2021）》标准，为各级党委、政府和社会各界对数字经济的统计需求提供指导。除了国家政策层面，在资本市场层面也给予了相应的政策支持，其中最主要的就是注册制的实施。2018年10月，允许同股不同架构企业上市的科创板设立及注册制试点改革宣布启动，并将支持重点放在了高新技术产业和战略性新兴产业；2020年6月，创业板改革和注册制试点正式开始；2023年2月1日，全面实行股票发行注册制。表9-1和表9-2分别归纳了我国有关数字经济发展的宏观政策和与资本市场相关的政策。

表 9-1 国家宏观政策

日期	政策
2016.03	《中华人民共和国国民经济和社会发展第十三个五年规划纲要》发布，要求把大数据作为基础性战略资源，实施国家大数据战略
2017.03	政府工作报告首提"数字经济"概念，推动"互联网+"深入发展，促进数字经济加快成长
2017.12	《"一带一路"数字经济国际合作倡议》发布，推进数字经济与"一带一路"建设深度融合，促进数字经济互联互通和共同发展
2019.08	《国务院办公厅关于促进平台经济规范健康发展的指导意见》发布，鼓励发展平台经济新业态，加快培育新的经济增长点
2021.03	政府工作报告明确国家支持平台企业创新发展，增强国际竞争力
2023.02	中共中央、国务院印发《数字中国建设整体布局规划》到2025年建成数字经济一体化推进格局，强化数字技术创新体系和数字安全屏障"两大能力"，在数字领域打开国际合作的新局面

表 9-2 资本市场方面政策

日期	政策
2018.11	《科创板并试点注册制实施意见：重点支持高新技术产业和战略性新兴产业》提出，设立科创板并试点注册制改革宣布启动，重点支持高新技术产业和战略性新兴产业，允许同股不同权架构企业上市
2019.12	《中华人民共和国证券法》修订，全面推行证券发行注册制度
2020.02	《沪深交易所科创板上市规则》针对科技创新型企业制定的一套上市规则，旨在推动科技创新企业融资，加强对科技创新型企业的支持
2020.03	《证券法修订案》修订了证券法，主要涉及以下方面：加强投资者保护、规范市场秩序、加强信息披露等
2020.09	《上市公司股份回购管理办法》实施，该政策主要涉及上市公司股份回购的规定，旨在规范上市公司股份回购行为，保护投资者权益
2020.12	《关于完善股票发行上市制度的意见》放宽上市门槛、改革发行审核制度、完善发行价格定价机制、完善退市机制等
2021.03	《关于进一步加强证券期货市场投资者保护的意见》中包括了完善投资者适当性制度、加强投资者教育、规范私募基金等，旨在保护投资者合法权益
2021.06	《关于加强公募基金投资者适当性管理的指导意见》针对公募基金投资者制定的一系列管理措施，旨在保护公募基金投资者合法权益

公司作为数字经济发展中重要的微观经济主体，了解其相应的治理状态的变化对之后如何以推动公司的数字化转型进而推进国家战略层面数字经济的发展至关重要。当前，数字经济时代下的公司治理新特征如下。

9.1.1 信息不对称程度发生变化

在数字经济时代，信息化、数字化进程的推进使得普通的数据成长为"大数据"，数据元素更加丰富和多元化，同时数据本身也逐渐成为劳动、土地、资本等传统生产要素之外的新型生产要素。传统公司治理中股东与公司经营者、股东和债权人等利益冲突的源头之一就是二者之间存在不可忽略的信息差。而在数字经济时代，数据信息更加复杂化，各类主体获取信息的状态也发生了改变，主要有以下两种表现。

一方面，信息不对称可能降低。对于内部治理者而言，创始人及其业务团队在公司（尤其是数字化程度较高的公司）的地位在一定程度上有较明显的升高；新技术的发展使得投资行为更有效率、决策过程更加精准，投资成果可量化的程度及量化结果的精确度得以提高，因此股东也越来越愿意支持管理人员从事创新性的经营实验；生产过程标准化的可能性受人工智能、机器人等技术的应用进一步提高，企业信息透明化也加速演进，这使得股东或者监事对高级管理人员的监督更加方便，同时也降低了监督成本。当然，外部投资者获取公司信息的能力也得以增强。公司交易信息更加公开透明，同时以微博、小红书为代表的社交平台和以新浪看点、微信公众号、股吧为代表的自媒体等的多元化发展，使得信息在内外部治理者之间的传播速度加快。对外部资本市场里的众多市场中介而言，公司信息透明化、机器学习的发展也方便这些机构投资者、分析师等更精准地对管理者施加约束，对公司治理实践有着深刻影响；在充分利用大数据及计算机技术加强网络监管的前提下，证监会、银监会、保监会等监管机构也能有效地识别出存在财务舞弊和造假现象的公司。同时，参与外部治理的主体也更加丰富和多元化。在数字经济下，商业模式、业务模式的多元化也在加快发展，产品市场竞争加剧，客户反馈或评价信息也成为一种新型的、对公司整体发展具有较大影响力的无形资产，同时客户反馈也直接催生了一些新兴职业，如美食探店达人、酒店试睡师等。另外，微博、微信的普及也使得社会化媒体、移动互联网群体在外部治理中扮演越来越重要的角色，它们也深刻影响着公司的信息交换。例如，2021年私募大V叶飞通过微博爆料东方时尚、法兰泰克等9家上市公司和3家券商操纵股价，当天下午几家公司的多个相关股票惨遭跌停，证监会随后约谈叶飞并对涉嫌操纵中源家居、利通电子股票价格的相关账户进行了立案调查。

另一方面，数字经济时代下信息不对称程度也可能增加，表现方式之一是信息可能会包含较多的噪声。例如，网络上可能会出现各种为了个人目的而做空公司股价的虚假信息，在数字化背景下，这些虚假信息传播的速度和广度是空前的，很容易使中小投资者跟风抛售公司股票，对公司造成打击。除此之外，由于数字经济下公司信息的类型、内容、载体更加复杂。例如，在数字经济模式下，信息化、智能化的新兴产业发展速度加快，而这些新兴产业通常具有知识或技术密度高的特点，且这些知识或技术的难度较大、更新换代速度快，相较于专业的公司治理者（如以创始人团队为代表的高管），普通参与公司治理的人员难以对其进行理解甚至同步更新，这就使得即使身处相同的公司内外部信息环境，二者对信息资源的利用差距也在悄然拉大。除了各公司治理主体信息处理能力的差异，海量且高维的公司大数据信息无形中助推了新型信息不对称。因为即便是公司已经对其信息进行了最大化的公开披露，各内外部治理主体受制于自身对数据的敏感度以及收集能力，其获取的信息范围、信息内容、信息真实度也存在一定的差异。

9.1.2 企业组织形态逐渐打破边界，内部剩余控制权分配发生变化

随着产业数字化加快发展，组织形态正在逐渐打破边界，具有一定产业关联度的企业更容易结成战略伙伴关系，逐渐开始形成在线协同作战的平台型组织。在工业经济时代，企业的组织边界较为清晰，内部权力较为集中，更强调基于专业分工的内部岗位设置，管理者的决策一般自上而下在组织内部执行。然而，在数字经济时代，由于外部环境发生了重大变化，消费者的需求变得多样化、个性化，外部信息与内部信息需要实时沟通，特别是，组织内部可能需要实时与多元化决策，以应对瞬息万变的外部环境，这就要求组织效率得到提升，内部需要协同一致，组织边界逐步被打破，管理层的经验式的决策逐步走向科学的大数据的决策，从而构建扁平化、网络化、智能化、协同化的平台型组织。

传统的公司治理，内部剩余控制权主要掌握在以董事会和高级管理人员为代表的经营者手里，单个普通员工似乎仅仅担任公司日常经营活动中不起眼的一员，相较于董事和高管，其是否离职或者有什么丑闻一般而言并不会对公司正常运转或者公司形象有什么影响，也正因此，其所掌握的公司内部剩余控制权可以说是微乎其微。但是在数字经济时代，这些普通员工也可能掌握更多的内部剩余控制权。数字经济催生了平台经济、共享经济等高水平信息化和智能化的新兴经济形态，普通员工也可能具备独特而又稀缺的人力资本，他（她）们对于公司的贡献不再局限于传统的、机械性的、可被替代性较强的工作，而是可能提供一些新型的、知识或技术含量较高的甚至能为公司带来一定社会关注度的贡献，这些短时间内具有不可替代性的普通员工也逐渐在公司治理中担任重量级角色。比如，新东方甄选主播董宇辉爆火，在为新东方带来巨大流量的同时，也隐含着一旦离职给新东方造成销量巨滑的风险。不得不说，对于依赖个人流量发展的公司来说，这是不得不面对的现实问题。

9.1.3 内部生产力和外部产品市场监督的变化

2019年，发表于《美国经济评论》（*American Economic Review*）的文章"Big data and firm dynamics"提出，大数据能够推动公司在决策过程中更加精准化，提高公司的投资效率，进而促进企业生产力转化，而企业绩效变好，高级经理人会减少浪费企业资源的行为。同时，技术的发展使得产品市场竞争也越来越激烈，企业的生命周期在其发展过程中也呈现缩短趋势，产品市场竞争外部治理机制的作用得以加强。

从股东层面看，在大数据情境下，资本稀缺性下降，企业获取资本的门槛降低，个

人投资者和机构投资者都更加丰富，资本社会化也越来越明显，公司的股权结构也随之呈现分散的趋势。但与此同时，控股股东和中小股东间的信息不对称程度在大数据技术加快普及应用的背景下有了一定的缩小，更多的中小投资者也能有机会、有意愿积极参与公司治理。这也使得传统公司治理中的大股东和中小股东之间由于信息差导致的潜在利益冲突在一定程度上得以缓解。同时，由于大数据技术的应用，使得企业在经营管理中更多地依赖大数据技术来辅助决策，从而提升企业整体效率。从管理高层的视角出发，大数据技术对其内部驱动力和激励机制也带来了某种程度的影响。尤其是对于软件和信息技术服务业、电子信息制造业、共享经济等数字产业化的相关行业，针对数字化转型给企业带来的变化和颠覆，那些能够具备"数字化思维"和"数字领导力"的管理团队能够积极适应并应对这些变化，及时了解数字技术对公司自身发展的重要价值，并充分利用数字化技术有针对性地制定自身业务模式，甚至是在结合自身原有业务基础上制定大胆而又风险可控的合适的转型战略，使企业尽快在数字经济时代掌握发展的主动权。同时，数字技术在优化经营决策的方面也发挥了重要作用。管理层可借助于大数据技术实现高效投资进而在公司的生产效率、财务绩效成果等方面有较好表现，当然经理自身也能从因此获得更高的、合理合法的激励回报，实现管理者个人利益与公司整体利益的深度协同。管理者也不必以暗中操控的方式谋求不合理甚至是非法的私利，最终管理层短视、利益侵占及过度浪费行为减少，公司的委托代理成本降低。从监事层面看，数字经济时代，公司管理层（包括高级经理人）的经济行为都更加透明，其可能存在的损害公司利益的经济行为相对应的经济后果更加难以藏匿，大数据分析技术的发展也使得监事对于管理层经济行为的监督更加全面。

　　除了内部治理在大数据的助力下得以优化，对外部治理而言，一个比较突出的特点就是大数据使得产品市场对公司治理的作用得以放大。在传统的公司治理中，消费者自身的个性化消费需求及之后的用户反馈似乎并不重要，企业只需专注做自己的产品，单纯从产品自身出发进行供给端的优化。对公司决策者而言，消费者只是供应链的后端，自己生产什么消费者就消费什么，即使消费者不满意，产生争端也会将信息局限在小范围，不会对公司形象产生较大的影响。但在数字经济时代，产品竞争市场的重要性极大地得到了提升，消费者社群和产品竞争市场对公司治理的影响力加强，一旦消费者对公司的产品不满意，可能会通过网络快速散布，对公司形象产生负面影响。比如，大数据驱动产品及市场信息全渠道流通，只要是在京东、美团、去哪儿等在线平台进行消费，消费者的消费体验感信息都会被该产品或服务的其他消费者所接收。相应地，其他消费者对该企业的产品或服务的消费决策行为或多或少会受这些评价的影响。再加上多元化社交平台的快速普及，产品市场消费者意见的传播更加扁平化和直接化，即便是企业的产品或服务没有通过在线平台进行销售，但是消费者意见却会飞速传播。尤其是对于一些为大众所熟知的品牌来说，这些社交媒体信息的快速传播使得"好事不出门，坏事传千里"真正成为可能性。简单来讲，消费者的反馈倒逼公司的内部治理主体提高公司经营的效率，既要主动获取当前消费者需求热点，又要对于消费者的意见及时做出反应。

　　除此之外，年轻一代的消费者更加注重个性化消费，关注消费的质量，消费对象是否更加符合自身的消费预期，可以说，在数字经济时代，谁先精准化掌握了消费者的消费偏好并进而提供相应的个性化和专业化的产品或服务，谁就能在瞬息万变的市场风向下保持竞争力。关于掌握消费者需求偏好信息的一个直接的途径就是几乎各类 App 都要求用户同意其拥有访问用户移动设备上照片、麦克风等的权限，进而通过用户语音、搜索记录、使用评价等渠道对用户购物偏好进行信息收集形成用户个性化大数据，接下来再采用数据挖掘等现代信息技术手段，对产品市场中的用户需求进行深入的分析和了解，从而推动以用户需求为核心的更加专业和个性化的产品研发和创新，这将有力推进公司的管理和治理创新。当然，相较于同行业的其他企业，每个公司自身沉淀下来的用户数据都是各自独一无二的无形资产，在合法合规的范围内充分利用好这些信息将有助于企业树立并巩固行业内的竞争优势。公司能否敏锐捕捉目标市场的动向，能否为用户量身打造契合其需求的产品或服务逐渐转变为企业家能否创业、守业、兴业成功的关键，产品竞争市场对于公司治理的战略重要性也被放到史无前例的重要位置。

在营销方式层面，数字经济时代的到来也使得公司更加偏好于高效、精准的营销战略。例如，为提高营销定位和营销能力的精准性，公司可以利用大数据技术合法收集用户购买和搜索商品的日志数据及用户消费评价，再借助机器学习或者大数据建模为具有不同特征的用户量身推荐符合其消费偏好的商品或服务，从而提高营销转化率。对用户而言，大数据时代企业营销的特点就是精准而又迅速，一个直接的消费体验就是消费者只是在某个产品页面多停留了几秒钟，之后购物平台所推荐的产品几乎都与该产品具有高度的相似性，又或者用户上一秒在百度上搜索了急性扁桃体炎用药，下一秒打开美团其首页推荐产品里就有阿莫西林胶囊。

9.1.4　股东与企业家关系发生变化

虽然从研究对象的角度，不论是在传统还是在数字经济背景下，内部公司治理结构的研究主要集中在董事会和管理层。但在研究的逻辑和焦点上，两者存在明显的差异。在传统的研究结构中，作为资本输入的股东自然被视为公司的最高决策中心，而在其雇佣和委托的关系中，董事会和管理层更多地扮演着股东意愿的执行者角色。可以说，公司经营者名义上是附属于股东存在的，再加上外部经理人市场的存在，股东几乎总是可以通过设置高效的薪酬激励体系自由挑选高质量的管理团队。

但是在数字经济时代，借助大数据技术，信贷资源配置、精准提供资源支持等途径被极大提高；借助金融科技、普惠金融，公司的融资渠道得以拓宽，外部融资范围更加广阔、融资来源也更趋于社会化。这一系列变化使得公司对传统金融资本供给者的依赖大大降低，股东意志或偏好在制约公司经营决策中的重要性逐渐下降，股东本人在公司经营决策中的地位及话语权下降，不再像传统公司治理机制设置中那样对公司经营决策具备绝对话语权。同时大量的普通投资者对数字经济时代更具技术性、知识性的企业经营的理解有限，公司的发展前景在更大程度上依赖于那些对数字经济时代新生的高精尖技术、新型商业模式精通的创始人团队或专业的企业家，管理层人力资本的价值对于公司发展的重要性被摆在了更加重要的位置，企业家的管理才能和创新资本也在逐渐被纳入公司治理的核心范畴。尤其是对于那些数字技术企业来讲，专业化的管理团队更成为领域内猎头手中的"香饽饽",股东要想从外部职业市场找到对企业商业模式及业务模式同等熟悉的替代者非常难,其相较管理层的鲜明强势地位也正在逐渐削弱。

也就是说,在数字经济时代,公司的管理层具有极强的不可替代性和针对性,并非可在经理人市场间自由迁移流动。这也推动公司的控制权配置随之发生迁移,不再是单纯掌握在股东手中,而是向依赖其核心创业团队的企业家中心倾斜。自然而然地,传统观念里股东和以创业者为主体的管理层之间的代理冲突也在消减,二者之间逐渐趋于合作共赢,而非单纯的物质资本雇佣管理和创新资本的关系。由掌握公司核心竞争力的企业家向各利益相关者负责,物质资本及管理和创新资本之间的地位也逐渐趋于平等。相应地,在数字经济的影响下,保障以创始人团队为主的企业家内部治理控制权的稳定性也逐渐替代传统两权分离下股东与管理层之间的委托代理冲突成为公司治理的热点话题,股东和管理层逐渐形成了一种平等、双赢的事业伙伴关系。于是,双重股权结构和有限合伙人制度再次得到实务界的青睐。在2019年的7月,上交所的科创板正式开放,并在尝试注册制改革的过程中,准许发行"同股不同权"的框架股票进行上市。近几年,资本市场上多次涌现创新的控制权实现方式,如AB股双重股权结构(京东)。

9.2 内部治理的新特征

如果要实现公司治理目标,优化内部治理结构是至关重要的。内部治理结构是否合理直接决定了公司能否有效地进行经营管理和提高经济效益。如果公司内部治理结构设计存在缺陷,那么可能会引发错位、越位或缺位,从而导致公司治理失去抓手,难以发挥作用,外部治理机制也将失去原有的功能。基于数字经济呈现出的数据化、平台化、智能化及生态化等复杂特性,需要结合人工智能、大数据、物联网等核心技术的发展,探讨公司治理在数字经济时代的创新模式和发展理念对国民经济领域的深远影响。

9.2.1 网络信息与内部管理层协同治理

数字经济包括"产业数字化"和"数字产业化"两个基本范围,给技术创新、数字化转型和经济发展注入了新动力。它衍生出了新的生态模式,即突破传统经济治理中的界限,不受地域区域性的限制通过数字平台将各类市场主体聚集在一起。在变幻莫测的外部环境下,仅仅依靠公司管理者决策的规则已被淘汰。过去企业无法第一时间接受消费者的反馈一直困扰着供需两端,如今这一问题已经成为过去式,互联网的普及降低了信息的获取难度并加快了信息的流动速度,消费者的反馈意见是产品改进方向和市场走势的缩影,应用于个性化定制的典型模式。用户体验感是公司治理新业态更注重的指标,除了产品质量,产品包装、种类、配套服务及情感价值都是互联网精准营销的参考指标。随着小红书、B站及知乎等自媒体平台的兴起,产品测评成为大众消费者备受欢迎的领域之一,潜在消费者有效地掌握了产品信息提高了决策的准确度。互联网群体已承担着多重身份,不仅仅是外部监督者,也是一种新兴的治理群体。以自由度、突发性和互动性强为特点的网络舆情对公司治理的影响是至关紧要的。互联网时代企业的目标是将不会再跟品牌有直接关系的消费者变为与品牌保持长久、多维联系的用户,该群体是公司价值判断的关键因素。网络舆论对市值的影响可用"一石激起千层浪"来形容,如何控制网络舆情是数字经济时代公司治理的新命题。企业在数字经济时代会不断面临需要迅速应对"唯快不破,以快制快"的局面,建立与中小投资者、用户群体相辅相成的协同治理格局的企业能够汇聚各方力量,提高公司治理的灵活性。

  视觉中国成立于 2000 年 6 月,2014 年在深交所主板上市,2016 年收购知名图像库 Corbis 之后,成为全球较大的数字版权交易平台及服务供应商之一,《视觉中国:2023 年半年度报告》显示,公司创作者社区的注册会员数量超过了 2200 万,中小企业年度付费客户超过 20 万人。2023 年 8 月,某摄影师被视觉中国通知其公众号所用的图片侵权要求赔偿 8 万多元人民币,但所谓"侵权作品"是该摄影师本人的创作。事出当晚视觉中国官方微博对此事做出回应并表示会妥善处理误解。但市场并不买账,多名摄影师称视觉中国存在平台抽成比例太高、图像用途不透明、定价话语权不平衡等问题,其商业模式被大众质疑。截至 8 月 15 日收盘,视觉中国市值 120.99 亿元,事件发酵两日后总市值缩水 10.37 亿元。早在 2019 年,视觉中国也因版权维护事件陷入舆论风波市值缩水 45.82 亿元。戴建峰本人的微博粉丝数量并不多,日常动态点赞数在一千左右,然而这篇控诉视觉中国的微博却收获了 49.1 万赞,极高的社会曝光度把视觉中国推向风口浪尖,可见控制舆论是数字经济时代公司治理的必修课。

  资料来源:根据新浪网、wind 数据库等资料整理。

9.2.2 内部管理层的股权架构调整与反垄断风险

  在为企业创造巨大机遇的同时,数字经济也对公司的股权架构设计提出了更高的要求。在数字经济时代中双重股权结构与高科技企业尤为适配,初创团队保留小部分持股比例稳定对企业的控制,以让渡大部分所有权的方式交换外部资金,有效减缓了创业初期的融资压力,持续向企业投入更多的人力资本和智力成果。股权架构的合理设计和规划将对软实力的提升起到积极作用,股权架构关系到公司资源的配置、组织管理效率及重大决策制定。公司对技术创新的态度与投资力度也因此受到极大的影响,建立双重股权架构的公司在不被市场恶意卖空或收购的情况下能为企业募集到扩张资金,满足股东们的投资需求。这意味着公司通过设计合理的股权架构促进技术创新,提升企业竞争力,为长远发展护航。

  在如今日趋严格的反垄断监管下,如何通过调整股权架构降低被认定为垄断的风险,避免企业日常经营受到不利影响,是公司在发展平台经济,实现产业数字化过程中需要尤为关注的问题。首先,我们要明确在数字经济时代,平台经济对公司的意义。以互联网公司为例,在《中国互联网经济白皮书 2.0——解读中国互联网新篇章:迈向产业融合》报告称,独树一帜的平台模式在中国的数字化发展中尤为流行和重要。建立中小企业的赋能平台，将是中国互联网企业数字化转型路上的制胜之道。然而与过去不同的是，公司在平台经济领域已无法继续野蛮生长，如今国家对网络治理中的个人信息保护、数据安全等方面的监管已经越来越严格，2021年2月，国务院反垄断委员会印发的《国务院反垄断委员会关于平台经济领域的反垄断指南》（以下简称《指南》）对近年来平台经济领域中备受关注的涉及协议控制架构的"经营者集中""轴幅协议"等热点问题从反垄断角度予以回应，增强了反垄断执法在平台经济领域的可操作性和可预期性。早在《指南》出台前，国家行政执法部门就已向社会充分释放了平台经济领域反垄断监管的强烈信号，在2021年1月发布的《建设高标准市场体系行动方案》中明确要建立相关反垄断机制建立。可见在日趋严格的反垄断监管下，如何通过股权架构的设计降低被认为垄断的风险已经成为企业亟须解决的问题。

9.2.3　股权分散下的内部管理层的代理问题凸显

在数字经济时代，企业的核心软实力，如社会公信度、创新能力、知识产权、人才资源及投融资管理，在传统公司的数字化转型和信息通讯产业的数字化产业化中发挥着重要作用。在知识驱动经济发展的社会形态，创新成为数字经济的核心力量。与工业经济不同，数字经济削弱了公司治理中人力、财力等物质资源的作用，更加重视个人的知识积累和创新能力。互联网创业者找到自己领域的信息流、从注册个人社交媒体账号搭建私域流量到设立互联网运营团队，无须用太多传统生产要素的支持也能够展开业务。

知识和创新推动信息技术的快速迭代，在企业生产要素中的地位逐渐提升，传统的公司管理注重制度化，人被视作普通的执行单元；而数字化公司的治理关注人本身以激发人的潜力，最大化释放人的创新创造力。然而，值得关注的一点是知识和创新思维是无形资产的雏形，经过应用测试可被认定为发明专利，因此保护好智力成员的版权，是未来公司治理的焦点之一。掌握关键资源和核心技术的创业团队对企业的影响力逐渐高于掌握经营参与权的股东。在新的治理模式下，企业要发挥技术研发团队的创新积极性和战略眼光，赋予核心业务团队对公司经营决策的自主权能够提高企业对市场环境理解的容错率。过去，拥有话语权的主体是公司的大股东，随着时代的变化，公司治理群体变得多元化。中小股东借助信息技术获取了更有效率的沟通渠道，扩大了行使股东权利的可操作空间，参与公司治理的能力和意愿双双提高。这一变化不仅能够完善公司治理结构，也能保护中小股东的实际利益，是数字经济时代公司治理鲜明的特征之一。由于中小投资者与传统公司治理者可能存在需求偏差，当中小股东参与治理时会引起利益相关者之间的严重冲突。过去，技术水平的限制赋予了信息传递较强的阶级性，管理者和大股东不会主动提供内部关键信息。中小股东没有高效的沟通渠道，获取的信息有限且失真，参与公司治理所花费的时间、财力、劳动成本高。在数字经济时代，信息流动速度的提高降低了中小投资者的治理成本，内外部信息不对称现象弱化，中小股东共享企业内部信息，使股权分散趋势更加明显。

贾岩（2007）、冯根福、温军（2008）等国内学者研究表明，企业的股权分散度与创新产出呈现负相关关系，这说明当股权分散度越高时，管理层的监督会变得更加缺乏，致使管理层的代理问题更为严重,从而降低了企业的创新产出能力。股权高度分散意味着股东持股比例很低,在这种情况下,股东的监督成本超过了监督收益,大股东不再进行有效的监督,高级经理人发生道德风险和逆向选择行为的可能性大幅提升。因此,在股权结构高度分散的公司中,代理问题进一步加剧了企业对研发投资的限制,企业的创新研发动力减弱。随着股权越来越集中,大股东的监督收益足以抵消监督成本,愿意将精力投入企业的管理和投资决策,逐渐从外部人变为实际控制公司经营的内部人,有效地遏制了因高级经理人的利己行为导致的研发投资不足现象。尽管上述结论在不同的企业类型、发展阶段及行业特点可能存在差异,但仍具有参考价值。企业可以通过设计具有一定集中度的股权结构,将股权作为促进技术创新的工具,推动公司业务的发展。综上所述,股权分散趋势下股东主动投票、股权转让甚至退出威胁的约束力减弱,企业的控制权逐渐向其管理团队倾斜,这种趋势下当务之急是更新维护外部股东权益的机制。随着时代的改变,公司治理的主要矛盾也在演变,过去股东和管理层之间的委托代理产生的利益冲突被认为是最棘手的事情,而现在公司治理的问题转向如何充分激励掌握核心技术的管理层对企业持续性的投资。

9.2.4 董事会与监事会治理新特征

传统的内部公司治理研究主要关注董事会及管理层,并将股东作为投资方视为公司的最高权力中心,在公司控制权争夺上掌握绝对优势。在这钟传统的权力格局下,董事会的职责是对股东会负责,董事会的角色是股东意志的执行人。所有权和经营权分离后,管理层掌握了日常运营的详细信息,由信息不对称而产生的信任危机、委托人与代理人效用函数的不一致,以及股东对代理人能力的预期与实际不匹配等问题,股东对他们之间的契约关系始终保持警惕。因此,传统的内部治理的主要目标是防止管理层机会主义行为的出现,股东几乎总是能通过设置高效的薪酬激励体系、独特的公司文化,并借助外部职业市场挑选高质量的管理团队,有效地约束代理人让其做出最优的决策。在这种分析框架下,管理层的不可替代性、不可或缺性没有得到完全重视,并未真正纳入公司治理研究的核心分析范式。

传统企业与数字化企业的内部公司治理结构的逻辑起点和关注重点可能存在本质区别,即在于对待人的态度,传统企业关注人的劳动力,数字化企业关注人的创造力。在工业化时代,公司通过程序化的流程来管理人的工作,探索如何挖掘生产者的剩余价值,公司面临的最大挑战是物质资源和管理之间的动态博弈,如何在两权分离的条件下确保业绩的最大化。在数字经济时代,公司治理以人为本,致力于激发人的潜能和创新力。人不再受到被流程化、规范化制度的束缚,任何资源的配置基于人进行分配,以实现企业的可持续发展。

如今,市场青睐于符合两种条件的创始团队,一种是精通人工智能、新能源、5G、通信等高精尖技术的科创团队,另一种是洞悉平台经济、闭环经济、转换经济等新商业模式的管理团队。这些企业家具有极强的针对性和专业性,很难被轻易取代,并非能够自由迁移的市场参与者。为了企业壮大寻求资金支持,一些企业家们自愿放弃了相当比例的所有权，争取董事会席位。董事会是公司治理的中心组织，意义非凡，不仅能够引领未来的发展方向，不受外部资本的稀释和干扰，更关涉高管债权人等利益相关者的去留。具有核心竞争优势的董事会和管理层成为创业团队必须争取的目标，然而，新的公司治理矛盾也因创始团队对董事席位和经营决策权的长期掌控而爆发。

尽管《公司法》对监事会的地位和作用做出了较为深刻的阐述，但在实践过程中监事会的监督效果并不显著，这是未来需要加强的方面，即充分发挥监事会的作用。以创始团队为核心的管理层对企业发展拥有极高的使命感、责任心和驱动力，以监事会主导的内部监督机制能够有效降低创始团队权力过度膨胀后决策失误风险，在保护外部投资者利益的同时让公司行驶在正常发展轨道中。

9.3　外部治理的新特征

9.3.1　机构投资者治理新特征

1. 专业化的机构投资者参与公司治理更具优势

在数字化革命下，对公司而言，金融科技与普惠金融技术的迅速发展及广泛应用使得资本稀缺性降低——企业的融资渠道得以拓宽，资本社会化加速演进，融资门槛也得以降低。另外，对于机构投资者而言，提高资金投放的效率、在有效投资的基础上控制信贷违约率的需求却更为迫切。因此在数字经济时代，那些掌握了移动互联网技术、大数据技术的机构投资者就有可能有更多的发展机会。同前面所说的专业化程度较高的高级经理人一样，极具数字专业化的机构投资者依据其灵敏的数字嗅觉，借助广泛的数据渠道收集有用信息，以大量数据为基础不停地更新其投资评估大模型，提高其精准投资的效率。

从具体的实施过程来看，机构投资者首先要能获取相关领域内的海量高频数据，可以借助于各大数据公司及数据平台（如股票市场、信息披露网站、社交媒体平台等）实时监测并高效提取。这些海量信息并非都是有效可用的，机构投资者还要对其进行筛选提取，他们可以借助人工智能、机器学习技术进行信息提炼。之后依据这些海量实时信息的精华，机构投资者就可及时优化其在资本市场中的投资布局，以获得超额回报。此外，在投资决策方面，以现代信息技术为代表的数字技术同样可以推动机构投资者提高其决策方向的科学性和精准度，从而进一步完善外部投资者参与公司外部治理的作用。朱·克里斯蒂娜（2019）研究发现，像线上用户消费交易、线下消费者停车卫星图等经济行为的普及应用说明借助于大数据资源，机构投资者投资的主观性可以得到有效降低，其可能存在的个人机会主义或激进主义行为也得以制约，这些不良经济行为的减少就为其投资决策的优化升级提供了可能性。在数字化转型的趋势下，机构投资者的信息优势和专业优势在技术赋能下得以更加充分的施展。

在监督治理层面，数字经济时代的专业化机构投资者开辟了新的监督模式和路径。产业数字化发展孕育出大数据对资本市场的信息披露环境产生了一定的积极影响，同时还有效降低了各市场参与主体的信息获取成本。机构投资者也可以借助一些前沿科技

（云计算、区块链等）更加方便、直接地履行其外部监督职能。在专业化信息收集及处理能力的基础上，机构投资者又可借助如机器学习、区块链等新兴技术，充分挖掘大数据蕴藏的信息含量，加强对企业的外部监督，提高公司治理水平。例如，借助于大数据及计算机技术，证监会等资本市场监管机构可以直接通过网络进行监管，精准识别出企业的财务舞弊和造假现象。

另外，专业的机构投资者还多元化拓展了自身参与公司治理的途径。在传统的公司治理中，机构投资者主要通过行为干预和外界干预两类手段间接与公司内部治理产生关系。行为干预，通常说的是机构投资者作为投资人以直接参与的方式参与被投资公司的治理。例如，倘若发现了某公司的价值被严重低估，机构投资者就可以选择增持该公司的股票，当其所持有的股票达到一定比例之后就可通过对董事会改组、发放红利进而获利。相对应的外界干预，就是机构投资者以间接方式参与被投资公司的管理，一般而言其可通过对持股公司的董事会或管理层施加影响使其意见受到重视。例如，机构投资者可以通过其代言人对公司重大决策发表自己的意见，间接参与公司的业务扩张、并购、合资、开设分支机构、雇用会计师事务所等事宜。而在数字经济时代，除了以上两种最为基本的参与方式，那些技术专业性极强的机构投资者甚至还能自主研发一些有助于日常管理工作的新技术。当然，机构投资者也会及时利用新技术（如区块链）对股东会、董事会等公司内部治理机构的具体事务进行一定的信息化、智能化升级。

2. 外部控制权市场对公司治理的影响在削弱

在传统的企业管理模式中，股权结构是以股东为核心的，股东通过投票来决定公司的未来走向，而由董事会和高层管理者组成的管理团队则主要负责执行股东的决策。外部的机构投资者有可能通过向公司注入资本元素来成为股东中心的一部分，有些机构投资者甚至有可能通过大量资本的注入来替代公司原有的大股东，从而成为外部的"掌权者"。但是在数字经济时代，公司的融资渠道、融资门槛在各类金融科技的发展下得到一定的发展，其对以提供物质资本为主的外部股东的依赖程度也得以下降。同时，公司的发展前景在新一代信息技术革命的背景下更大程度上被掌握在拥有关键技术的创始团队和核心员工手中，人力资本也被摆在了同技术资本一样重要的位置上，这些核心成员在公司控制权配置中也有了更多的话语权。也就是说，控制权争夺市场在数字经济的趋势下不再像过去那样有用，其对公司发挥的外部治理作用也在逐渐弱化。即便是有一些公司在特殊情况下为了获取公司发展所必需的外部资金，需要在名义上将大部分所有权让渡给这些外部投资者，企业家也可以利用一些制度设计方面的手段将这些外部股东对公司的可行使权力控制在一定范围内。例如，像京东、阿里巴巴早已借助双重股权结构、有限合伙协议架构等新型控制权配置方式，实现高度成熟的公司所有权与控制权分离，以至于无论股权本身发生多么大的调整甚至大股东调整的情况，管理层都可以放心继续保持其原有的管理风格；同时，像数字经济类企业这种其长期发展本身就更依赖于掌握核心技术的创始人团队的企业，股东意志对管理层日常经济行为的影响已经不像过去那样凸显，管理层在人力资本方面的不可替代性加强也意味着经理人市场逐渐不再那么有效，外部控制权市场对内部治理体系的约束力在削弱已经成为趋势。

有限合伙协议架构：2007 年，我国对《中华人民共和国合伙企业法》进行了正式的制度修订，这为有限合伙结构的进一步发展和实施提供了坚实的法律支撑。根据这套架构体系的设计，那些主要提供资金援助的有限合伙人被指定为该有限合伙企业的外部代表，并根据他们的利润分配权来分享投资的收益，但是《中华人民共和国合伙企业法》从法律层面禁止其参与公司的执行合伙事务。普通合伙人虽然实际出资相当有限，但是其从实质上负责代表合伙企业执行事务，实际上是合伙企业的全部决策权和控制权的掌权人。至此，有限合伙架构以合伙协议约定的方式实现了所有权和控制权的分离，创始团队可以凭借较低的股权比例实现对公司的实际控制，单纯负责出资的有限合伙人也不必再被公司的具体经营事务所困扰，而是直接分享企业成长增值过程中的经济收益，实现不同目标主体间的专业化分工与协作。不同于京东通过对股东投票权的限制来对创始人团队决策权进行保护，阿里巴巴则从投票人的选择方面来保障其创始人的控制权。一方面，阿里巴巴"合伙人制度"规定创始人具有选拔其他合伙人及提名董事成员的权限，这就在一定程度上保证了其他参与决策的合伙人基本是创始人的同道中人；另一方面，虽然马云是阿里巴巴的第三大股东，但是其通过与第一大股东软银、第二大股东雅虎之间的内部协议规定了一方向董事会提出议案时另外一方必须无条件赞同，从而又使得创始人马云的提案多了一层保护。

资料来源：郑志刚，邹宇，崔丽. 合伙人制度与创业团队控制权安排模式选择：基于阿里巴巴的案例研究[J]. 中国工业经济，2016, 343(10): 126-143.

9.3.2 数字平台的猎杀式并购

猎杀式并购（killer acquisition）最早起源于医学制药领域。当一家实力强盛的制药企业收购另一家实力相对较弱的制药公司后，收购方为了维护自身产品的市场优势地位，终止被收购方正在研制的药品项目，特别是收购方发现目标公司所进行的药品研发项目与自己的项目有重叠时，这种将对方"扼杀在摇篮里"式的并购更加典型。

基于同样的适用场景，猎杀式并购也拓展到了数字经济领域，其主要表现为一些超级数字平台对其现有业务有潜在竞争威胁的平台企业或者在某一经济领域的极具创新能力、成长能力的初创企业进行并购，以消灭对手或者抢先占领新的经济领域，形成其持续的市场龙头的竞争优势。例如，脸书（Facebook）、苹果（Apple）、腾讯等大型数字平台企业，这些企业极有可能借助其在相应行业领域占据的主导性地位，借助其各自的数据、资本及技术优势对那些可能影响其垄断地位的中小平台企业进行垄断性的并购。据美国众议院司法委员会在 2020 年发布的《数字市场竞争调查报告》，2009—2019 年，美国五大科技巨头（脸书、谷歌、亚马逊、苹果、微软）累计收购了近 600 家新生数字企业。在中国，腾讯、阿里巴巴、百度三大数字平台在过去 10 余年内也累计并购了 500 多家互联网新生企业，并购交易额超过 6000 亿元。数字经济领域内的猎杀式并购比之前在医药行业的猎杀式并购更加迅猛。

从并购动机看，猎杀式并购是一种为了达到抢先挤占用户规模的规模效益，这一点与传统并购目的类似。例如，百度在 2013 年收购的悠悠村正是为了抓住企业级用户。此外，数字经济领域的并购突出表现为超级数字企业对一些其他领域的初创公司进行跨领域、跨行业的猎杀式并购，以为自己的长期发展储备战略成长空间。国际方面，根据英国经济咨询公司的调查报告，在亚马逊、脸书、谷歌这种大型数字平台的并购案例中，大约有 60%的被收购公司成立的时间不足 4 年或者仅为 4 年。例如，脸书在 2012 年时对成立仅仅两年的照片墙（Instagram）进行了并购，但是这个初创公司却拥有近 3000 万名用户；两年后其收购了同样成立时间较短但拥有大量用户的 WhatsApp，这个年仅五岁的新生公司不但已经拥有以亿为单位的海量月度活跃用户，而且其用户量还在以百万的速度增长。国内方面，百度和阿里巴巴均收购了一些年轻的高科技企业。

而这些超级数字平台的猎杀式并购之所以成功，一方面是基于其自身长期积累形成的用户数据垄断，另一方面是利用算法和人工智能等数字技术对目标公司进行精准定位。早期的数字经济主要以互联网平台服务的形式存在，在互联网形成的初期，这些互联网平台通过提供免费服务或巨额的用户补贴来积累用户资源，并利用早期的监管空白对其用户信息进行自由收集，因此积累了海量的用户数据资源。当这些被免费试用或者巨额补贴吸引来的用户对该平台形成了消费习惯黏性时，这些互联网平台就具有了对外进行猎杀式并购的数据资本。因为数字经济的企业发展离不开用户市场的快速拓展，而这些超级数字平台已经掌握了绝对力量的用户流量，且其承诺为可以为入驻企业提供以较低价格为代价甚至是免费的接入服务，这一优惠政策极大地吸引了那些初创立的数字企业，使这些超级数字平台的收购行为的阻力大大减小，甚至出现部分新企业主动谋求被其并购的"双赢"局面。作为国内甚至在全球范围内都占有较大市场份额的游戏公司，腾讯收购的初创企业中有近 1/4 集中在游戏企业，其中甚至还包括广受用户青睐的 Supercell、ZAM、RiotsGames 等国外知名游戏企业。腾讯之所以能在国内游戏市场上成为不可撼动的领头羊，其秘诀正是基于其掌握的 QQ、微信等超额互联网用户流量，在并购这些游戏企业后便帮助其快速发展国内的潜在用户市场，结果自然而然地使腾讯成为国内游戏市场份额最高、收入最多的游戏供应商。

9.3.3 新闻媒体助力公司信息披露治理

在传统公司治理中，公司对外进行信息披露更多的是基于公司法对其进行的披露要求，并且主要是对上市公司进行的一些财务信息的公开披露的基本要求。但是在实际实施的过程中，这些公司是否按期披露、所披露的信息是否真实、信息披露相应的监管如何等方面却存在着一定的不确定性。传统的外部信息披露主要依赖相应"一行三会"[①]这种政府机构的单方力量，其效率存在一定的提高空间。

在过去，媒体作为一个关键的信息传播渠道，其在信息挖掘、收集、处理和分析方面的专业能力是不容置疑的。他们有能力运用这些专业技能，对资本市场发布的各类报

---

① "一行三会"指的是中国人民银行、中国银行业监督管理委员会（银监会）、中国证券监督管理委员会（证监会）和中国保险监督管理委员会（保监会）。

告进行即时传播,从而提升公司的透明度,并在缩小市场各参与方之间的"信息不对称"方面起到积极作用,进一步促进市场定价效率的提升。此外,财经媒体通过其特有的新闻价值和社会责任还能够有效地提升投资者信心,进而促进资本市场健康稳定的发展。当然,还有一些财经媒体在信息的收集和传播过程中,可以实施对市场主体的监督职能,从而对公司控制人的不当行为施加一定的约束,最终提高公司的经营合法性和合规性。

而在信息爆炸的数字经济时代,新闻媒体这种监督作用得以高度强化。在传播媒介方面,除了传统的电台电视、报纸杂志,以微博为代表的这种新型社交媒体使得媒体的信息传播作用被无限放大。其用户群体规模、参与活跃度、市场影响力都得到了空前的加强。这些特点也意味着社交媒体的传播影响力已经远远超过传统媒体所能达到的水平。

从一方面看,社交媒体这种能够迅速捕获信息的传播和监督能力,以及舆论的快速扩散,迫使公司必须正视并规范其经济行为,以改善公司的治理结构。另外,新媒体时代下的社交媒体平台也为公司治理带来了挑战。与传统媒体不同,新媒体平台可以利用大数据技术来提高信息的精准推送能力。除了企业官网之外,企业还可以接收到投资者、消费者和潜在顾客的意见和诉求,从而丰富公司自身的数据资源。通过对公司官方网站上发布的内容进行筛选后,公司可以将这些内容作为公司治理的重要依据之一。接下来,当公司对提供的信息进行文本分析时,它能够迅速地识别出产品或服务中存在的问题,并根据这些问题进行有针对性的纠正,从而进一步提升公司的治理质量,并确保新媒体治理的准确性。当然,公司也可以反向利用新媒体的这种广泛而迅速的传播影响力。对于监管机构来说,针对企业财务舞弊这一问题,没有必要像以往那样完全依赖于人力资源进行监管和识别。目前,大数据技术不仅能显著提升这种识别的准确性,还能通过网络手段使监管工作更为高效。在此背景下,监管部门可将更多注意力集中于提升大数据分析能力,并以大数据分析为基础构建更为完善的企业风险预警体系。另外,鉴于我国工商企业登记注册的丰富数据,监管机构会实时更新地方的数字经济发展状况,并根据各地的具体发展需求,制定和实施相应的数字经济政策。

另一方面,新闻媒体加强版的"曝光"能力具有双面性,可能会导致企业和其管理层出现"因噎废食"的情况——企业可能因为潜在的舆论压力而不敢承担风险,甚至可能直接放弃一些潜在的发展机会。同时,这种负面效应还会造成公众的恐慌情绪,进而使公司的形象受损,最终损害其利益相关者的权益和社会声誉。这也表明,在一个"旁观者"心态普遍、批判性思维不足的时代,社交媒体的信息对公司治理产生的影响就像一把"双刃剑"。过度曝光及舆论泛滥的新型媒体也会使得部分公司的管理层对于与风险并存的创新行为望而却步,甚至使得白白丧失可能使其实现整体实力大跨一步的发展机遇,损害企业的长期发展利益。因此,针对新型社交媒体信息传播对公司治理的影响我们也要进行辩证思考。

社交媒体的治理作用

利用社交媒体"用嘴投票"和"用键盘投票"也使得其在公司治理过程中不可避免

出现一些乱象。2015年6月初,一则题为《东莞证券针对5000万以上VIP的风险预警》帖子出现在东方财富网股吧,随后在较短的时间内就有800多万名股民收到了该发帖的标题和链接,其点击量更是达到了1万多次。甚至在发帖的第二天导致沪深两市剧烈震荡。但是事后经公安机关和证监会相应部门调查,证实该帖的帖主涉嫌编造、传播虚假信息。2018年3月,一则"伊利股份董事长潘刚被带走协助调查"的新闻在互联网上引起轩然大波。在互联网社交媒体以更快速、更深刻、更广泛地影响资本市场参与者的行为和监管层关注的前提下,互联网谣言满天飞的现象极有可能在短期内给企业造成致命一击。

当然,针对社交媒体信息传播过程中的这些乱象,相应部门也频频出手整治。其中,我国已经出台了大量政策法规文件来对互联网信息传播行为进行规范和约束,尤其是对于社会影响恶劣的互联网谣言等行为制定了明确的入刑标准。早在2013年最高法和最高检就已经在"司法解释"中明文规定在互联网传播谣言且谣言被点击、浏览次数达到5000次以上或者被转发次数达到500次以上的情形,即可按刑法中诽谤罪相关规定予以处罚,若"造成公共秩序严重混乱的"则以寻衅滋事罪定罪处罚。例如,前文中关于伊利董事长潘刚被带走协助调查的谣言事件中,造谣者最终以涉嫌寻衅滋事罪、诽谤罪被抓获,并被检察机关根据"司法解释"批捕和起诉。

资料来源:孙鲲鹏,王丹,肖星. 互联网信息环境整治与社交媒体的公司治理作用[J]. 管理世界,2020,36(7):106-132.

简述题

1. 平台经济的运作方式之下为什么容易引发垄断问题?
2. 创新型人力资源如何赋能数字经济时代的企业?
3. 请简要谈谈在数字经济背景下股权分散的内部管理层的代理问题为何会越来越凸显。
4. 请浅谈传统企业和数字化企业内部治理的区别。

第 10 章

公司社会责任

【学习目标】

1. 理解什么是社会责任,熟悉企业社会责任的内涵和类型。
2. 了解企业履行社会责任背后的动因。
3. 掌握社会责任治理的方式,从个体自治到多中心网络治理。
4. 了解社会责任治理的最新发展趋势"绿色治理"与"ESG"理念。

百威英博"明智饮酒"

百威英博(AB InBev),自 1876 年创立以来,便以其卓越地位屹立于全球酿酒行业,总部设于比利时鲁汶。历经多年发展,该公司已晋升至全球第三大消费品公司之列,并于 2009 年荣获《财富》杂志评选的"全球饮料行业最受尊敬企业"榜首之位。该公司以消费者需求为核心,依托销售活动作为发展引擎,管理着一个多元化的品牌矩阵,涵盖超过 300 个品牌。这些品牌不仅涵盖了不同的全球性的旗舰品牌,同时也包括了在国际市场上迅速崛起并广受欢迎的跨国热销品牌。如 Leffe、Hoegaarden,同时还有本土市场的知名品牌,如哈尔滨啤酒、雪津、双鹿、Cass 及科罗娜等,反映出广泛而深厚的品牌影响力与市场渗透力。

截至 2017 年,百威英博在中国酒水饮品行业中脱颖而出,率先垂范,积极倡导并深入实践"智慧饮酒"的核心理念,成功构建了其品牌形象与"理性消费酒精饮品""明智抉择"以及"零容忍酒驾"等关键概念的紧密关联,从而不仅树立了行业标杆,也促进了社会对健康饮酒文化的广泛认知与践行。在这一演进历程中,"理性饮酒"的理念,起初并未广泛为人所知,而后逐渐发展成为一种深入人心的社会潮流。具体而言,2017 年 10 月,中国酒业协会与百威英博共同发布的《全国理性饮酒现状调研综合报告(2017 年版)》,发现:受访群体中,高达 95% 的个体对理性饮酒行为表达了积极的认可与尊重,进一步地,有七成五的被调查者明确地将理性饮酒视为一种引领社会风尚、彰显时代潮流的标志性行为,这充分反映了公众对于健康饮酒观念的广泛接受与推崇。在当前趋于饱和的高纯度酒饮料市场中,百威英博凭借率先研发的低酒精及无酒精饮料,成功开辟了新的蓝海市场。该企业已将倡导理性饮酒提升至品牌核心价值的层面,构筑起一道鲜明的责任壁垒,其正面且负责任的品牌形象在公众心中牢固树立,进而催生了持续稳定的业绩增长态势。百威英博践行"明智饮酒"的社会责任行为，为企业发展提供了以下启示。

（1）在企业制定经营战略的过程中，需秉持一种超越当下时限的远见卓识，不仅仅局限于审视当前年度或未来数载社会经济变迁的脉络，而应深化洞察，预见并适应未来十年、二十年乃至更长远周期内可持续发展对企业提出的深层次需求。截至 2008 年之际，百威英博于中国市场的深耕历程已逾十载，其在高端及超高端啤酒细分市场中不仅稳固了领先地位，更以卓越的市场表现脱颖而出。鉴于对行业动态的敏锐洞察，公司预见到在中国社会中，非适度饮酒可能引发的深远负面影响，遂率先倡导理性饮酒的价值观，并将这一理念深植中国市场，旨在倡导并促进一种更为健康、理性的生活风尚。

（2）为满足各利益相关方与后代的期望与诉求，品牌建设需更加注重责任感，始终致力于品牌的全方位建设与推广。这一目标需贯穿于品牌宣传、生产、分销等各个环节。

（3）可持续发展的关注点即是创新的机遇所在。鉴于公众对健康生活方式的追求日益增强，酒精饮品消费量呈现递减态势。在此转型期，低酒精度及无酒精饮品的问世精准捕捉了更广泛的消费群体偏好，有效促进了市场的多元化发展，并成了驱动市场扩张的一股新兴力量。

（4）品牌责任的影响力与效果往往难以直接以量化指标全面衡量。一个缺乏责任感的品牌，其负面效应能够渗透至整个行业生态，引发连锁反应，对整体行业形象造成不利影响。相反，秉持高度责任感的品牌，则能够作为行业标杆，激发正面能量的传播，促进整个行业的可持续发展与整体效益的提升。在百威英博的引领下，行业内其他企业纷纷表态，将致力于向消费者普及理性饮酒与适量饮酒，以实际行动切实履行社会责任。

资料来源：罗曙辉. 百威英博"明智饮酒"十年的启示. WTO 经济导刊, 2017, 168(10): 53-54.

10.1 社会责任的内涵

10.1.1 企业社会责任的概念

企业社会责任（corporate social responsibility，CSR）作为市场经济架构下的核心理念，不仅聚焦于股东利益最大化的传统目标，更深远地涵盖了面向员工福祉、消费者权益保护、社会公益贡献及环境保护等多维度利益相关者的责任履行，体现了企业作为社会成员的全面责任担当。践行此责任时，企业需超越传统单一追求利润最大化的观念，转而更加注重在运营与生产活动中体现人的价值，并对环境和社会产生积极的正面影响。

企业社会责任并非新兴概念，其根源可追溯至 18 世纪 60 年代工业革命时期，生产力空前提升，经济迅速增长，社会结构深刻变革。然而，此进程亦引发了人类历史上首次大规模的环境污染，并伴生了一系列社会问题，如殖民掠夺、贫富分化加剧、种族歧视等社会矛盾日益显著。在此背景下，企业社会责任概念逐渐进入公众视野，初期主要表现为对弱势群体与社区的捐赠及企业慈善公益活动。20 世纪八九十年代，企业社会责任在英美等发达国家逐渐受到重视，企业在生产经营中的关注点开始从单一利润追求转向更加多元化的考量，包括产品质量、环境保护、人权保护及安全生产等多个维度。同时，媒体、社区、政府及各类非政府组织也纷纷要求企业积极承诺并承担起应有的社会责任。进入21世纪，企业社会责任越来越受到重视，成为全球性社会运动的重要组成部分，对发展中国家的经济增长与可持续发展路径构成了新的考量与挑战。在此背景下，全球范围内普遍认同企业应积极拥抱并践行其社会责任，视为不可或缺的义务。为加速这一趋势，众多国际权威机构纷纷出台了一系列社会责任国际标准，并配套构建了认证体系。这一系列举措旨在促使企业更加有效地履行社会责任，并赢得更多利益相关者的支持与认可。

随着时代的发展CSR的内涵日益丰富与深化。追溯其起源，1924年，美国学者谢尔顿在其标志性著作《管理哲学》中运用"企业社会责任"这一概念，巧妙地将企业运营中的多维度责任与企业管理的战略决策相融合，尤为强调道德伦理在企业行为中的核心地位。随后，在1975年，戴维斯（Davis）与布鲁斯特姆（Blomstrom）在《经济与社会：环境与责任》一书中，从新颖视角对企业社会责任进行了深入剖析，他们倡导企业决策者应平衡经济效益与社会整体福祉的考量，将促进社会的全面进步视为己任，旨在达成企业发展与社会环境的和谐共存。1979年，卡罗尔（Carroll）教授进一步提出了一个整合性的CSR框架，在该框架中，企业社会责任是指在一定的时间内，社会对企业贡献的经济绩效，行为的法律合规、伦理道德及慈善贡献等多维度期望的综合体现。在吸收国际企业社会责任理论的精髓基础上，中国学者结合本土社会经济环境的独特性，创造性地发展了适应国情的企业社会责任理论体系。该体系视CSR为一种社会资源优化配置的高效机制，其核心在于以积极负责的执行力为引擎，通过构建与利益相关者的协作网络，挖掘并激发企业运营所涉及的社会、经济、环境等多方面的价值潜力，最大化地增进社会福利，实现可持续发展的长远目标。

当前，国际社会已就企业社会责任形成广泛共识，即企业在追求经济绩效的同时，亦需兼顾社会价值的创造。这一共识敦促企业不仅需对股东利益负责，更应积极担当起对员工福祉、社会福祉及环境保护的多重责任。具体而言，企业应遵循法律法规，恪守商业伦理，确保生产作业的安全无虞；致力于提升员工待遇，促进就业机会的公平与增长，消除一切形式的歧视；同时，采取有效措施减轻环境负担，减少污染排放。通过全面履行这些社会责任，企业能够在多元化维度上实现可持续发展。

在商业实践中，企业对于承担社会责任的态度展现出显著差异，这种差异既体现在认知层面，也体现在具体的实践行动上。至今，仍有一部分企业视承担社会责任为一种负担，担忧其会带来额外的成本增加。另一些企业则认为，承担社会责任是一种必要的约束，这些企业意识到必须将社会责任融入核心业务运营之中，作为不可或缺的一部分，并积极主动地遵守社会对其所设定的规范与标准。更进一步，一些具有前瞻性的企业则将承担社会责任视为一种资本，一种超越经济资本、物质资本、人力资本及智力资本之外的社会资本与关系资本。从这个视角出发，企业社会责任不再是单纯的成本支出，而是一种能够带来增值效应的资本投资。

民营企业在履行社会责任方面发挥重要作用

民营企业作为中国经济结构的关键构成部分，展现出强大的市场活力与竞争优势。在创造巨大经济价值的同时，其社会责任的履行也日益成为焦点议题，受到社会各界的广泛关注。2023年7月，中共中央与国务院共同颁布了《关于促进民营经济发展壮大的意见》，明确要求"支持民营企业更有效地承担社会责任"，并"鼓励及引导民营经济人士成为发展的实践主体与新时代的积极贡献者"。该政策导向鲜明地体现了政府及广大社会群体对民营企业更深层次践行社会责任的深切期盼与更高要求。

随着改革开放的持续深化与推进，民营经济蓬勃发展，其经济实力与日俱增，同时在履行社会责任方面也日益凸显其重要性。《中国民营企业社会责任报告（2022）》阐述了民营企业在多维度上所展现的显著社会责任绩效，涵盖经济贡献、就业促进、税收履行、创新引领、乡村振兴支撑、生态文明建设以及公益慈善等多个方面。具体而言，民营企业已成为税收体系中的中流砥柱，贡献超过半数的税收份额，并创造了超过国内生产总值六成以上的经济价值，其中高新技术企业占比更是高达七成以上。在就业市场上，民营企业同样扮演了关键角色，提供了超过八成的城镇就业岗位，且对新增就业的拉动作用尤为显著，贡献率逾九成。尤为值得一提的是，在公益慈善领域，民营企业展现出了强烈的社会责任感与担当，成为捐赠活动的重要力量。根据《中国慈善捐赠报告（2020）》，近年来企业捐赠在社会捐赠总额中的占比不断上升，数字显示，2020年度企业捐赠额占社会捐赠总额的比例高达70.66%，远超其他捐赠主体，反映了民营企业在推动社会公益事业发展中的重要作用。

此外，龙头民营企业积极寻求与政府合作，充分利用企业在资金、技术和人才方面的优势，深度参与国家的精准扶贫与乡村振兴战略。以阿里巴巴为例，该公司派遣资深员工（"特派员"）前往欠发达县域，与当地政府建立紧密的合作关系，共同发掘地方产业特色，构建产业链，并打造县域品牌，从而有效激发地方发展的内在动力，强有力地推动了县域产业的振兴。从上述数据及案例中不难发现，我国民营企业正逐步将自身的盈利目标与国家及社会发展的需求相融合。

综上所述，民营企业作为优化公共资源配置、增进民众福祉的重要主体之一，为增强其发展信心并激励其自觉承担社会责任，需从两方面着手。首先，应致力于优化营商环境，构建公正有序的竞争体系，确保民营企业的合法权益得到充分保障。因为唯有营造一个有利的发展环境，方能坚定民营企业的发展信心，激发其服务国家与社会的内在动力。其次，政府需完善相关制度的建设，丰富民营企业履行社会责任的形式。具体而言，应制定针对民营企业履行社会责任的激励政策，例如提供税收减免、普惠金融服务和资金支持等，以进一步激励民营企业履行社会责任。

资料来源：中国社会科学报，2023-8-29，第006版.

10.1.2 企业社会责任的四个层次

美国佐治亚大学教授卡罗尔作为企业社会责任领域的领军学者之一，经年累月深耕于该领域的探索与研究中。1979年，卡罗尔里程碑式地构建了企业社会责任金字塔模型（图10-1）。该理论指出，企业的社会责任由下往上划分为经济、法律、伦理和慈善四个层次。

图10-1　企业社会责任金字塔

第一层（最低层）：经济责任。其核心在于追求利润的最大化，致力于扩大市场份额并降低成本，以满足主要利益相关者的需求。企业应积极承担并切实履行经济责任，为经济社会的快速稳定发展贡献力量。这一层构成了企业社会责任的基石，唯有企业实现做大做强，方能具备承担更多经济责任的能力。

第二层：法律责任。企业在其生产运营的全过程中，务必恪守各类相关法律法规的严格规范，这包括环境保护法、消费者权益保护法以及劳动法等。企业应率先依法经营，坚守诚信守法原则，并带动各利益相关者共同遵纪守法，共同推动法治社会的构建。

第三层：伦理责任。它指的是社会对企业有所期望但尚未被法律明确规定的行为规范。这要求企业的所有工作和行为都必须遵循公平公正的基本道德准则。企业应致力于避免其经营活动对社会造成任何负面影响，积极发展绿色产业，为保护环境和维护社会稳定尽职尽责。

第四层（最高层）：慈善责任。其体现了企业基于核心价值观与社会广泛期待所采取的超越法定要求的行动。在我国向社会主义现代化强国迈进的征途中，促进社会全面发展，特别是教育、医疗及养老等民生领域的进步，是构筑和谐社会不可或缺的基石。这些领域不仅关乎民众的生存质量与发展潜力，更是社会稳定与和谐的直接反映。作为社会经济的积极参与者，企业应充分利用其资本资源，发挥积极影响力，为社会福祉的提升、整体进步以及民众生活质量的改善贡献应有的力量，从而彰显其作为社会成员的责任担当与价值追求。

这四大责任非但不相冲突，反而呈现出一种递进式的层次结构与发展脉络。具体而言，经济责任与法律责任构成了企业运营的基石，是社会对企业最基础且不可或缺的要求；伦理责任则进一步提升至社会对企业的道德期盼层面，要求企业在经营活动中秉持良好的道德准则；至于慈善责任，它超越了基础的经济与法律责任范畴，体现了社会各界对企业所能达到的更高层次的社会贡献与公益追求的憧憬。因此，企业在追求自身发展的同时，必须严丝合缝地遵循相关法律法规，积极践行道德标准，展现其回馈社会、增进公众福祉的责任感与奉献精神。

10.2 社会责任的动因

企业为什么要承担社会责任且不断将其纳入公司治理中,对这个问题的理解,可以从经济学和社会学视角来考虑。

10.2.1 经济学视角:利益相关者理论

从利益相关者理论视角看,企业本质上可视为一个多元利益相关者交织而成的契约联结体,这一复杂网络广泛涵盖了股东、管理者、债权人、雇员、供应商、消费者群体,以及政府监管机构、社区、新闻媒体、环境保护倡导者等众多主体。同时还涵盖了那些直接或间接受到企业运营活动影响的环境和其他相关实体。这些利益相关者均在不同程度上为企业的生存与发展贡献了专有性资源,并共同分担了企业运营过程中的部分或全部风险与成本。因此,企业在制定经营策略时,应全面考虑这些利益相关者的权益,并给予他们合理的回报与补偿。为此,企业需面向其广泛的利益相关者群体,作出一系列深远的社会责任承诺,并付诸实践。这些承诺的核心涵盖:首要保障股东利益,通过深化投资者关系管理,增强信任与合作;同时,深切关怀员工福祉,营造安全、健康的工作环境,促进员工全面发展;再者,坚守消费者权益保护原则,不断提升产品与服务品质,满足并超越顾客期望;最后,积极履行环境保护职责,倡导并尽可能地实施绿色发展战略,以推动社会经济的可持续发展。

10.2.2 社会学视角:和谐社会

社会学的一个核心理念始终聚焦于社会的和谐性。所谓和谐社会,指的是一个既充满活力又维持有序状态的社会结构。依据社会组织理论的观点,构建和谐社会的重任应由政府、企业、公民及城乡基层社区等众多社会组织共同肩负。在这一背景下,企业的社会责任显得尤为关键,它构成了社会和谐发展的内在基石。企业不仅应扮演理性的"经济主体"角色,更应展现其作为具有社会责任感的"社会成员"的一面。在处理与社会的关系时,企业的视野不应局限于经济效益,而应主动承担起其应有的社会责任,将自身的发展与社会的发展紧密相连。在构建和谐社会的征程中,企业应积极履行其社会职责。

中国农产品深加工龙头企业:康师傅

自"十四五"规划实施以来,中国确实将高质量发展置于国家发展的首要位置,这不仅是对经济增长模式的深刻调整,也是对经济、社会、环境三者协调发展理念的深入实践。在这一背景下,全面绿色低碳转型作为实现高质量发展的重要路径,为ESG(环境environmental、社会social和治理governance)理念在中国的广泛传播和深入应用创造了前所未有的历史机遇。审视康师傅多年来的发展历程，不难发现，该企业不仅将ESG理念深植于产品生命周期的各个环节，还贯穿于供应链的上下游，实现了社会责任的履行与能效的提升并重。

1. 企业价值观：ESG理念成功的内核

食品行业本质上遵循长期主义原则。康师傅之所以能发展成为健康、可信赖且深入人心的民族品牌，得益于其始终坚守"弘扬中华饮食文化"的初衷。同样，ESG发展理念也是一个长期目标，追求企业的可持续发展，这与康师傅"以食品安全为根本，实现永续经营、回馈社会，成为受尊敬的企业"的企业价值观和企业宗旨相契合。这一价值观体系构成了企业可持续ESG发展的基石。同时，康师傅敏锐地捕捉到消费者健康意识增强的趋势，率先引领行业创新，精心研发出无糖茶饮等新型健康产品，精准满足市场对营养与健康饮食的迫切需求。这些举措为助力"健康中国"战略实施做出了重要贡献。经评估，每生产百万瓶500毫升规格的无糖冰红茶，相较于传统含糖版本，在糖分使用环节能显著减少约29吨的碳排放，这一减排效果相当于约1300株树木全年吸收的二氧化碳量。此举不仅促进了企业的经济效益持续增长，还兼顾了环境保护与减碳的社会责任，体现了企业在追求利润的同时，对可持续发展目标的积极实践。

2. 立体管理体系：提供坚实支撑

不可抗力和市场波动无疑会对企业履行社会责任和构建韧性ESG体系构成挑战，尤其在困难时期，能否持续对ESG进行必要投入，取决于管理层的决心和是否具有长远的战略视野。康师傅多年来在生产经营各环节以及产业链上下游大规模减排方面取得的ESG佳绩，与其管理者的坚定决心和先进的管理体系密不可分。康师傅董事会决策层认可并要求践行ESG理念，管理层领导者亲自监督推动，并通过扁平化的组织结构实施低碳发展策略。康师傅从管理架构上进行统筹设计，通过立体式的结构，将ESG目标真正渗透到企业组织的各个层面，形成了充满活力的绿色低碳可持续发展生态。

3. 与利益相关者共创先进生态

康师傅充分利用其在食品行业生态中的独特定位优势，形成了ESG规模效应和产业协同。一方面，康师傅借鉴国内外最佳实践，不断完善节能减排数据的披露。另一方面，为了推动绿色发展在产业链和食品饮料行业中的广泛实践，形成良性循环的绿色生态圈，康师傅积极分享其ESG可持续发展经验，致力于促进更多的减碳技术创新。

作为企业，作为社会财富的源泉和经济增长的关键驱动力，扮演着至关重要的角色。康师傅坚守"永续经营，回馈社会"的理念，主动将社会责任内化为企业发展的基石，实现了自身成长与环境保护、消费者福祉及社会整体进步的和谐共生。展望未来，康师傅将继续依托其丰富的资源优势，深化社会责任与企业战略的融合，致力于创造更广泛的社会价值，推动企业向高质量、可持续的发展道路稳步前行，为构建更加美好的社会图景贡献力量。

资料来源：特别策划｜"利义双赢"，康师傅30年常青的成功秘方，哈佛商业评论官方账号，2023-01-18.

10.3 社会责任治理

10.3.1 社会责任治理的重要性

1. 增强企业社会责任认知

外部的管理体系构建至关重要,如果政府相关部门对企业社会责任体系的构建进行监督,那么企业就能够在组织层面提升对社会责任的认知与意识,从而在经营活动中更加注重社会效益。

2. 促进企业可持续发展

如果企业履行了社会责任,那么可持续发展就可能变为一个自然的结果,因为在履行社会责任的过程中,企业就会关注环境、社会和利益相关者的需求与利益,有助于塑造良好的企业形象,提升自身竞争力,并在长期发展中获得更多的机遇。

3. 提升企业治理效能

通过建立和完善社会责任管理机制,企业能够规范自身行为,加强内部管控,抑制机会主义行为,降低违规风险和潜在风险,进而提升企业整体治理效能。

10.3.2 社会责任治理的方式

从某种角度来看,治理的核心目的在于解决不同利益倾向或利益驱动主体间的矛盾,并促使他们采取一致、可持续的行动。就企业社会责任(CSR)而言,尽管企业与各种社会实体和利益相关者在价值观上存在相似之处,但更多的是表现出价值观上的差异。这种差异导致企业在履行社会责任时出现责任异化,主要体现在社会责任的缺失、漂绿和寻租行为上。关于企业社会责任的治理方式,其旨在探讨特定实体如何在认知、行为和环境方面管理社会责任。因此,企业社会责任治理本质上是一个多维度的过程,需要各主体全方位参与,从企业个体自治到政府治理,再到由企业利益相关者构成的网络化治理,不断完善企业社会责任治理体系,提升企业履行社会责任和创造共享价值的能力。

1. 企业社会责任的"个体自治"

"个体自治"主要体现在内部治理层面,内部治理结构基于股东会、董事会和监事会构建,明确了各自的责任范围,并在企业战略规划、执行和监督保障等方面建立了社会责任体系。在战略制定时,需明确主要利益相关方,理解企业与这些利益相关者的相互依赖关系,并据此制定战略目标和长远规划;在战略执行中,需明确定义各组织的功能和结构,清晰界定企业内部各职能部门的职责和边界,同时加强对战略执行的监督,强化外部审计对内部控制体系的评价作用,提升内部审计人员的专业能力,并加强对高管人员的培训教育;在社会责任的监督和保障方面,应设立专门负责企业社会责任规划、执行和监管的机构或岗位,持续追踪和了解企业各职能部门在社会责任方面的执行情况，并构建相应的激励和问责机制，以便逐渐将社会责任整合到企业的运营、管理和价值观中，使其成为企业业务活动的不可或缺的一部分。因此，为实现社会责任的个体自治，企业应构建一个完善的内部社会责任管理框架。

2. 企业社会责任的"政府治理"

在企业社会责任治理的架构中，政府扮演着举足轻重的外部引导与监管角色，其核心价值在于提供制度框架，为企业的生产运营活动设定了明确的规范边界。通过这一系列制度供给措施，政府不仅促进了企业行为的合规性，更为企业自发履行社会责任构筑了积极的外部生态与激励机制。具体而言，政府在企业社会责任治理中的核心作用体现在其作为公共价值倡导者与构建者的身份上，通过制定社会责任战略规划、提供必要的制度保障，并在行动层面促进各方协同，为企业履行社会责任提供了坚实的制度支撑与方向指引。

在企业社会责任治理的进程中，政府及相关机构同时扮演着监督者与推进者的双重角色，其核心目标集中于促进社会价值的创造与社会效益的最大化。政府对于企业社会责任的监管力度往往取决于其对社会价值创造优先性的综合考量。当前，我国社会责任体系的构建仍面临多重挑战，包括企业社会责任意识淡薄、制度体系尚不完善以及评估标准缺乏统一性等。针对企业社会责任缺失的现象，应当强化相关制度与标准的制定工作，运用法律手段对企业的经营行为进行严格的约束，并加大对违规企业的处罚力度，以确保企业在经营决策过程中能够自觉遵守相关的法律法规。在社会责任评价方面，企业社会责任评价制度标准建设应不断健全，企业社会责任绩效评价也亟待规范，不断克服社会责任绩效评价的模糊性，使利益相关者能够准确判断社会责任绩效的有效性和可靠性。在公共政策制定方面，政府应当加速对国际社会责任标准的借鉴与融合，制定与我国企业实际情况相符合的社会责任政策与标准，并增强对企业社会责任意识的培育和推广力度。

3. 企业社会责任的"多中心网络治理"

企业社会责任制度的构建与完善程度，构成了其内部自治机制的基石。然而，值得注意的是，并非所有企业均能自发认知到构建此类制度体系的深远意义与紧迫性。因此，仅依赖企业的"个体自治"模式无法完全解决企业在社会责任方面存在的不足。政府引领下的自治机制，其核心在于公共权力的制度化规制，因为公权力可能导致的过度介入、管理策略的不当应用，以及信息披露的模糊性等问题。这些潜在障碍不仅可能削弱企业社会责任管理的运作效率，还可能对其成效造成不利的间接影响，从而要求我们在实践中寻求更为精细化的政策设计与执行策略，以平衡政府引导与市场自主之间的微妙关系，确保企业社会责任实践的健康、透明与高效推进。故而，单一依赖企业自我规制或政府监管均难以全面且高效地应对企业社会责任履行的不足。鉴于此，探索多元化路径，汇聚多方力量，包括各类社会组织及利益攸关方，共同参与构建企业社会责任治理体系，已成为一种合乎逻辑且符合时代需求的理性抉择。

多中心网络治理模式根植于企业与各利益相关者间错综复杂的相互依赖关系，巧妙融合了企业个体自治模式和政府治理模式。此模式在强调企业于社会责任实践中的核心驱动力的同时,亦不容忽视政府在塑造并监管企业社会行为方面所扮演的至关重要且无可替代的角色。在多方力量的协同努力下,企业、政府及众多利益攸关方形成了紧密联结的伙伴关系,这一架构以企业社会责任为核心,推动了协同治理战略的深入实施。通过高效整合各自优势资源与能力,各方不仅实现了治理行动的紧密配合,更促进了共赢局面的形成。在多元治理体系中,各参与主体经由信息的全面交流与利益的和谐交融,构建起一个紧密联结的社会责任治理网络。此网络依赖于资源的互补性流通与相互依存,逐步孕育出一种共识性的社会责任理念。这一过程不仅促进了治理主体间对社会责任的深刻理解和认同,还催生了高效且适应性强的社会责任治理模式。

在多中心网络治理模式中,政府作为外部治理的核心驱动力,为社会责任的长效机制与可持续发展奠定了坚实的制度基石。企业作为社会责任治理的主体与受体,需积极强化自我治理,确保社会责任实践的有效实施与落实。同时,作为第三方治理的重要参与者,利益相关者群体构建起一个多元化的网络架构,通过信任机制的精心构建,促进各方利益诉求的和谐共融与有效沟通,进而保障企业决策与行动的真实反映、内在一致及科学合理性。

实现多中心网络化社会责任治理机制,关键在于依托互联网、云计算及大数据等前沿数字技术的赋能效应,构建一个促进各网络节点成员间信息深度交互与共享的数字平台。在构建这一社会责任治理框架的过程中,各相关利益主体需积极展现其在资源整合的互补性、能力互嵌的协同性以及价值共创与共享上的独特治理效能,旨在调和并统一网络中各节点的价值取向与偏好,从而促成社会化资源在网络层面的高效集成。

加强制度建设,推动企业参与社会治理

改革开放四十余年间,中国持续深化改革开放政策,不断拓展开放领域,提升开放水平。企业作为经济社会发展的关键构成部分,其与社会融合的程度日益加深,逐步成为社会治理的重要参与主体。

企业参与社会治理,对于实现其可持续发展具有重要意义。从新古典主义视角出发,企业与社会之间存在着一种社会契约关系,这意味着企业在追求经济利益的同时,也需承担起相应的社会责任。企业主动投身于社会治理实践,是深刻践行其社会责任的鲜明体现。随着我国经济社会的持续进步与人民对优质生活追求的日益增强,企业作为社会结构中不可或缺的一环,亟须充分发挥其市场主体的关键角色,深度融入社会,提供公共产品,增强服务共享意识,为实现共同富裕和建设现代化强国贡献力量。

当前,随着我国企业与社会互动的日益深化,其社会职能日益凸显,不仅在环境维护、公共服务供给、基础设施构建等关键领域展现出显著影响力,还积极投身于社区治理的实践中,成为驱动社会全面进步与可持续发展的中坚力量。一方面,企业在积极践行社会责任的进程中,显著促进了社会的全面福祉与公共利益的增进。这些企业不仅作为经济活动的主体,创造了多元化的就业岗位,并为国家财政贡献了可观的税收基础,还通过多样化的方式回馈社会,包括但不限于慈善捐赠、公益志愿服务以及深度参与扶贫攻坚战，这些举措有力地推动了社会服务体系的质量提升与覆盖面扩大。此外，企业主动承担社会责任可视为一种战略投资行为，此行为向各类利益相关者释放出积极信号，有助于增强其对企业的支持度，进而为企业带来长远的价值创造，促进企业实现可持续发展目标。例如，在深入实践"万企帮万村"这一精准扶贫战略的过程中，企业积极采取以产业驱动为核心的策略路径，不仅显著激活了帮扶对象的乡村产业活力，助力贫困群体迈向收入增长与贫困消除的新阶段，还进一步加速了企业自身成长与转型升级的步伐。此举措不仅达成了企业战略规划的既定目标，而且深刻融入了社会治理的宏大格局之中，实现了企业价值创造与社会福祉增进之间的良性互动与深度融合，体现了经济效益与社会责任的双赢典范。

尽管企业参与社会治理的形式多样，但在实际操作中，其治理潜能尚未得到充分发掘与释放。这一现状主要归因于当前配套机制，包括引导机制、激励体系及实施策略等，企业在涉足社会治理领域的进程中，仍面临着若干待完善的方面与挑战。因此，为强化企业社会治理的参与度与有效性，必须加强制度建设，规范和引导企业主动参与社会治理。首先，应充分认识到企业作为社会治理的重要主体，积极引导企业主动参与社会治理。其次，在构建企业参与社会治理的框架时，首要任务是清晰界定企业的权利与责任边界，并深入剖析其与社会的利益交织网络，旨在维护企业合法权益的同时，有效激发其参与社会治理的积极性和持久动力。为此，亟须加速推进相关制度的系统化完善，详尽阐明企业在社会治理中的角色定位、职责范畴及潜在的正向回馈机制，旨在构建一个既能保障企业合理利益，又能促使其在追求经济效益的同时，自觉承担起社会责任，实现"义"与"利"的平衡。最后，通过构建多元协商共治平台来畅通治理渠道。借助大数据、互联网等数字技术的赋能，企业参与社会治理的方式与渠道日益多元化，更有助于实现企业与社会的双赢局面。

资料来源：中国社会科学报，2022-3-23，第 005 版.

10.4 社会责任治理的新趋势

近年来，我国遭遇资源短缺、环境污染加剧以及生态系统退化的严重挑战，为此，我国积极响应全球绿色发展潮流，积极倡导并践行绿色发展的新理念，明确设立了"碳达峰"与"碳中和"的宏伟目标，此举在社会上广泛激发了对于绿色可持续发展路径的深刻共识与强烈追求。党的二十大报告中，对于加速绿色转型的紧迫性与重要性进行了深刻阐述，指出其作为推动发展方式根本性转变的关键所在。报告强调，促进经济体系全面向绿色化、低碳化转型，其不仅是驱动我国经济迈向高质量发展轨道的核心力量，也是实现可持续发展长远目标所必需的战略路径选择，其对于构建生态文明体系、实现人与自然和谐共生的现代化目标具有重要意义。显然，坚持绿色可持续发展不仅是中国式现代化建设进程中的核心议题，也是构建地球生命共同体、实现"双碳"目标的必然要求。当前，人类与自然环境的关系已成为全球面临的重要议题之一，它不仅关乎人类的生存与发展，还涉及全球各国社会经济发展的方向与模式。鉴于自然资源与生态环境的公共性特质及其深远的外部效应，它们作为基础性要素，广泛而深刻地渗透于社会经济活动的每一个角落，对多元参与者产生着不可忽视的影响。鉴于此，应对生态环境挑战已成为一项复杂系统工程，需要多方协调共同治理，形成一种超越国界的社会责任治理全球观。受社会环境与企业社会责任发展水平的影响，社会责任治理展现出了新的特点和趋势。目前，学术界与企业界普遍认为，社会责任治理的新趋势主要聚焦于绿色治理与 ESG 可持续发展理念。在全球化的语境下，随着环境、社会与治理（ESG）理念的日益普及，特别是"碳达峰"与"碳中和"双重目标的清晰界定，绿色治理的核心理念正逐步渗透到社会各层面，成为广泛接受并实践的价值观。

10.4.1 绿色治理

追溯至 1987 年，联合国以其前瞻视野，率先引入了可持续发展的核心理念，这一创举随后在 1992 年的联合国环境与发展全球峰会上赢得了国际社会的普遍认可与高度重视。而早在 1989 年，英国经济学家皮尔斯便在其力作《绿色经济蓝图》中，首次系统性地勾勒出了绿色经济的理论框架。他独具慧眼地分析了经济体系与自然环境系统间的复杂互动关系，并力主将环境要素纳入资本评估的维度之中，以此作为平衡经济增长与生态保护之间张力、促进两者和谐共生的创新策略。从可持续发展到绿色经济的发展，标志着学术界和企业界开始更加关注经济、社会和自然环境的和谐共生。鉴于当前环境，将社会责任管理提升至绿色治理的战略高度，促进企业实施绿色化转型，此举蕴含了深刻的理论底蕴与广泛的实践意义，它不仅构成了推动我国经济发展模式根本转型的强劲动力，还对于"碳达峰、碳中和"宏伟蓝图的稳步实施及社会经济高质量发展路径的加速探索，展现出不可小觑的正向效应，堪称迈向可持续发展征途中的一个至关重要的战略节点，对于构筑长远且稳健的发展框架具有举足轻重的地位。

1. 绿色治理的内涵

绿色治理作为当代社会背景下催生的企业治理新模式之典范，彰显了一种前沿且高度适应性的管理策略。在此框架下，企业被赋予了双重使命：一方面，需持续探索并优化经济效益的实现路径；另一方面，则需将环境保护与社会福祉的增进纳入核心考量，确保所有经济活动均在生态环境的承载能力之内有序开展。旨在达成经济绩效与生态和谐的双赢局面，从而为社会经济的长期稳健发展奠定坚实基础，促进可持续发展目标。绿色治理的核心内涵主要体现在以下三个方面。

第一，绿色治理的核心在于维护生态系统的稳固与可持续性，它依赖于创新的管理模式、方法论体系及尖端技术工具，旨在确保社会经济活动在严格遵循环境容量阈值的基础上，实现稳健且可持续的增长与发展。

第二，绿色治理强调绿色生产效能的最大化，其中"绿色"不仅代表着生命的勃勃生机与自然界的绚烂多彩，更凸显了在经济、政治及社会活动全过程中，生态约束与评估标准的不可或缺性。

第三，绿色治理凸显了制度架构的引领与规范作用。通过制度层面的系统性规划，对人类社会与自然环境系统中的资源实施全面优化与再配置，确保"绿色"理念深植于企业经济、社会结构、文化体系及生态环境等多元维度之中，构建出利益相关者广泛参与、贯穿产业全链条的绿色治理框架，促进各环节的协同共进。

2. 绿色治理的评价

追溯绿色治理评估的研究脉络，其滥觞可追溯至企业环境绩效评估的学术领域，国内外学者对此已进行了广泛而深入的探索。随着社会经济的高速发展与环境保护事业的日益紧迫，以及企业环境管理实践的迫切需求，企业绿色绩效评价逐渐成为学术界关注的焦点。在全球范围内，绿色绩效评价体系的应用日益广泛，并形成了若干核心标准体系，其中最为显著的是国际标准化组织（ISO）于 1996 年推出的 ISO 14000 环境管理体系系列标准，以及全球报告倡议组织（GRI）在 2000 年制定的《可持续发展报告准则》。具体而言，一方面，ISO 14031 标准构建了一个综合性的环境绩效评估模型，该模型跨越企业内部运营与外部环境影响的双重边界，旨在提供一个全方位、深层次的视角，以评估企业的环境绩效与贡献。这一框架确保了对环境绩效的审视不仅局限于生产流程的内部环节，而是延伸至企业活动对自然环境及社会的广泛影响。另一方面，《可持续发展报告准则》围绕经济绩效、环境表现与社会责任三大支柱，构建了一个包含 34 项详细指标的综合评价体系，为企业绿色绩效的衡量提供了更为精细化的指导。当前，资本市场针对上市公司环境绩效的评估体系已臻成熟阶段，其评价体系不再局限于环境单一维度，而是实现了向企业社会责任实践与公司治理效能深度融合的跨越。这一演进趋势引领了以 ESG（即环境 Environmental、社会 Social 及治理 Governance）为核心的多维度评估标准的兴起，该体系旨在通过全面而客观的视角，精准刻画企业的可持续发展潜力，从而为投资者提供更加科学、综合且全面的决策参考框架。

尽管现有学术文献已对企业环境绩效展开了多层次、多维度的深入剖析，然而，绿色实践与治理机制的深度融合及其协同增效机制，仍是一个亟待深入探讨与破解的课题。构建一套兼具科学性与合理性的绿色治理评价系统，仍是当前研究领域内的一项重大挑战。基于此背景，李维安等学者在批判性继承前人研究精髓的基础上，遵循科学性、系统性与实操性的原则，依托国际公认的公司治理与绿色治理准则，同时紧密结合我国企业在绿色转型实践中的独特路径与经验，创新性地设计了一套绿色治理评估指标体系。该体系的核心在于全方位审视企业的绿色行为实践，既强调绿色理念需深度植根于企业的战略蓝图与日常运营之中，又重视绿色信息的公开透明度，以保障各利益相关方能够获取全面、准确的决策依据。此外，体系还着重关注对多元利益相关方权益的有效保障，旨在通过绿色治理策略，促进企业与自然、社会环境的和谐共生，共筑可持续发展的未来愿景。此评价体系从绿色治理结构、绿色治理流程、绿色治理成效及绿色治理责任四大维度展开，并进一步细化为十二个二级指标（表 10-1），旨在为中国上市公司提供一个全面、深入且系统化的绿色治理绩效评估框架。四大维度具体如下。

第一，绿色治理架构。构建一个健全的治理架构体系，能够自高层规划视角清晰界定企业绿色发展的宏伟蓝图、核心价值、文化导向及长远策略，同时，为确立稳固且高效的组织结构奠定坚实的制度基石。为此，我们引入两个核心二级评价指标：一是绿色理念与战略，旨在评估企业如何将环保理念融入其战略愿景与规划之中；二是绿色组织与运行,用以衡量企业如何在组织层面构建并运行一个促进可持续性与环境友好型实践的治理结构。通过这样的体系构建与评估,可以全面审视并优化企业的绿色治理框架设置。通过这样的体系构建与评估,可以全面审视并优化企业的绿色治理框架设置。

第二,绿色治理机制。旨在从经营管理的层面出发,对公司执行绿色行为的状况进行评估。通过测度绿色运营、绿色投融资、绿色行政、绿色考评,综合评价企业的运营状况。

第三,绿色治理效能。本维度核心关注企业在能源利用效率增进、废弃物减量与低排放策略实施、资源高效循环利用及废弃物转化再利用等关键领域的实践成果,致力于全方位且深层次地评估企业在环境保护领域的绩效达成情况。具体而言,通过设立绿色节能、绿色减排、绿色循环利用三大细分指标,我们能够精确量化并细致评价企业在绿色治理实践中的实际效能与积极贡献,进而为企业切实履行环境责任提供坚实的科学依据与有力的实践指导。

第四,绿色治理责任。此维度聚焦于评估企业在践行对社区福祉、公众责任、资本方支持及员工绿色关怀上的成效。通过细化指标,即绿色信息披露、绿色包容、绿色公益三个二级维度,系统地审视企业在对外公益环保行动、内部用工多样性与绿色管理实践等方面的综合表现。

表 10-1 绿色治理指标体系

指数	绿色治理评价四大维度	绿色治理评价各要素
中国上市公司绿色治理指数	绿色治理架构	绿色理念与战略
		绿色组织与运行
	绿色治理机制	绿色运营
		绿色投融资
		绿色行政
		绿色考评
中国上市公司绿色治理指数	绿色治理效能	绿色节能
		绿色减排
		绿色循环利用
	绿色治理责任	绿色信息披露
		绿色包容
		绿色公益

资料来源:南开大学中国公司治理研究院"中国上市公司绿色治理评价系统"。

鉴于绿色治理尚处于萌芽与成长并进的阶段,我国当前在针对上市公司绿色治理绩效的评估体系上,尚缺乏一套全面、统一且具备法律约束力的标准框架。因此,绿色治理实践与评价指标还有待学术界与企业界的进一步探索与完善。

10.4.2 绿色治理的机制

企业在自然资源消耗与污染排放中占据核心地位,同时也是推动绿色治理不可或缺的关键行动者。为了顺应绿色经济发展的时代潮流，公司需致力于优化其治理结构，并深化对社会责任的承担，从而转型成为推动绿色经济治理进程的高效平台。故而，精准把握并剖析企业绿色治理的当前态势及其演变脉络，对于企业加速绿色转型步伐、迈向人与自然和谐共生的现代化图景而言，具有举足轻重的战略意义，不容忽视且至关重要。为构建公司绿色治理体系，企业应从内部自律与外部规制两个维度出发，提升其绿色治理能力，以实现绿色可持续发展。

1. 培育绿色治理理念，完善自律机制

培育绿色治理理念体现了一种基本且普遍的世界观，它映射出特定的生产力水平、生活状况及思想素质，并为个体及组织行为提供导向。以往，由于生产效率低下，人们往往更关注基本生活需求，如温饱，而倾向于追求短期利益，忽视长期利益，关注个人利益而忽略社会利益。这种不理智的需求导向促使企业采纳了短视的、资源掠夺型的经营方针，进而忽视了长远的经济利益、生态平衡以及社会福祉，最终触发了自然界的反噬信号。随着人类社会对生存与发展条件认知的不断深化与拓宽，越来越多的个体开始领悟到人与自然之间那不可分割、相互依存的紧密联系，认识到和谐共生的重要性。人们逐渐认识到，所有经济活动都与自然息息相关，从自然中获取资源，最终又回归自然。因此，可持续发展理念成了不可或缺的路径，旨在保障当前世代需求得以满足之际，亦不削弱未来世代追求发展的权益。在此背景下，循环经济或绿色经济理念兴起，引领经济行为乃至社会经济结构的转变，绿色管理成为一种新型的管理理论与方法。在新的市场监管框架与经济法规的引领下，企业面临着优化运营成本的挑战，特别是环境相关支出方面。为顺应这一趋势，企业纷纷转向采纳环保技术，实践绿色生产方式，并融入绿色营销理念与绿色物流体系于日常经济活动中。企业的经营理念也随之转变，由单纯追求利润最大化逐渐转向关注生态价值。因此，企业管理者需迅速提升认识，改变传统观念，将绿色治理理念融入企业的日常运营和文化活动中，应着力培育员工的绿色治理意识，加强绿色治理领域专业人才的队伍建设，持续优化企业的绿色治理架构与运行机制。此外，企业应积极、主动且全面地披露环境保护与绿色治理的相关信息，以增强透明度，进而提升公司整体绿色治理的效能与水平。

2. 制定绿色治理法规，加速绿色转型进程

为了深化环境污染防治工作，我们亟须构建一个由政府引领、企业担纲核心角色、辅以社会多元力量及公众广泛参与的综合性绿色环境治理架构。针对高污染、高排放和高能耗的重污染企业，我国已陆续颁布一系列法律、法规和政策规章。未来应进一步完善环保制度，制定更为合理且严格的环境规制政策，加大环境污染的监管与处罚力度，以促进企业更好地履行绿色治理职责。此外，在构建及健全环境法治体系之际，政府应主动寻求与国际法律架构的对接，加强跨国界的法律合作与对话，旨在携手促进全球绿色治理愿景的共同实现。另外，应当充分调动新闻媒介的力量，利用广泛的社会舆论引导以及公众监督的积极作用，以期达到更全面且深入的监督效果。媒体，作为信息发掘与传播的核心力量，承载着深远的社会影响力。借助其强大的传播效能，可以有效促进企业绿色治理行为的优化与提升。此外，社会大众对于环境保护的深切期望与呼声，能够显著激励地方政府及企业界将更多注意力聚焦于环境整治与改善上，采取节能降耗、污染防治措施，降低碳排放量与强度，提升环境质量，从而推动企业走向绿色化、低碳化的高质量发展道路。

10.4.3 ESG 理念

ESG 作为环境（environmental）、社会（societal）及治理（governance）的集成，彰显了企业在追求可持续发展过程中，对生态环境保护、社会福祉增进以及内部管理架构优化的高度关注，同时也是衡量企业非财务绩效的关键指标或标准。

自 20 世纪中叶以后，投资者群体逐渐将视线聚焦于企业在环保责任与社会贡献方面的实践表现。至 2006 年，联合国推出的责任投资原则（PRI）成了一个重要里程碑，它深刻推动了环境（E）、社会（S）与治理（G）三大维度整合理念的诞生与发展随着我国资本市场的国际化进程加速，股市与债市逐步融入全球投资基准体系，这显著增强了 ESG 理念在投资分析与策略制定中的融入需求。相应地，国际投资者对中国企业 ESG 信息的透明度与详尽度提出了更高、更深入的要求，期待中国公司在 ESG 领域的披露实践能达到更高标准。同时，随着全球范围内国际组织与金融投资机构的持续努力，环境、社会及治理（ESG）理念得到了进一步的深化与拓展，分别从三个维度逐步演变为一套全面而系统化的信息披露框架与绩效评估体系。

在构建评估体系时严格遵循了全球广泛认可的三大基石性指导框架：包括国际标准化组织（ISO）颁布的 ISO 26000 社会责任国际标准、可持续发展会计准则委员会（SASB）确立的标准，以及全球报告倡议组织（GRI）发布的可持续发展报告准则。同时深度融合了环境、社会与治理（ESG）领域权威评级机构发布的详尽数据资源，并汲取了多家国际知名证券交易所关于 ESG 投资的指导性原则。该评估体系的核心，精准聚焦于三大关键维度。

第一，环境维度，涵盖温室气体减排策略、废弃物管理策略与污染防治政策、能源效率提升与资源消耗优化、自然资源保育与可持续利用政策、生物多样性维护行动、员工环保素养强化计划、绿色供应链管理与采购实践、能效提升与减排举措的深化实施、环境成本综合评估体系构建，以及环保科技的创新应用与推广。

第二，社会维度，涵盖了性别平等与平衡机制构建、人权保障政策的深化及其违规应对措施的制定、社区安全环境的巩固与维护、管理能力提升与培训体系的完善、劳动法规的严格遵守与劳动条件的优化、产品责任体系的强化与消费者权益保障、职业健康与安全管理体系的建立健全、产品质量的严格监控与持续优化、供应链中责任管理的加强与透明度提升以及精准扶贫项目的有效实施与公益慈善活动的参与。

第三，治理维度，关注公司治理结构、反贪污受贿政策制定与执行、反不公平竞争机制建立、风险管理流程、税收透明度提升、道德行为规范制定与执行、合规性管理、董事会独立性与多样性保障、组织结构优化、投资者关系维护等多个方面。

综上所述，ESG 理念及其所构建的业绩评估体系，全面覆盖了企业运营过程中需审慎考量的多层次、多元化要素，每一要素均内含清晰界定的绩效衡量标准，共同构成了企业综合评估框架的重要组成部分。例如，环境维度中的环境政策，旨在评估并减轻企业生产活动对环境的潜在影响，明确其环境保护责任，并据此制定企业层面的环境保护措施和策略；社会维度中的劳动规范，关注企业是否为员工制定了全面的制度标准，以及这些规定可能给员工带来的积极影响；治理维度中的反不公平竞争，强调企业在管理不同机构或个人间的商业往来时，应确保遵循公平正义原则，避免潜在风险。因此，构建全流程的 ESG 评价体系，采纳 ESG 理念及业绩衡量方法，对于加强和改善企业的战略管理与风险管理，促进企业长期稳健经营与持续发展，支撑经济社会绿色发展，具有深远的意义和作用。

众多企业将 ESG 作为核心竞争力，追求绿色治理

鉴于"碳达峰"与"碳中和"目标的明确设定，我国已将绿色发展战略置于前所未有的战略优先级，视其为驱动未来经济迈向高质量发展轨道的坚实基石。党的二十大报告阐述，必须"加速推进绿色转型进程，以构建人与自然和谐共生的崭新格局"。在此新时代的背景下，企业能否有效应对绿色发展挑战，提升其绿色治理能力，将成为决定其在市场竞争中占据优势地位的关键要素。

当前，ESG 发展理念已被国内外企业广泛接纳并积极推进，企业在日常运营中，均体现出了对环境保护、社会责任以及公司治理方面的深切关注与高度重视。这些企业不仅将 ESG（环境、社会与治理）理念深度融入核心业务领域，实现主营业务的绿色转型与可持续发展，还通过编制详尽的 ESG 报告、强化信息披露机制等多元化途径，积极向资本市场及社会各界展示其在 ESG 领域的战略布局与实践成果。

作为钢铁行业的领军企业，自 2004 年起宝钢股份便开始逐年编纂并公开发布其环境责任报告，主动公开公司全面的 ESG 指标体系及报告架构。在清洁能源利用方面，公司正大力调整能源结构，推动行业向绿色低碳转型，并已建成全球最大规模的屋顶光伏发电项目，实现了钢铁行业 BAT 技术的全面覆盖应用。同样，中远海能公司连续 13 年发布简体中文、繁体中文、英文三种版本的 ESG 相关社会责任报告，清晰明了地向外界介绍公司 ESG 信息。中远海能已将 ESG 理念确立为核心战略导向，深度融合公共利益于其企业价值体系之中，在成长历程中聚焦于塑造并坚守其核心价值观念与行为准则。此举意在促使企业达成可持续发展目标，确保企业价值与社会价值在协同发展中实现共同增长。

除实体企业外，金融机构作为资本配置与经济发展的关键投融资服务提供者，也在加速完善其 ESG 信息披露体系。东方证券秉持"推进 ESG，促进可持续发展"的经营理念，通过深化绿色金融实践、促进节能减排、责任投资，并积极倡导环保价值观念，全方位推动企业与社会环境的协同可持续发展。

贯彻 ESG 理念已成为企业构建长期竞争优势的核心要素。其本质在于，企业在确保合法合规运营的同时，积极自主地承担社会责任，秉持发展与保护并重的策略，遵循可持续发展规律开展业务活动，旨在实现与自然环境的和谐共生与双赢。

资料来源：上海证券报，2021-12-3，第 005 版.

一、简述题

1. 请简述企业社会责任的内涵。
2. 企业社会责任包括哪几个层次？
3. 企业为什么要承担社会责任？
4. 社会责任治理的方式有哪些？
5. 请简述绿色治理的内涵与特征。
6. 请简述 ESG 理念及其具体衡量指标。

自学自测  扫描此码

参 考 文 献

[1] 任广乾，赵梦洁，李俊超. 逆向混改何以影响民营企业韧性：基于董事关系网络的视角[J]. 财经科学，2023(5): 92-110.

[2] 程磊，郑前宏. 党组织参与民营企业治理的效果与机制研究[J]. 经济评论，2023(5): 53-70.

[3] 威廉森. 治理机制[M]. 北京：机械工业出版社，2016.

[4] 萨缪尔森，诺德豪斯. 微观经济学[M]. 北京：人民邮电出版社，2004.

[5] 蔡锐，孟越. 公司治理学[M]. 北京：北京大学出版社，2018.

[6] 蔡闻一，蒋佳玲. 深化改革背景下加强国有企业董事，监事履职管理的思考[J]. 企业家信息，2023(2): 37-39.

[7] 曾德荣. 中国公司控制权市场的演进和制度变迁[J]. 中国高新技术企业，2008(19): 1-2.

[8] 陈德球，胡晴. 数字经济时代下的公司治理研究：范式创新与实践前沿[J]. 管理世界，2022, 38(6): 213-240.

[9] 陈宏辉，贾生华. 企业利益相关者的利益协调与公司治理的平衡原理[J]. 中国工业经济，2005(8): 114-121.

[10] 陈宏辉，贾生华. 企业利益相关者三维分类的实证分析[J]. 经济研究，2004(4): 80-90.

[11] 陈郁. 企业制度与市场组织—交易费用经济学文选[M]. 上海：上海三联书店，1996.

[12] 楚静. 浅谈控制权市场的公司治理效力[J]. 商场现代化，2012(3): 19.

[13] 戴昕. 基于数字普惠金融的科技型企业融资模式研究[J]. 财会通讯，2023(4): 145-151.

[14] 戴中亮. 委托代理理论述评[J]. 商业研究，2004(19): 98-100.

[15] 杜娟. 上市公司内部控制信息披露监管问题研究[J]. 财会学习，2021(18): 177-179.

[16] 段国圣，迟哲. 中国大型资管机构数字化转型的路径思考与实施建议[J]. 保险研究，2022(3): 20-28.

[17] 段野，于鸣，汪金爱. 制度环境，政治关系与控制权收购模式选择[J]. 山西财经大学学报，2015, 37(6): 47-56.

[18] 冯根福. 双重委托代理理论：上市公司治理的另一种分析框架：兼论进一步完善中国上市公司治理的新思路[J]. 经济研究，2004(12): 16-25.

[19] 耿黎. 上市公司非财务信息披露问题研究[D]. 沈阳：沈阳农业大学，2007.

[20] 郭婧. 上市公司自愿性信息披露质量、动机与影响因素文献综述[J]. 财会通讯，2012(12): 50-52.

[21] 韩跃. 我国会计信息披露的原则及作用[J]. 中国管理信息化，2013, 16(24): 7-8.

[22] 何帆，刘红霞. 数字经济视角下实体企业数字化变革的业绩提升效应评估[J]. 改革，2019(4): 137-148.

[23] 侯少丽. 上市公司反收购法律研究[D]. 北京：对外经济贸易大学，2005.

[24] 胡锋，高明华，陈爱华. 控制权视角的合伙企业与股权架构设计：以蚂蚁集团为例[J]. 财会月刊，2020(17): 156-160.

[25] 黄金曦，徐丹. 不完全信息下上市公司股权反收购动态博弈：基于万科与宝能系的股权之争[J]. 财会通讯，2016, 724(32): 86-88.

[26] 黄益平，邱晗. 大科技信贷：一个新的信用风险管理框架[J]. 管理世界，2021, 37(2): 12-21, 50, 2, 16.

[27] 黄智勇. 中日公司治理结构比较研究[D]. 北京：中央民族大学，2006.

[28] 贾岩. 股权集中度对企业创新的影响：以我国互联网企业为例[J]. 商业会计，2019(12): 28-31.

[29] 贾子楠. 交易成本理论综述与应用[J]. 现代营销（下旬刊），2022(7): 102-104.

[30] 江正春. 上市公司董事会专业委员会制度在我国的运行探讨[D]. 北京：中央民族大学，2009.

[31] 姜付秀，金. 公司治理：西方理论与中国实践[M]. 北京：北京大学出版社，2016.

[32] 姜婷凤，易洁菲. 数字经济时代降低小微企业融资成本的路径：信息对称与风险分担[J]. 金融论坛，2022, 27(5): 62-72.

[33] 金文泉. 湖南上市公司治理现状分析及改进对策研究[D]. 长沙：中南大学，2009.

[34] 康芒斯.制度经济学[M]. 北京：商务印书馆，1997: 73-76.

[35] 科斯，阿尔钦，罗斯. 财产权利与制度变迁：产权学派与新制度学派译文集[M]. 上海：上海人民出版社，2000.

[36] 斯蒂格利茨，拉斯. 契约经济学[M]. 北京：经济科学出版社，1999.

[37] 李付东. 国有独资公司董事会运行机制研究[D]. 济南：山东大学，2015.

[38] 李华. 中国上市公司股权结构及其优化研究[D]. 上海：复旦大学，2003.

[39] 李建伟. 公司法学[M]. 5版. 北京：中国人民大学出版社，2022.

[40] 李娟伟，任保平. 新中国成立以来国有企业改革的历史阶段、理论逻辑及政策启示：基于马克思主义政治经济学视角[J]. 当代经济研究，2022(4): 98-112.

[41] 李三希，王泰茗，刘小鲁. 数据投资、数据共享与数据产权分配[J]. 经济研究，2023: 140-155.

[42] 李维安，李滨. 机构投资者介入公司治理效果的实证研究：基于CCGI-(NK)的经验研究[J].南开管理评论，2008(1):4-14.

[43] 李维安，徐建，姜广省. 绿色治理准则：实现人与自然的包容性发展[J]. 南开管理评论，2017, 20(5): 23-28.

[44] 李维安，徐建. 董事会独立性、总经理继任与战略变化幅度：独立董事有效性的实证研究[J]. 南开管理评论，2014, 17(1): 4-13.

[45] 李维安，张耀伟，郑敏娜，等.中国上市公司绿色治理及其评价研究[J]. 管理世界，2019, 35(5): 126-133, 160.

[46] 李维安. 公司治理学[M]. 北京：高等教育出版社，2020.

[47] 李晓华. 数字经济新特征与数字经济新动能的形成机制[J]. 改革，2019, 309(11): 40-51.

[48] 梁国萍，聂洁琳. 京东双重股权结构与阿里合伙人制度的比较研究[J]. 财会通讯，2021(2): 95-100.

[49] 林浚清，黄祖辉，孙永祥. 高管团队内薪酬差距、公司绩效和治理结构[J]. 经济研究，2003(4): 31-40, 92.

[50] 林镇江，林榕娟，张瑞琛，等. 海尔智家并购GEA财务协同效应实现路径分析[J]. 财务与会计，2020, 616(16): 25-28.

[51] 凌伟. 股权结构设计与公司治理创新研究要点构架[J]. 投资与创业，2022, 33(14): 124-126.

[52] 刘桂清. 大型数字平台猎杀式并购初创企业的反垄断规制难题与破解进路[J]. 吉首大学学报（社会科学版），2022, 43(5): 61-74.

[53] 刘华，孙阿妞. 委托代理理论的贡献与局限[J]. 广西财经学院学报，2006(6): 73-75.

[54] 刘焱，路紫. 中国企业海外上市双重股权结构问题研究：以京东为例[J]. 中国注册会计师，2017, 221(10): 112-116, 3.

[55] 龙卫球，李清池. 公司内部治理机制的改进：董事会-监事会二元结构模式的调整[J]. 比较法研究，2005(6): 58-71.

[56] 卢锐，柳建华，许宁. 内部控制、产权与高管薪酬业绩敏感性[J]. 会计研究，2011(10): 42-48, 96.

[57] 陆谊. 社会责任视角下企业管理模式构建[J]. 老字号品牌营销，2022(21): 120-122.

[58] 罗栋梁. 机构投资者参与公司治理途径分析[J]. 徐州师范大学学报(哲学社会科学版)，2008(5): 121-125.

[59] 马连福，刘丽颖. 高管声誉激励对企业绩效的影响机制[J]. 系统工程，2013, 31(5): 22-32.

[60] 马连福. 公司治理[M]. 3版. 北京：中国人民大学出版社，2022.
[61] 马连福. 股权结构设计与公司治理创新研究[J]. 会计之友，2020(17): 2-7.
[62] 聂辉华. 契约理论的起源、发展和分歧[J]. 经济社会体制比较，2017(1): 1-13.
[63] 潘越，戴亦一，魏诗琪. 机构投资者与上市公司合谋了吗：基于高管非自愿变更与继任选择事件的分析[J]. 南开管理评论，2011, 14(2): 69-81.
[64] 逢健，朱欣民. 国外数字经济发展趋势与数字经济国家发展战略[J]. 科技进步与对策，2013, 30(8): 124-128.
[65] 彭真明，江华. 美国独立董事制度与德国监事会制度之比较：也论中国公司治理结构模式的选择[J]. 法学评论，2003(1): 36-42.
[66] 戚聿东，肖旭. 数字经济时代的企业管理变革[J]. 管理世界，2020, 36(6): 135-152, 250.
[67] 祁怀锦，曹修琴，刘艳霞. 数字经济对公司治理的影响：基于信息不对称和管理者非理性行为视角[J]. 改革，2020(4): 50-64.
[68] 企业收购与反收购流程[N]. 中国建材报，2001-06-05(2).
[69] 邱兆祥，刘国平，安世友. 基于不同监管模式下的监事会制度研究[J]. 国际金融研究，2014, 326(6): 60-65.
[70] 饶品贵，徐子慧. 经济政策不确定性影响了企业高管变更吗[J]. 管理世界，2017(1): 145-157.
[71] 任冷. 公司治理的内部机制和外部机制[J]. 南开经济研究，1999(3): 21-25.
[72] 任勇，李晓光. 委托代理理论：模型、对策及评析[J]. 经济问题，2007(7): 13-15.
[73] 盛明泉，李永文. 僵尸企业并购重组绩效研究：以宝钢并购武钢为例[J]. 财会月刊，2020, 879(11): 13-20.
[74] 石晓军，王骜然. 独特公司治理机制对企业创新的影响：来自互联网公司双层股权制的全球证据[J]. 经济研究，2017, 52(1): 149-164.
[75] 石颖. 公司控制权市场的实证方向与研究展望[J]. 管理现代化，2017, 37(6): 126-129.
[76] 勒布，穆尔，施蒂格勒论文精粹[M]. 吴珠华，译. 北京：商务印书馆，1999: 58-80.
[77] 宋建波，文雯，张海晴. 科技创新型企业的双层股权结构研究：基于京东和阿里巴巴的案例分析[J]. 管理案例研究与评论，2016, 9(4): 339-350.
[78] 宋罗越，张征华. 消费升级背景下零售类上市公司并购绩效研究：以苏宁易购并购家乐福中国为例[J]. 商业会计，2020, 693(21): 31-36, 80.
[79] 宋渊洋，唐跃军. 机构投资者有助于企业业绩改善吗：来自2003—2007年中国上市公司的经验证据[J]. 南方经济，2009(12): 56-68.
[80] 孙凌姗，刘健. 机构投资者在公司治理中的作用：基于中国上市公司的实证研究[J]. 兰州商学院学报，2006(3): 90-94.
[81] 孙天琦. 数字经济下金融监管有效性思考[J]. 中国金融，2022(3): 15-17.
[82] 田丰. 公司治理与公司管理的关系研究[D]. 长春：吉林大学，2007.
[83] 仝志辉，陈淑龙. 改革开放40年来农村集体经济的变迁和未来发展[J]. 中国农业大学学报（社会科学版），2018, 35(6): 15-23.
[84] 王桂英，乌日罕. 上市公司股权结构设计的理性思考：以宝万之争为例[J]. 会计之友，2018, 600(24): 21-25.
[85] 王国顺. 企业理论：契约理论[M]. 北京：中国经济出版社，2006.
[86] 王涵玉，刘世强. 我国上市公司碳信息披露存在的问题与对策[J]. 中小企业管理与科技，2023(4): 63-65.
[87] 王慧霞，李伟红，杨淑君. 基于委托代理理论的企业所有者与经理人合作决策模型[J]. 河北大学学报（哲学社会科学版），2010, 35(3): 112-114.
[88] 王锦华. 上市公司内部治理机制对并联交易的影响分析[D]. 石河子：石河子大学，2007.
[89] 王伟玲，王晶. 我国数字经济发展的趋势与推动政策研究[J]. 经济纵横，2019(1): 69-75.

[90] 王小青. 股权结构、市场竞争与公司绩效的实证研究[D]. 西安：西安电子科技大学，2005.

[91] 王勋，黄益平，苟琴，等. 数字技术如何改变金融机构：中国经验与国际启示[J]. 国际经济评论，2022(1): 70-85, 6.

[92] 威廉姆森. 资本主义经济制度[M]. 段毅才，王伟，译. 北京：商务印书馆，2002: 30.

[93] 邬小霞. 数字经济驱动下的公司治理模式研究[J]. 太原城市职业技术学院学报，2020(7): 46-49.

[94] 吴炯. 公司治理[M]. 北京：北京大学出版社，2014. 9.

[95] 吴育辉，吴世农. 高管薪酬：激励还是自利：来自中国上市公司的证据[J]. 会计研究，2010(11): 40-48, 96-97.

[96] 谢增毅. 董事会委员会与公司治理[J]. 法学研究，2005, 27(5): 10.

[97] 熊焰韧，王雨阳. 股权结构、创新投资和创新产出：基于创业板上市公司数据的实证研究[J]. 南大商学评论，2018(2): 118-134.

[98] 徐飞. 战略管理[M]. 4版. 北京：中国人民大学出版社，2019.

[99] 卢俊. 新时代中国国有企业治理体系和治理能力现代化研究[M]. 北京：经济管理出版社，2020.

[100] 徐向艺，徐宁. 公司治理研究现状评价与范式辨析：兼论公司治理研究的新趋势[J]. 东岳论丛，2012, 33(2): 148-152.

[101] 徐玉德，李昌振. 注册制下我国股票上市交易制度改革及优化建议[J]. 财会月刊，2023, 44(8): 121-126.

[102] 许志强，郭晓俊. 试论上市公司信息披露的原则[J]. 商场现代化，2009(17): 43.

[103] 阳镇，许英杰. 企业社会责任治理：成因，模式与机制[J]. 南大商学评论，2017, 4: 145-174.

[104] 杨瑞龙，周业安.论利益相关者合作逻辑下的企业共同治理机制[J].中国工业经济，1998, (1): 1.

[105] 叶淞文，韦德贞.股权激励与研发投入：股票期权和限制性股票的方式比较[J]. 会计之友，2018(22): 37-43.

[106] 游家兴，徐盼盼，陈淑敏. 政治关联，职位壕沟与高管变更：来自中国财务困境上市公司的经验证据[J]. 金融研究，2010(4): 128-143.

[107] 于雅璁，王崇敏. 农村集体经济组织：发展历程、检视与未来展望[J]. 农村经济，2020(3): 10-18.

[108] 詹森，麦克林. 企业理论：管理行为，代理成本与所有权结构[M]. 上海：上海人民出版社，1998.

[109] 张静. 超级数字平台猎杀式并购监管难题及监管政策应对[J]. 宏观经济研究，2022(4): 145-158.

[110] 张凯. 电商黑马拼多多崛起之路[J]. 知识经济（中国直销），2018(5): 80-83.

[111] 张新民，陈德球. 移动互联网时代企业商业模式，价值共创与治理风险：基于瑞幸咖啡财务造假的案例分析[J]. 管理世界，2020, 36(5): 74-86, 11.

[112] 张雪. 二元股权结构对上市公司会计信息质量的影响研究[D]. 南京：东南大学，2021.

[113] 张勋，万广华，张佳佳，等. 数字经济、普惠金融与包容性增长[J]. 经济研究，2019, 54(8): 71-86.

[114] 张莹. 西安市民营科技企业治理研究[D]. 西安：西安科技大学，2003.

[115] 张兆国，梁志钢，尹开国. 利益相关者视角下企业社会责任问题研究[J]. 中国软科学，2012, 254(2): 139-146.

[116] 赵晶，王明. 利益相关者，非正式参与和公司治理：基于雷士照明的案例研究[J]. 管理世界，2016(4): 138-149.

[117] 赵晓雷. 现代公司产权理论与实务[M]. 上海：上海财经大学出版社，1997.

[118] 赵忠龙. 论公司治理的概念与实现[J]. 法学家，2013, 1(3): 97-112.

[119] 郑刚，林文丰. 拼多多：在电商红海中快速逆袭[J]. 清华管理评论，2018(9): 105-112.

[120] 郑鹏. 内外部治理机制，财务柔性与公司价值[D]. 大连：东北财经大学，2016.

[121] 郑志刚，朱光顺，李倩，等. 双重股权结构，日落条款与企业创新：来自美国中概股企业的证据[J]. 经济研究，2021,56(12): 94-110.

[122] 郑志刚，邹宇，崔丽. 合伙人制度与创业团队控制权安排模式选择：基于阿里巴巴的案例研究[J].中国工业经济，2016, 343(10): 126-143.

[123] 中国工商银行绿色金融课题组, 张红力, 周月秋, 等. ESG 绿色评级及绿色指数研究[J]. 金融论坛, 2017, 22(9): 3-14.
[124] 黄小同. 中国共产党历史重要文献辞典[M]. 北京: 中共党史出版社, 党建读物出版社, 2019.
[125] 邵丁, 董大海. 中国国有企业简史(1949—2018)[M]. 北京: 人民出版社, 2020.
[126] 钟慧君. 我国上市公司股权结构与公司治理研究[D]. 青岛: 中国海洋大学, 2005.
[127] 周逊美. 我国上市公司信息披露与监管中存在的主要问题及其治理对策[D]. 重庆: 西南大学, 2009.
[128] 周耀东. 现代企业理论和产业组织理论[M]. 北京: 人民出版社, 2003.
[129] 朱红军. 大股东变更与高级管理人员更换: 经营业绩的作用[J]. 会计研究, 2002(9): 31-40, 65.
[130] 宗文龙, 王玉涛, 魏紫. 股权激励能留住高管吗: 基于中国证券市场的经验证据[J]. 会计研究, 2013(9): 58-63, 97.
[131] 左安斌. 数字经济背景下猎杀式并购反垄断研究[J]. 西南金融, 2022(6): 81-92.
[132] 左鹏飞, 陈静. 高质量发展视角下的数字经济与经济增长[J]. 财经问题研究, 2021(9): 19-27.
[133] André H, René B, David M, et al. A systematic review of the literature on digital transformation: insights and implications for strategy and organizational change[J]. Journal of Management Studies, 2020, 58(5).
[134] Black B S. Shareholder passivity reexamined[J]. Michigan law review, 1990, 89(3): 520-608.
[135] Brickley J A, Lease R C, Smith Jr C W. Ownership structure and voting on antitakeover amendments[J]. Journal of financial economics, 1988, 20: 267-291.
[136] Carroll A B. A three-dimensional conceptual model of corporate performance[J]. Academy of management review, 1979, 4(4): 497-505.
[137] Chams N, García-Blandón J. Sustainable or not sustainable. The role of the board of directors[J]. Journal of cleaner production, 2019, 226: 1067-1081.
[138] Clarkson M. A stakeholder framework for analyzing and evaluating corporate social performance[J]. Academy of Management Review, 1995, 20(1): 92-117.
[139] Coase, R, H. The nature of the firm[J]. Economica, 1937, 4(16): 386-405.
[140] Coffee Jr J C. Liquidity versus control: The institutional investor as corporate monitor[J]. Colum. L. Rev., 1991, 91: 1277.
[141] Dechow P M, Sloan R G. Executive incentives and the horizon problem[J]. Journal of Accounting and Economics, 1991, 14(1): 51-89.
[142] Farboodi M, Mihet R, Philippon T, et al. Big data and firm dynamics[J]. AEA Papers and Proceedings, 2019, 109.
[143] Frederick W C, Post J E, Davis K. Business and society: corporate strategy, public policy, ethics[J]. McGraw-Hill, 1999.
[144] Freeman R E. Strategic management: A stakeholder approach[M]. Cambridge university press, 1984.
[145] Hadfield, C, K. Problematic relations: franchising and the law of incomplete contracts[J]. Stanford Law Review, 1990(3): 927-992.
[146] Helen B, Florencio L, Armin S. Fintech and access to finance[J]. Journal of Corporate Finance, 2021, 68.
[147] Klein B, Crawford R G, Alchian A A. Vertical integration, appropriable rents and the competitive contracting process[C]. Journal of Law and Economics, 1978, (21): 297-326.
[148] Macleod W B, Malcomson J M. Reputation and Hierarchy in Dynamic Models of Employment[J]. Journal of Political Economy, 1988. DOI:10.2307/1830476.
[149] Macneil I R. The many futures of contracts[J]. Southern Califormia Law Review, 1974(2): 691-816.
[150] McWilliams A, Siegel D. Corporate social responsibility: A theory of the firm perspective[J].

Academy of management review, 2001, 26(1): 117-127.

[151] Mitchell R K, Agle B R, Wood D J. Toward a theory of stakeholder identifications and salience: defining the principle of who and what really counts[J]. Academy of Management Review, 1997, 22(4): 853-886.

[152] Speidal R E. The characteristics and challenges of relational contracts[J]. Northwestern University Law Review, 2000(3): 823-846.

[153] Stigler. The law and economics of public policy[J]. Journal of Legal Studies, 1972(1): 12.

[154] Taylor W. 1990. Can big owners make a big difference harvard business review, 70-82.

[155] Tobias B, Valentin B, Ana G, et al. On the rise of fintechs: credit scoring using digital footprints[J]. The Review of Financial Studies, 2020, 33(7).

[156] Williamson O.E. Contract analysis: the transaction cost approach[J]. University of Pennsylvania, Center for the Study of Organizational Innovation, 1981.

[157] Xiao J Z, Dahya J, Lin Z. A grounded theory exposition of the role of the supervisory board in China[J]. British Journal of Management, 2004, 15(1): 39-55.

[158] Zhu C. Big data as a governance mechanism[J]. The Review of Financial Studies, 2019, 32(5).

[159] Zubeltzu-Jaka E, Álvarez-Etxeberria I, Ortas E. The effect of the size of the board of directors on corporate social performance: A meta-analytic approach[J]. Corporate Social Responsibility and Environmental Management, 2020, 27(3): 1361-1374.

教师服务

感谢您选用清华大学出版社的教材！为了更好地服务教学，我们为授课教师提供本书的教学辅助资源，以及本学科重点教材信息。请您扫码获取。

❯❯ 教辅获取

本书教辅资源，授课教师扫码获取

❯❯ 样书赠送

企业管理类重点教材，教师扫码获取样书

 清华大学出版社

E-mail: tupfuwu@163.com
电话: 010-83470332 / 83470142
地址: 北京市海淀区双清路学研大厦 B 座 509

网址: https://www.tup.com.cn/
传真: 8610-83470107
邮编: 100084